中国能源绿色低碳转型的结构与路径

刘平阔 著

国家自然科学基金青年科学基金项目"绿色低碳发展中能源转型的路径匹配选择机制:产业激励的视角"(72103128)

科学出版社

北 京

内 容 简 介

本书共包含四大模块的内容，即中国能源产业绿色低碳转型的基础（第二章与第三章）、中国能源产业绿色低碳转型的要素（第四章、第五章、第六章与第七章）、中国能源产业绿色低碳转型的结构（第八章）、中国能源产业绿色低碳转型的应用（第九章与第十章）。通过对中国能源产业绿色低碳转型的要素、结构与路径等方面进行分析，本书补充了前辈们的早期成果，并进一步完善中国能源产业绿色低碳转型的理论体系，为"碳达峰·碳中和"、能源安全战略及高质量发展过程中的相关问题提供理论依据和技术支持。

本书适合能源领域绿色低碳发展与转型升级等方向的学者与研究人员阅读与参考。

图书在版编目（CIP）数据

中国能源绿色低碳转型的结构与路径/刘平阔著. —北京：科学出版社，2023.6
ISBN 978-7-03-074240-7

Ⅰ. ①中… Ⅱ. ①刘… Ⅲ. ①能源经济–低碳经济–转型经济–研究–中国 Ⅳ. ①F426.2

中国版本图书馆 CIP 数据核字（2022）第 237907 号

责任编辑：王丹妮 / 责任校对：姜丽策
责任印制：张 伟 / 封面设计：有道设计

科学出版社 出版
北京东黄城根北街 16 号
邮政编码：100717
http://www.sciencep.com
北京中科印刷有限公司 印刷
科学出版社发行 各地新华书店经销
*
2023 年 6 月第 一 版　开本：720×1000　1/16
2023 年 6 月第一次印刷　印张：16
字数：320 000
定价：178.00 元
（如有印装质量问题，我社负责调换）

前　言

　　中国能源产业的绿色低碳转型独具特色，且事关"碳达峰·碳中和"、能源安全战略及经济社会高质量发展等重大问题。基于中国现实发展诉求，经典理论与先进理论相互补充、定量分析与定性分析相结合，科学系统地研究能源产业绿色低碳转型，加强能源经济与管理等学科领域的建设，跟踪分析并剖析改革热点问题，可为中国拟定能源部门改革方案和路线、优化改革措施提供借鉴，为产业的科学发展提供依据和参考。

　　本书共分为十章。对现阶段中国能源产业绿色低碳转型亟待解决或无法回避的问题进行了剖析；基于"有效市场"和"有为政府"的基本视角，权衡中国能源产业绿色低碳转型的市场环境和政策环境，研究能源产业绿色低碳转型的要素、结构及路径，尤其是就转型的基础问题进行专题论述，初步完善适合中国能源产业绿色低碳转型的一般性理论体系；构建分析模型并形成了一套集成分析方法，从中观层面提供监管"抓手"和统筹工具，以期为中国能源体制深化改革、推动能源部门供给侧结构性改革和促进能源产业高质量发展提供参考和帮助。

　　在写作过程中，得到了国家自然科学基金青年科学基金项目（72103128）的资助。此外，还要感谢楚鹏浩、刘琪琪、彭欢、高鹏波、张若愚、蹇金花、郝一旭、卢存禹、黑朝晖、崔维维、赵鸿渊、韩雪、赵瑞琦、吴佳豪、郭锴棱等研究生的支持和配合。笔者在此表示衷心的感谢和真挚的敬意。

　　囿于个人能力和水平，同时受到人生阅历和科研经验的限制，本书难免存在不足之处。如果读者在阅读本书的过程中发现疏漏，笔者愿意承担全部责任，并真挚道歉。因此，在此恳请广大专家、同行和读者朋友，在包容作者浅薄学识的同时，提出您宝贵的意见和建议；笔者也希望得到垂询，还望诸位专家、同行和读者朋友不吝赐教！

刘平阔
2022 年 4 月于上海

目 录

第一章 绪论······1
 第一节 能源绿色低碳转型的概述······1
 第二节 能源绿色低碳转型的国际对比······4
 第三节 主要内容的分析逻辑框架······9

第二章 能源绿色低碳转型的替代与互补······12
 第一节 能源替代互补的概述······12
 第二节 替代互补关系的理论与方法······15
 第三节 替代互补关系的实证分析······21
 第四节 能源替代互补的主要结论及政策建议······32
 第五节 本章小结······35

第三章 能源绿色低碳转型的结构性特征······37
 第一节 能源转型结构性特征的概述······37
 第二节 结构性特征分析的模型与数据······39
 第三节 组内结构性特征分析······42
 第四节 组间结构性特征分析······48
 第五节 结构性特征的主要结论及政策建议······59
 第六节 本章小结······61

第四章 能源绿色低碳转型的驱动诱因······62
 第一节 能源转型驱动诱因的概述······62
 第二节 转型驱动诱因分析的理论与方法······64
 第三节 转型驱动诱因的实证分析······71
 第四节 转型驱动诱因的主要结论及政策建议······85
 第五节 本章小结······87

第五章　能源绿色低碳转型的有序协同 ··· 88
　第一节　能源转型有序协同性的概述 ··· 88
　第二节　有序协同转型的理论与方法 ··· 92
　第三节　有序协同转型的实证分析 ··· 95
　第四节　有序协同转型的主要结论及政策建议 ································· 109
　第五节　本章小结 ·· 111

第六章　能源绿色低碳转型的市场设计 ··· 112
　第一节　市场导向能源转型的概述 ··· 112
　第二节　四维框架的能源转型障碍分析 ··· 114
　第三节　针对转型的市场设计与讨论 ··· 118
　第四节　市场设计的主要结论及政策建议 ······································· 124
　第五节　本章小结 ·· 125

第七章　能源绿色低碳转型的创新网络 ··· 127
　第一节　能源转型创新网络的概述 ··· 127
　第二节　转型创新网络分析的理论与方法 ······································· 128
　第三节　转型创新网络分析的检验与讨论 ······································· 133
　第四节　能源转型创新网络的主要结论及研究展望 ··························· 142
　第五节　本章小结 ·· 144

第八章　能源绿色低碳转型的路径选择 ··· 145
　第一节　能源转型路径选择的概述 ··· 145
　第二节　转型路径选择分析的理论与方法 ······································· 148
　第三节　转型路径选择的实证分析 ··· 151
　第四节　转型路径选择的主要结论及政策建议 ································· 165
　第五节　本章小结 ·· 167

第九章　能源绿色低碳转型的产业升级 ··· 169
　第一节　转型期内能源产业升级的概述 ··· 169
　第二节　转型期内产业升级的理论与方法 ······································· 171
　第三节　转型期内产业升级的实证分析 ··· 175
　第四节　转型期内能源产业升级的主要结论及政策建议 ······················ 194
　第五节　本章小结 ·· 196

第十章　能源绿色低碳转型的效率与潜力 ·· 197
　第一节　能源转型效率与潜力的概述 ··· 197

第二节　能源转型效率与潜力的概念和方法 ········· 199
　　第三节　能源转型效率与潜力的实证分析 ··········· 202
　　第四节　能源转型效率与潜力的主要结论及政策建议 ··· 217
　　第五节　本章小结 ····························· 219

参考文献 ····································· 220

第一章 绪 论

第一节 能源绿色低碳转型的概述

中国能源产业发展面临着前所未有的三重"压力"。根据国家统计局 2021 年的数据，自党的十八大以来，能源以 2.8%的平均消费速率支撑了全国经济 6.9%的平均增长，由此奠定了"双循环"新发展格局中全产业链的动力基础；但中国能源产业仍将面临巨大挑战。第一，化石能源的对外依存度不断提高。中国是世界最大的化石能源进口国；国家统计局（2020 年）数据显示，仅 2019 年，中国原油进口已达 5.1 亿吨、煤炭进口达 2.7 亿吨、天然气进口达 9 656 万吨，对外依存度分别为 71%、8%和 43%；国家能源安全的压力日益凸显。第二，可再生能源的规模目标任务艰巨。中国是最大的可再生能源生产国，增量明显但增速较缓；就相对量而言，2018 年非化石能源占一次能源消费的比重约为 14.3%，2019 年约为 14.8%；从绝对量看，2018 年风电、太阳能发电总装机容量约为 3.59 亿千瓦，2019 年约为 4.13 亿千瓦（国网能源院，2020）；要实现 2030 年 25%的比重目标及 12 亿千瓦的装机目标，依然任重道远。第三，碳排放约束的力度持续加大。中国亦是最大的碳排放国；国际能源署（International Energy Agency，IEA）2020 年的统计数据显示，2018 年中国能源消费活动中碳排放总量为 93.1 亿吨、2019 年为 98.4 亿吨；虽然 2020 年中国超低排放的煤电机组已达 8.9 亿千瓦，且 2021 年初启动了全国碳排放权交易（emissions trading，ET）市场，但要实现 2050 年二氧化碳排放量"不超过 35 亿吨"目标及 2060 年"碳中和"目标，仍需砥砺前行。

中国能源转型过程中的诸多问题源于产业层面发展机制的不充分。"双循环"新发展格局中的能源绿色低碳转型在满足"高质量发展"及"绿色低碳发展"的基本要求下、在兼顾路径"替代-互补"关系的必要前提下，首先实现能源产业实际与转型能力意愿相匹配，进而基于转型动力与路径属性进行理性选择，最终保证宏观层面的合理布局、区域层面的协同治理及微观层面的高效执行，但未考虑动力与路径的问题则会加剧能源部门本身的短板。首先，宏观上的失衡。能源产业规划直接影响 7 万亿元的能源终端市场；"绿色路径"与"低碳路径"的随机跃迁已然引发了可再生能源"跑马圈地"、电能替代-多能互补矛盾扩大等统筹问题。其次，区域上的无序。中国半数以上的省份均依靠能源资本拉动其区域经济；但与资源禀赋和经济发展不匹配的动力与路径，已使区域能源结构性失衡，如能源布局和流向的弹性降低、能源大范围转移的路径依赖（path dependence，PD）性突出、分布式能源利用的推广较缓等。最后，微观上的失调。盲目套用转型模式加剧了诸多个体的发展弊病，如传统化石能源企业超低排放改造动力不足、新能源设备利用小时不充分、可再生能源平均成本过高、"弃风弃光弃水"等系统性限电持续、电网变电站容载比过高等。三块"短板"严重影响着中国能源产业绿色低碳发展的效率和成效。

"能源绿色低碳转型"是能源产业释放压力并克服短板的必然选择。Binder等（2017）将"能源转型"定义为"沿着特定路径的一系列破坏性变化过程与渐进性适应过程"，且实现"量变"的基础为"转型路径的匹配与选择"。世界经济论坛发布的报告（2019 年）指出：全球能源可持续转型（sustainable transition，ST）已陷入停滞，未来引擎位于亚洲。以"绿色低碳"为核心的能源发展模式已经引起了政府、企业与学者的高度关注（史丹和王蕾，2015；薛奕曦等，2016）。虽然中国的能源转型具有一定的制度优势，但与世界主要工业化国家相似：转型过程仍处于"量变"的阶段，可持续的"质变"拐点仍未可期。唯有可持续的能源转型，才可有效地释放压力、克服短板，并切实保证中国"绿色低碳发展"的行稳致远。

一、能源转型理论的研究进展

目前，针对"能源转型"的前沿理论主要源于四个领域：新产业组织理论（new industrial organization theory）、可持续转型理论（sustainable transition theory）、自组织理论（self-organizing theory）及复杂适应系统理论（complex adaptive system theory）。其中，新产业组织理论还包括可竞争市场理论（theory of contestable markets）、博弈理论（game theory）及信息理论（information theory）等子模块；自组织理论还包括耗散结构理论（dissipative structure theory）及协同理论（synergetics theory）等子模块。以下是比较有代表性的研究成果：Aplak 和 Sogut（2013）利用博弈论技术评估了能源转型的产业决策过程；吕蕊和石培基（2016）基于自组织理论，研究了新能源产业集群成长规律及新能源产业集群成长演化过程。可见，不同知识类型、角度观点及学科理论的整合是全面理解"能源转型"的关键。

由理论推演可知：一方面，能源转型需要经历一个漫长的可持续发展治理阶段，其将经历一个混乱、冲突和高度脱节的长期阶段（Andrews-Speed，2016）；同时随着政策实施、环境复杂性、行为失调与市场失灵、不确定性和无序性加剧等一系列原因的出现（潘苏楠等，2019），能源转型过程的可持续性也成为当今理论研究的前沿新热点（Horan et al.，2019）。另一方面，国外能源转型经验和规律虽可提供参考，但无法形成普遍且统一的理论体系并完全适用于中国的能源发展现状和转型要求（郝宇等，2016），各国的转型路径均存在着较为明显的特殊性（唐葆君和钱星月，2016；Qin et al.，2019；de Brauwer and Cohen，2020），因此，他国能源转型的规律必将无法在中国生搬硬套（田丹宇和刘长松，2017；Reed，2019）。为此，需进一步分析转型路径的属性差异，并深入探讨适用于中国能源可持续转型的发展规律与作用原理。

二、能源转型模型的研究进展

目前，针对机制机理的模型解释，能源发展问题的分析工具大多借鉴较为成熟的 3E（energy-economy-environment，能源-经济-环境）范式（张友国等，2015；Fragkos and Paroussos，2018），如欧盟的 EFOM（energy flow optimization model，能流优化模型）和 MARKAL 模型，SEI（Stockholm Environment Institute，斯德哥尔摩环境研究院）与波士顿大学的 LEAP（long-range energy alternatives planning，长期能源替代规划）模型，MIT（Massachusetts Institute of Technology，麻省理工学院）的 EPPA（emissions prediction and policy analysis，排放预测与政策分析）模型，斯坦福大学的 MERGE 模型，耶鲁大学的 RICE&DICE（regional integrated climate-economy and dynamic integrated climate-economy，区域综合气候经济与动态综合气候经济）模型，清华大学与天津大学的全国能源需求预测和能源供应模型，清华大学核能与新能源技术研究院与哈尔滨商业大学经济研究中心的能源环境多目标规划优化模型，国家发展和改革委员会能源研究所的中国中长期能源需求与供给综合模型、中国能源政策综合评价模型，国务院发展研究中心的中国 CGE（computable general equilibrium，可计算的一般均衡）模型，JGCRI（Joint Global Charge Research Institute，联合全球变化研究所）的 GCAM（global change assessment model，全球变化分析模型）（Forouli et al.，2019），北京理工大学能源与环境政策研究中心的中国气候变化综合评估模型等（Wei et al.，2018）。

上述模型方法较为宏观且宽泛，因此针对"能源转型"具体问题的剖析存在不足。能源领域的"绿色低碳"源于对气候变化、化石燃料耗竭及经济衰退等问题的回应（Oudes and Stremke，2018），具有长期性、多维性和不可逆性（Fischer-Kowalski et al.，2019）；不但需要"系统模式和功能"的变革（Moallemi and Malekpour，2018；Zhou et al.，2019），而且涉及"围绕能源生产和消费所建立的更广泛社会经济组合"的转变（Miller et al.，2013）。在能源转型的建模中，一种广泛应用的方法——多层视角（multi-level perspective，MLP）模型——具有一定的针对性（Chapman and Itaoka，2018a）；但 MLP 模型将三层结构互动过程复杂化（Camarinha-Matos，2016），且对于动态基础转型的分析需要基于个案而展开（Papachristos，2017）；即使由此获得了价值判断，MLP 模型仍不适合处理"微观行为"与"宏观现象"之间的动态关系（Geels et al.，2017）。由此可知，虽然许多学者对 3E 发展问题进行了研究，但专门针对能源转型路径匹配选择的适用性模型成果相对匮乏，这为进一步研究能源转型问题留下了空间。

第二节　能源绿色低碳转型的国际对比[①]

一、范围与边界

当前世界能源处于转型调整的关键时期，需要通过科学引导以加快能源绿色低碳转型的进程。世界能源主要有以下三个特征：①能源供给结构逐渐清洁低碳化；②能源使用效率和"电气化"水平逐步提高；③新一代能源技术进步持续推进。尽管能源绿色低碳转型已引起大多数国家的关注，但在能源转型过程中仍面临一定的困难，如能源价格过高、对可再生能源补贴的过度依赖、能源安全等问题使各国的能源转型受到阻碍（de Llano-Paz et al.，2016；Pacesila et al.，2016；Yang et al.，2019）。为确保能源转型的顺利进行，各国有必要借鉴其他国家的经验发展能源转型。

能源绿色低碳转型是一个长期、复杂的过程，需要社会多层次、多行业的支持（Singh et al.，2019；Moallemi and Malekpour，2018），且由于能源禀赋、经济等因素的存在差异，各国的能源绿色低碳转型的路径和模式有所不同（Sovacool，2016）。本章选取 8 个典型国家（G7 和中国）对其能源转型路径进行比较分析，选择这 8 个国家的主要原因如下：①G7 工业国家与中国之间的能源转型对世界能源格局的转型产生了深远的影响，且 G7 工业国家和中国占世界一次能源消费量

[①] 主要内容已发表于 2020 年第 7 期 *International Journal of Energy Research* 中的 "A review and comparative analysis on energy transition in major industrialized countries"。

的52.5%，占世界可再生能源消费量的67.6%。②G7工业国家和中国在经济和政治地位上都是颇具影响力的国家（Chaudhry et al.，2020）。因此，这8个国家的能源绿色低碳转型对世界上大多数国家的能源产业发展有深刻影响。

二、障碍和动力

能源绿色低碳转型动力的差异导致了各国能源转型目标的差异；各国能源转型的主要动力可分为应对气候变化、实现经济社会可持续发展、改善环境质量等。此外，由于资源禀赋、经济结构等多种因素的影响，各国在能源转型过程中的动力和障碍也各不相同，整理结果如表1-1所示。

表1-1　各国能源绿色低碳转型的动力和障碍

国家	主要动力	主要障碍
中国	①改善环境质量 ②应对气候变化 ③实现经济社会可持续发展	①能源消费结构不合理，煤炭比重大 ②碳减排总量的压力较大 ③能源消费量仍在上升阶段
加拿大	①应对气候变化 ②实现经济社会可持续发展	①能源转型与经济发展之间存在矛盾 ②加拿大有较大的减排压力
美国	实现能源独立	联邦和州两级能源政策的不一致给能源转型带来了不确定性
日本	①确保能源安全 ②应对气候变化 ③实现经济社会可持续发展	①严重依赖化石能源 ②核能发展问题上存在较大分歧
法国	①应对气候变化 ②实现经济社会可持续发展 ③改善能源结构	①核电供应比重难以降低 ②能源转型中存在着民间阻力
德国	①应对气候变化 ②实现经济社会可持续发展 ③确保能源安全	①能源价格最高的欧盟国家之一 ②交通运输部门能源效率未显著提高
意大利	①应对气候变化 ②实现经济社会可持续发展 ③确保能源安全 ④降低国内能源消费价格	①能源价格居高不下 ②能源转型的过程中面临着经济压力
英国	①应对气候变化 ②实现经济社会可持续发展 ③改善环境质量	①能源供应的稳定性难以保证 ②在减排方面有较大的压力

三、维度化分析

（一）制度层面

从各国能源管理制度看：①除中国外，各国实施的均为"政监分离"的能源管理制度，但是各国能源管理机构的部门级别与专门化有所不同，如美国为高级别、高专门化，日本与德国为低级别、高专门化。②各国政府干预程度与能源市场化程度有所不同，根据政府作用与市场作用进行区分，如美国、德国、英国等为高市场、低政府，法国、加拿大等则为市场与政府并举。③推动能源市场自由化是各国努力的共同目标，有利于发挥市场作用，进行资源的有效配置。④由于各国经济、人口状况、资源禀赋等因素有所不同，各国能源管理制度有所不同，如德国、英国、意大利等采取相对集中的方式；美国、加拿大等则是采取相对分散的方式，即在联邦统一的框架下，各州制定本州的目标、政策等。

（二）经济层面

电力部门是各国能源投资的重点，主要集中于可再生能源与电网建设方面。能源效率方面的投资保持稳定，可再生能源投资额有所下降，主要由于可再生能源的成本有所下降。由于各国国情不同，其能源投资主体有所差别。以页岩气为例，中国与美国均重视页岩气的开发利用，美国中小企业为页岩气开发的主力军，通过强大的市场机制促进美国的页岩气革命（Wang et al., 2018）。在中国，除"三大油"之外的企业几乎无法在中国拿到油气开发区块。

（三）技术层面

技术是推动能源绿色低碳转型的关键因素之一，通过技术创新可以有效降低可再生能源的成本，促进清洁能源的发展。由于资源禀赋、能源供给与消费结构有所不同，各国能源技术的发展侧重点有所不同（表 1-2），如德国根据本国国情发展了光伏技术，日本也非常重视氢能技术并计划建设氢社会。各国都倾向将提高能源效率作为技术研发的重点，各国都在探索提高能源利用效率和降低能源消耗的有效途径，如法国与德国等研发绿色建筑改造技术，以降低能耗，提高能源效率。

表 1-2　能源转型相关技术

技术种类		技术名称	主要推广国家
清洁能源技术	可再生能源技术	零排放冶炼多晶硅太阳能发电技术、铜铟镓硒（copper indium gallium selenide, CIGS）薄膜发电技术等	中国、德国等
	清洁煤技术	整体煤气化联合循环发电、高参数超超临界机组技术等	中国、美国等
	氢能技术	氢燃料与燃料电池技术、褐煤煤气化技术、天然气重整等	日本、德国等
	核能技术	多功能模块化小型堆、EPR（evolutionary power reactors，先进压水堆）核电站、AP 1000 核电站、CAP 1400 核电站	中国、法国等
节能减排技术	提高能源效率的技术	绿色建筑改造技术、智能电表	法国、德国等
	低碳技术	碳捕获、利用与封存技术	中国、英国等
	储能技术	压缩空气储能、钠硫电池储能等	中国、日本等

(四) 行为层面

1. 政府行为

各国政府在推进能源绿色低碳转型时的行为方式与工作重点存在差异（表1-3）。

表1-3 各国政府推进能源绿色低碳转型的行为方式与工作重点

国家	行为方式	政府具体工作
中国	①目标制定 ②监管行为 ③政策制定	①国家能源局组织并实施能源发展战略、规划、政策，推动电力市场与天然气市场改革 ②国家能源局电力安全监管司等机构对电力市场、电力安全生产及油气管网进行监管
加拿大		①加拿大自然资源部制定能源政策与计划 ②加拿大国家能源局及州一级的监管机构负责对电力输送、石油和天然气进出口与管道运输进行监控
美国		①美国政府通过法律手段解除化石能源开发限制，促进化石能源的开发利用 ②监管方面则分为联邦与州两级对电力市场与天然气市场进行监管
日本		①日本资源能源厅主要负责制定能源发展战略，制定节能、促进可再生能源发展的政策 ②电力和天然气监督委员会监控电力、天然气和热能交易市场，促进能源市场的市场化改革
法国		①法国政府制定能源发展路径及能源转型的目标，颁布可再生能源发展等方面的政策，促进可再生能源发展 ②在监管方面，核安全局负责核设施安全的监管，能源监管委员会负责对能源市场进行监管
德国		①德国政府确定能源转型的战略，制定能源转型的目标，并通过法律手段，在可再生能源方面颁布相应的政策以促进其发展 ②联邦网络管理局负责对电网进行监管，保证利益的均衡分配
意大利		①意大利政府负责制定能源转型的战略，并制定促进可再生能源发展的政策 ②意大利能源、网络和环境监管局负责对电力市场与天然气市场进行监管
英国		①英国政府制定温室气体减排目标，制定促进清洁能源发展方面的战略 ②英国天然气电力市场办公室等监管机构负责对电力市场及天然气市场进行监管

各国政府为促进能源转型所采取行为的共同点如下：①为促进能源转型采取的方式手段相一致，采用的手段大致可分为目标制定、监管行为、政策制定。各国制定了在不同时间段的能源转型的目标和规划。②由于电网企业具有垄断性与信息不透明性，各国均对能源市场与能源输配管网进行监管，以保障公平交易。③各国均重视优化电力行业的能源供应结构，使可再生能源在发电领域的应用成为共识。电力作为一种清洁能源，是能源转型的重点领域，故提供清洁、低碳的

电力成为各国的共识。

各国政府为促进能源转型所采取行为的区别如下：由于各国能源资源禀赋具有差异性，各国选择的过渡期能源有所不同，如中国根据本国国情选择天然气与核能等清洁能源作为过渡能源，德国则选择了可再生能源。

2. 企业行为

企业是政府能源政策实施的主体，各国企业推动本国能源转型行为的共同点如下：①各国企业均重视技术的开发应用，希望通过技术手段能够降低成本，减少碳排放，达到企业的预期目标。例如，日本三菱公司通过研发能源管理技术，最大化地利用可再生能源，产生电力不仅可为电动车充电，也可将电力输回公司，降低公司成本。②各国企业所采取的行为易受到国家政策的影响，在国家能源转型体系下，企业在能源转型的过程中是中坚力量，企业行为与国家战略同步，能有效促进能源转型。以中国为例，国家电网有限公司对智能电网技术进行研发，以促进能源的均衡分配，促进可再生能源的发展。

各国企业行为的区别如下：①由于企业行为同时受到国家方面和市场方面的影响，各国企业行为发展方向不同（表1-4）。例如，德国政府将可再生能源视为未来的主要能源，使德国企业更加重视可再生能源的发展；相反，一些日本企业在政府的指导下发展氢能，但同时也发展传统能源以满足市场需求。②各国企业行为与政府所制定的战略目标的契合度有所不同。中国企业的主要行为与政府政策大多契合，中国国有大型企业规划紧跟国家的战略，并且及时根据政策进行调整，而美国的一些行业领军企业，在政府鼓励使用传统能源的情况下，依然按照之前各自的低碳节能战略进行规划投资。

表1-4 各国企业执行能源绿色低碳转型的行为

国家	企业行为	典型企业的行为
中国	中国的高耗能企业积极进行能源结构优化，大型国企积极布局可再生能源领域	国家能源集团大力发展清洁能源，研发清洁能源技术
加拿大	加拿大的能源公司积极研发清洁能源技术，应用于能源开发领域，以减少碳排放	加拿大各电力公司积极投资可再生能源领域
美国	美国一些大型企业均制定了低碳发展战略，以减少碳排放，保护气候环境	埃克森美孚公司研发低碳技术，降低能源生产对环境的影响
日本	日本的一些大型公司，以及大型公用事业积极使用清洁能源，并严格按照《节能法》行动	日本 JXTG 能源集团积极减少自身的碳排放，并制定碳排放目标
法国	法国企业积极布局可再生能源领域，大力发展可再生能源发电，并投资研发能源效率方面的技术	法国电力集团积极投资可再生能源，并研发能源技术降低能耗
德国	德国企业积极研发可再生能源领域的技术，降低可再生能源的使用成本，积极参与可再生能源项目	德国意昂集团积极研发新能源技术，为可再生能源的有效利用提供解决方案

续表

国家	企业行为	典型企业的行为
意大利	意大利企业积极布局可再生能源领域,促进可再生能源技术的发展	意大利国家电力公司积极投资可再生能源领域,促进可再生能源的发展
英国	英国企业通过布局可再生能源领域,研发推广低碳技术,将其应用于实际当中,降低碳排放	英国石油公司积极研发新能源及能源效率方面的技术,以促进能源转型

第三节 主要内容的分析逻辑框架

除第一章外,其余各章之间的逻辑框架及核心内容,如图 1-1 所示。

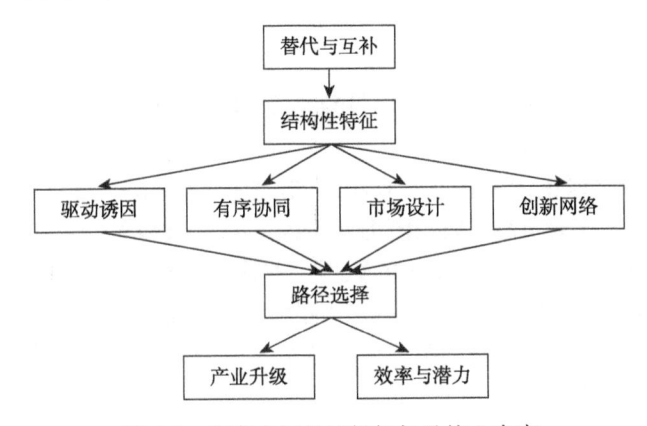

图 1-1 各章之间的逻辑框架及核心内容

第二章,能源绿色低碳转型的替代与互补。从"新时代"中国的经济社会发展形势看,为解决能源部门发展"不平衡不充分"等主要矛盾,必然要求中国能源转型深度思考从"高速增长"到"高质量发展"的基础和保障是否合理。为此,基于 MES(Morishima elasticity of substitution,Morishima 替代弹性)方法和 LVC(Lotka-Volterra competition,Lotka-Volterra 竞争模型)方法,拟构建一个能源转型的内因判定模型,以此研究中国能源替代-互补关系;并拟通过利用 2000~2017 年中国能源部门的市场份额、能源价格和成本等数据,从价格弹性和技术扩散的角度,分析"电能替代"和"多能互补"等转型模式的科学性和可行性。

第三章,能源绿色低碳转型的结构性特征。时代演进趋势、中国发展需求、战略产业兴起及制度建设推进,都为能源转型提供了契机并提出了要求;但中国能源转型仍需要多元驱动力产生有序协同驱动效应。在政府试图对中国能源部门实施"放松管制、加强监管"的当下,科学识别中国能源转型驱动力因子,并分析其结构性特征、研究驱动因子间的交互作用关系,具有必要性和现实意义。基于此,拟选取中国能源转型驱动结构作为研究对象,构建一个转型驱动力结构性特征分析框架,在实证调研搜集数据的基础上,利用结构方程模型(structural equation modeling,SEM)和卡方自动交互检测(CHi-squared automatic interaction detector,CHAID)法分别研究驱动力的组内因子内生强化过程和组间因子机制平衡过程,由此系统性地分析和解释中国能源转型驱动力的结构性协同特征和有序特点。

第四章,能源绿色低碳转型的驱动诱因。"碳达峰·碳中和"目标让中国能源转型的长期性、复杂性和重要性尤为凸显。在厘清分析逻辑的基础上,拟明确低碳路径目标和绿色路径目标,并科学地识别中国能源转型中"绿色低碳"路径选择的影响诱因,探索性构建一个绿色低碳转型的诱因驱动分析(incentive driven analysis for green & low carbon transition,IDAGLT)模型,并量化研究五个维度诱因对能源转型的驱动性影响;拟通过整理2000~2019年的相关统计数据,测算变量数值,并完成实证分析。

第五章,能源绿色低碳转型的有序协同。构建有序协同度评价模型,从产业规模、经济效益、社会贡献、成长潜力四个维度拟选取涵盖"十二五"全期和"十三五"部分期间(2011~2018年)的数据,并测算常规能源产业与新能源产业的综合发展水平及有序协同程度,分析二者的关联性和协同性。同时,利用"存量增量"双重发展特征的评价模型系统衡量两个子产业之间的资源基础与增长速度,从而进一步分析增长驱动力的来源。

第六章,能源绿色低碳转型的市场设计。能源绿色低碳转型,特别是电力行业的绿色低碳转型,将极大地促进能源高质量发展。国内外许多重点研究都集中于政策对能源绿色低碳转型的影响上,然而很少有市场作用于绿色低碳转型的研究。该章拟聚焦市场设计的理论基础,并运用制度-经济-技术-行为(institution-economy-technology-behavior,IETB)分析框架从四个维度探讨制约中国能源绿色低碳转型的障碍。此外,该章还将概述与能源绿色低碳转型相关的可用市场设计研究结果,将重点讨论电力现货市场、电力容量市场、电力期货市场、碳排放权市场和绿色证书市场,同时分析各个市场对克服能源转型障碍的影响。

第七章,能源绿色低碳转型的创新网络。以技术创新为核心驱动的能源部门高质量发展才能有效地推动技术层面的能源转型。基于电力产业创新网络中能源转型的分析框架,拟从制度、经济、技术及行为四个层面对社会网络-复杂系统中的网络密度(network density,ND)、网络规模(network scale,NS)及小世界性等概念进行界定,由此提出能源转型路径演化的三条假设。拟选取2010~2019年电力产业创新网络的相关数据,采用ADF检验和协整检验等时间序列分析法,构建误差修正模型，研究中国能源转型的路径依赖与路径突破。

第八章，能源绿色低碳转型的路径选择。中国能源转型正处于四期并轨的关键阶段，识别转型路径选择的影响因素并测算其作用效果具有重要理论价值和现实意义。首先，拟通过文献梳理，明确能源转型的新定位，并构建能源转型路径选择与轨迹跃迁的理论架构；其次，拟定义能源转型的路径依赖性、脆弱性和创新性，并进行时空特征分析；最后，拟建立用以分析因素影响效果的多元回归模型，进而对8大综合经济区、3个发展阶段的9类主要影响因素进行影响机理分析。

第九章，能源绿色低碳转型的产业升级。在"双碳"目标下，中国能源产业升级不但是制度层面的要求，而且是行为层面的必然。为此，拟界定能源产业比较优势、能源产业优势演进及能源产业升级MAO（motivation-ability-opportunity，动机-能力-机会）三个概念，并选取2009~2019年的相关统计数据，从区域和全国两个层面构建计量经济模型；聚焦转型期内产业升级的主要影响因素和产业升级路径选择的主要影响因素。

第十章，能源绿色低碳转型的效率与潜力。高质量发展不但对中国电力体制改革提出了新要求，而且为中国电力转型指明了新方向。拟聚焦电力可持续转型领域，考虑能源安全（期望产出）和环境污染（非期望产出）问题，利用坏产出动态DEA（data envelopment analysis，数据包络分析）模型与熵权法-TOPSIS（technique for order preference by similarity to an ideal solution，基于效率的逼近理想解的排序方法）模型，采集并整理2009~2018年省级结构性要素指标（投入-产出类指标）和跨期活动变量指标（政策性指标）的转型期数据，对中国电力可持续转型的效率、潜力及效率-潜力空间进行测算、排序与优化。

第二章 能源绿色低碳转型的替代与互补[①]

第一节 能源替代互补的概述

根据国家统计局2018年的初步统计：在2017年中国能源生产结构中，原煤占比为68.6%，原油占比为7.6%，天然气占比为5.5%，水电、核电、风电等占比为18.3%；在能源消费结构中，煤炭消费量占比约为60.4%，同比下降1.6%；天然气、水电、核电、风电等清洁能源消费量占能源消费总量的20.8%，同比增长1.3%。中国是全球最大的能源生产国及消费国之一；煤炭处于主体性地位，石油消费量高但生产量低，供应依赖进口；清洁能源消费比重持续上升，发展潜力巨大。随着中国经济社会的发展，来自世界范围内应对气候变化的压力日益凸显，中国民众不但表现出节能降耗意识的不断增强，而且表现出对于清洁环保的强烈渴求。中国已成为应对气候变化的领导者和模范兵，能源结构正由煤炭为主向多元化协同转变，能源发展驱动正由高速增长向高质量增长、由传统能源增长向新能源增长转变，清洁低碳化进程不断加快。随着经济社会持续发展和体制改革不断深化，兼顾经济社会发展、能源安全和环境保护等多层目标，为了满足从资源依赖型转变为技术依赖型、从政策依赖型转变为市场依赖型的演进要求，中国能源必须走出一条适合社会主义市场经济发展的可持续转型之路。

现阶段，中国经济由高速度增长阶段转为高质量发展阶段，且正处在转变发展方式、优化经济结构、转换增长动力的攻关期；从"新时代"中国能源部门的发展形势看，经济增长方式的转变必然要求能源转型过程中有序推行绿色能源选择。"十三五"规划建议中提出了"建设清洁低碳、安全高效的现代能源体系"的

[①] 主要内容已发表于2019年第8期《中国软科学》中的《中国"能源转型"是否合理？——能源替代-互补关系的实证研究》。

发展目标，电力发展重点聚焦绿色、有序和转型。2017年10月，党的十九大再次倡导创新、协调、绿色、开放、共享的发展理念。由此，中国能源发展战略方向已然明朗，能源革命正加速推进，能源转型已上升到国家战略层面。无论是中国发展的实际需求，抑或是对能源安全战略的充分权衡，能源转型已成为现阶段中国亟待解决的问题之一；但受制于资源禀赋、能源结构等发展障碍及新能源技术瓶颈，中国在能源转型过程中遇到掣肘和阻力，引发了产能过剩、消纳不足、"跑马圈地"和"圈而不建"等无序发展现象。这些现象出现的本质原因是并未从经济层面和技术层面解答现阶段中国能源转型的科学合理性，致使现有的制度安排适应性效率较低、设计的政策框架无法有效落地。

可持续性能源转型，是一个长期、多维和基础的过程（Sovacool，2016），也是将社会技术系统（sociotechnical system）转变为更良性的生产-消费模式的方式（Ponta et al.，2018）；能源转变不但限于能源基础设施的改造，而且涉及更广泛的社会-经济组合的转换（Miller et al.，2013；Oudes and Stremke，2018）。中国能源转型经历了低碳转型（陈诗一，2012；范英等，2014）和绿色转型（吴力波，2016）的分析评价阶段。近年来，国内的学者逐渐意识到：中国能源发展进入了"三低三严"新常态（韩文科等，2015），中国能源转型的方向对全球的影响将是引领性的（史丹，2016），"新时代"能源安全战略也必须有新思路（史丹，2017a）；中国应该从根本上打破工业领域"扩张—过剩—再扩张—再过剩"的循环（金碚，2011；吕政，2012），转型期能源结构调整、加快绿色低碳发展、提高能源系统效率、追求运行综合效益将成为未来发展的主要目标（周大地，2016）。针对能源转型中的替代-互补关系，虽然现有的研究也多集中于定性分析气候变化和环境保护问题（Said et al.，2018；Tyler and Herremans，2018），但仍有定量分析转型路径的成果。目前主要的研究如下：Kumar等（2015）考虑了可再生能源和非可再生能源之间内部替代弹性，并在8个行业中定性分析了替代路径；Vahl和Filho（2015）基于技术层面，分析了能源转型的低碳水平，并提出了"可再生分布式发电"的替代转型路径；隋建利等（2017）利用马尔科夫区制转移因果模型分析异质性能源消费问题，为中国能源产业结构转型提供技术支持；但Trutnevyte（2016）也得出了"成本最优方案掩盖了由于成本最优偏离而产生的不确定性"的结论，并反思了能源转型的系统构建问题。同时应该意识到：国外所采用的能源转型模式并不一定完全适用于中国现阶段的能源部门的转型现状和升级要求（李俊峰和柴麒敏，2016），各国转型路径存在较为明显的差异（Verbruggen and Yurchenko，2017；Willenbockel，2017），且实现其转型的路径无法"生搬硬套"到中国现实（苏敬勤等，2018）。

但中国能源转型仍有其工作的侧重点。电力转型是实现能源转型的主要支撑（Rocholl and Bolton，2016；周孝信，2017），电力部门的有序发展受到来自技术和体制等领域的深刻影响（冯永晟，2016；康重庆和姚良忠，2017），因此"十三五"阶段成为中国能源转型有序发展的关键期。然而目前针对电力能源转型的研究相对较少，现有成果主要集中于对国外转型经验的总结（Magnani and Osti，2016；姜克隽，2016），如 Newbery（2016）对欧盟和英国电力转型的经验进行总结，并分析了固定电价制度（feed-in-tariff system，FITs）对可再生电力供给的影响；Rogge 等（2017）对德国电力系统向可再生能源转型的经验进行了总结，并对比分析了技术组件替代（途径 A）和广泛系统改造（途径 B）对于电力转型实现低碳化的影响效果。

综上所述，国内外学者已为能源转型的研究领域做出了较为突出的贡献，但就中国能源可持续转型而言仍存在一些不足之处。具体可分为以下三个方面：首先，内容方面，目前的研究多集中于政策导向的转型模式和政策效果，而对于市场导向的转型基础缺少系统性的分析。其次，方法方面，目前多采用计量经济分析、综合评价分析、案例比较分析等，强调分析转型状态而弱化了对转型原因的理论推导。最后，结论方面，不同转型模式的适用性有待验证，导致研究成果因研究目标、研究范围、研究方法和研究数据的不同而存在差异，对于各个模式所实现过程和效果的论断无法达成一致。能源转型主要体现为制度性转型（Andrews-Speed，2016）、经济性转型（Frondel et al.，2015）和技术性转型（Hoggett，2014）。当前，中国能源转型的任务主要包括两方面：一方面，既要有效利用电能替代散烧煤、燃油等能源消费方式，又要大力发展清洁能源电力替代低效率的火力发电生产方式，即电能替代[①]；另一方面，要科学优化能源结构，实现新能源与传统能源、可再生能源与化石能源、清洁能源与常规能源的协调有序和平稳升级，即多能互补[②]。无论是电能替代，抑或是多能互补，中国已从政策层面为能源转型的发展模式提供了必要的制度性保障[③]；而对于渐进的改革过程，体现边际革命和增量调整性质的重要方面则是以市场为导向的经济性转型和技术性转型，且二者共同构成制度性转型的充分条件和必要保证。唯其如此，才能促使能源体制中的制度性能源转型体现自下而上诱致性变迁和演化的有序过程。

[①] 电能具有清洁、安全、便捷等优势，实施电能替代对于推动能源消费革命、落实国家能源战略、促进能源清洁化发展意义重大，是提高电煤比重、控制煤炭消费总量、减少大气污染的重要举措。电能替代的电力能源主要来自清洁能源，即可再生能源发电及部分超低排放煤电机组；无论是可再生能源对煤炭的替代，抑或是超低排放煤电机组集中燃煤对分散燃煤的替代，都将对提高清洁能源消费比重、减少大气污染物排放做出重要贡献。

[②] 多能互补集成优化示范工程，有利于提高能源供需协调能力，推动能源清洁生产和就近消纳，减少弃风、弃光、弃水、限电，促进可再生能源消纳，是提高能源系统综合效率的重要"抓手"，对于建设清洁低碳、安全高效现代能源体系具有重要的现实意义和深远的战略意义。

[③] 例如，2016 年 5 月的《关于推进电能替代的指导意见》（发改能源〔2016〕1054 号）及 2016 年 7 月的《国家发展改革委 国家能源局关于推进多能互补集成优化示范工程建设的实施意见》（发改能源〔2016〕1430 号）。

第二节 替代互补关系的理论与方法

一、系统边界及概念模型

对于中国现阶段能源转型是否合理问题的回答，其实质即界定、分析并论证目前中国进行能源转型的基础和保障是否充分。基于微观经济学、宏观经济学及新制度经济学的一般原理，为便于从经济性、技术性和制度性等层面分析能源转型过程中能源替代-互补关系及电能替代和多能互补的发展基础，同时不失研究的一般性（从复杂系统理论和系统动力学理论的边界视角），本章将对中国能源转型概念模型的边界进行界定（图2-1），且定位研究范围为能源转型基础的内因分析。

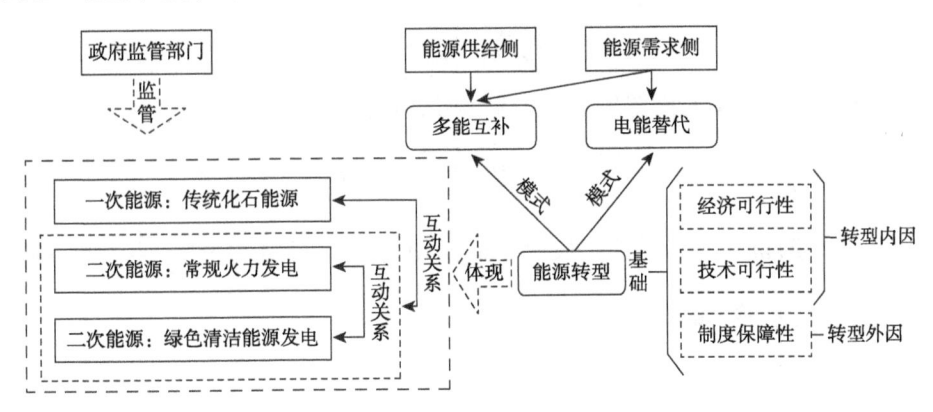

图 2-1 能源替代-互补关系的边界界定

二、内因判定模型 Ⅰ：经济性

产生能源转型电能替代-多能互补关系问题的内生原因之一是能源成本或价格的信号引导作用（Nkomo and Goldstein, 2017）。根据新古典经济学的基本理论，基于中国能源资源禀赋的基本特点，考虑经济性判定对能源种类的可分离性要求，经济性转型判定分析模型将在修正 Allen 替代弹性（Allen elasticity of substitution，AES）模型的基础上，通过 MES 模型研究化石能源、火力发电和清洁能源发电之间的替代-互补关系。

多种能源可作为一种生产要素组合，其成本函数的能源内部替代弹性可仅通过双重成本函数来确定。大多数研究认为能源要素可从劳动、资本及其他生产要

素中进行"弱分离"[①]（Hazilla，1997；Christopoulos，2000），因此能源成本函数可表示为

$$\mathrm{cost}_{\mathrm{EN}} = f\left(\mathrm{cost}_{\mathrm{fossil}}, \mathrm{cost}_{\mathrm{thermal}}, \mathrm{cost}_{\mathrm{clean}}\right) \qquad (2\text{-}1)$$

其中，$\mathrm{cost}_{\mathrm{EN}}$ 表示能源组合的总成本；$\mathrm{cost}_{\mathrm{fossil}}$ 表示化石能源要素成本；$\mathrm{cost}_{\mathrm{thermal}}$ 表示火力发电要素成本；$\mathrm{cost}_{\mathrm{clean}}$ 表示清洁能源发电要素成本。同时给出 Translog 成本函数：

$$\ln \mathrm{cost} = \alpha_0 + \sum_m \alpha_m \ln p_m + \frac{1}{2} \sum_m \sum_n \beta_{mn} \ln p_m \ln p_n \qquad (2\text{-}2)$$

其中，m 和 n 均为能源类型，包括化石能源（fossil）、火力发电（thermal）和清洁能源发电（clean）；p_m 表示能源要素价格；α 和 β 表示模型中待求的经济参数，且各种能源投入价格满足齐次线性约束：

$$\begin{cases} \sum_m \alpha_n = 1 \\ \sum_m \sum_n \beta_{mn} = \sum_m \beta_m = 0 \end{cases} \qquad (2\text{-}3)$$

能源组合总成本对能源价格求一阶偏导，得到：

$$\frac{\partial \ln \mathrm{cost}}{\partial \ln p_m} \equiv \sigma_m + \sum_n \beta_{mn} \ln p_n \qquad (2\text{-}4)$$

其中，σ_m 表示 m 的替代弹性。根据 Shephard 引理，设定 $y_m = \dfrac{\partial \mathrm{cost}}{\partial p_m}$，则三种能源成本占组合总成本的比例均可表示为

$$s_m = \frac{p_m y_m}{\mathrm{cost}_{\mathrm{EN}}} = \frac{p_m \left(\dfrac{\partial \mathrm{cost}_{\mathrm{EN}}}{\partial p_i}\right)}{\sum_n p_n \left(\dfrac{\partial \mathrm{cost}_{\mathrm{EN}}}{\partial p_n}\right)} = \alpha_m + \sum_n \beta_{mn} \ln p_n \qquad (2\text{-}5)$$

根据 AES 的定义，得到 Allen 替代弹性 σ_{mn}：

$$\sigma_{mn} = \mathrm{cost}_{\mathrm{EN}} \cdot \frac{\dfrac{\partial^2 \mathrm{cost}_{\mathrm{EN}}}{\partial p_m \partial p_n}}{\left(\dfrac{\partial \mathrm{cost}_{\mathrm{EN}}}{\partial p_m}\right)\left(\dfrac{\partial \mathrm{cost}_{\mathrm{EN}}}{\partial p_n}\right)} \qquad (2\text{-}6)$$

进而可得联立方程：

[①] "弱分离"意味着尽管总体能源利用水平无法独立于其他生产要素，但能源组合的成本最小化与劳动、资本及其他要素的最佳组合效果（水平）无关。"弱分离"的成本结构可促使经济主体遵循一个连续的优化过程：一是选择合适的能源要素，最大限度地降低能源成本；二是选择包括能源总成本在内的所有要素投入水平。

$$\begin{cases} \sigma_{mn} = \dfrac{\beta_{mm} + s_m \cdot s_n}{s_m \cdot s_n} \\ \sigma_{mm} = \dfrac{\beta_{mm} + s_m^2 - s_m}{s_m^2} \end{cases} \quad (2\text{-}7)$$

由此得到 AES 模型的交叉价格弹性 CPE_{mn}，用符号 η_{mn} 表示绝对替代弹性：

$$\text{CPE}_{mn} = \eta_{mn} = s_n \cdot \sigma_{mn} \quad (2\text{-}8)$$

其中，CPE_{mn} 表示随着能源 n 价格的变化，对能源 m 需求产生相应的变化。根据 Hicks 边际替代率的定义，对 AES 模型进行修正，得到 MES 模型的净替代弹性：

$$\begin{aligned} \text{MES}_{mn} &= \frac{\partial \ln x_m}{\partial \ln p_n} - \frac{\partial \ln x_n}{\partial \ln p_n} = \eta_{mn} - \eta_{nn} \\ &= \text{CPE}_{mn} - \text{OPE}_{nn} \end{aligned} \quad (2\text{-}9)$$

其中，OPE_{nn} 表示能源 n 的自价格弹性。根据 Hicks 的理论可知：交叉价格弹性 CPE_{mn} 可用以解释总效应；自价格弹性 OPE_{nn} 可用以解释收入效应；MES_{mn} 可用以解释替代效应。基于微观经济学理论，AES 模型和 MES 模型的价格弹性与能源替代-互补关系可分为三种情境，如表 2-1 所示。

表 2-1　绝对交叉价格弹性和净交叉价格弹性的情境分析

情境	CPE	MES	分析	关系
1	<0	<0	MES 和 AES 均为互补	互补
2	<0	>0	AES 互补，MES 替代	不确定
3	>0	>0	MES 和 AES 均为替代	替代

三、内因判定模型Ⅱ：技术性

能源转型电能替代-多能互补关系问题产生的另一个内生原因是能源的技术进步（Wesseh and Lin，2016；Cherniha and Davydovych，2011）。当三种及以上能源主体的运营效率和效果可超过孤立能源主体的运行效率和效果时①，系统中的能源替代-互补关系问题将得以解决且可形成较为稳定的长期互动关系。为实现电能替代-多能互补的技术性转型判定分析，可根据化石能源(fossil)、火力发电(thermal)和清洁能源发电(clean)三种能源类型划分情况，构建三维 LVC 模型

---

① 供给侧结构性改革等制度变迁影响了能源系统中各主体的目标和利益，技术创新、产业优化升级及社会责任履行的需求程度和关联性均存在差异。

进行技术可行性的判断[①]。

三维 LVC 模型由三个独立的非线性微分方程组成；三种能源关系存在不确定性，故采用 Bazykin 规范形式给出能源非自治系统的描述：

$$\begin{cases} \dfrac{\mathrm{d}x_{\text{fossil}}(t)}{\mathrm{d}t} = x_{\text{fossil}}\left(b_1(t) + a_{1,1}(t)x_{\text{fossil}} + a_{1,2}(t)x_{\text{thermal}} + a_{1,3}(t)x_{\text{clean}}\right) \\ \dfrac{\mathrm{d}x_{\text{thermal}}(t)}{\mathrm{d}t} = x_{\text{thermal}}\left(b_2(t) + a_{2,1}(t)x_{\text{fossil}} + a_{2,2}(t)x_{\text{thermal}} + a_{2,3}(t)x_{\text{clean}}\right) \\ \dfrac{\mathrm{d}x_{\text{clean}}(t)}{\mathrm{d}t} = x_{\text{clean}}\left(b_3(t) + a_{3,1}(t)x_{\text{fossil}} + a_{3,2}(t)x_{\text{thermal}} + a_{3,3}(t)x_{\text{clean}}\right) \end{cases} \quad (2\text{-}10)$$

其中，x 表示三维 LVC 模型中能源产品的市场份额；$\dfrac{\mathrm{d}x}{\mathrm{d}t}$ 为非负数，表示能源技术规模的动态变化量；b_i（$i=1$、2、3 且 $b_i \geq 0$）为内禀增长率，表示三种群模型无限市场空间中对应化石能源技术、火力发电技术和清洁能源发电技术的自然增长率，其反映了不同能源产业自身发展现状对产业未来发展的影响；$a_{i,i}$（$i=1$、2、3）为内作用系数，表示第 i 种能源技术自身的限制性参数；$a_{i,j}$（$i \neq j$，且 i 和 j 均可取 1、2、3）为种间作用系数，表示 i 和 j 两种能源技术的互动程度，该系数可反映能源 j 对能源 i 的影响作用。理论上 $a_{i,j}$ 的绝对值越大，表明不同能源技术之间的作用关系越频繁；能源技术作用系数的判定关系如表 2-2 所示。

表 2-2　能源技术相互作用的情境分类

情境	$a_{i,j}$	$a_{j,i}$	互动类型	结果解释
1	>0	>0	共生关系	两种能源技术形成互补态势
2	>0	<0	捕食关系	能源 i 成为市场主导者，能源 j 空间被压缩
3	<0	<0	竞争关系	两种能源技术形成替代态势
4	<0	0	偏害共生	能源 j 对能源 i 的发展起到了单向抑制作用
5	>0	0	偏利共生	能源 j 对能源 i 的发展起到了单向促进作用
6	0	0	独立关系	两种能源独立发展，互不影响

构建新模型进行参数的灰色估计，把式（2-10）进行方程转换得到式（2-11）：

[①] LVC 模型的思路：首先，设定主导能源技术处于市场饱和状态；其次，平衡系统中引入其他具有竞争优势的能源技术，进行技术竞争分析；最后，在确定能源技术的关系后，研究各种能源技术的替代行为，分析主导能源技术在平衡状态下被新的竞争性能源技术所替代的可能性及替代形式。

$$\begin{cases} \dfrac{dx_{\text{fossil}}}{dt} = c_{1,0}x_{\text{fossil}} + c_{1,1}x_{\text{fossil}}^2 + c_{1,2}x_{\text{fossil}}x_{\text{thermal}} + c_{1,3}x_{\text{fossil}}x_{\text{clean}} \\ \dfrac{dx_{\text{thermal}}}{dt} = c_{2,0}x_{\text{thermal}} + c_{2,1}x_{\text{fossil}}x_{\text{thermal}} + c_{2,2}x_{\text{thermal}}^2 + c_{2,3}x_{\text{thermal}}x_{\text{clean}} \\ \dfrac{dx_{\text{clean}}}{dt} = c_{3,0}x_{\text{clean}} + c_{3,1}x_{\text{fossil}}x_{\text{clean}} + c_{3,2}x_{\text{clean}}x_{\text{thermal}} + c_{3,3}x_{\text{clean}}^2 \end{cases} \quad (2\text{-}11)$$

其中，c 为三维 LVC 模型的待估参数，且规定（Bunin，2017）：

$$\begin{aligned} x_{1,(t+1)} - x_{1,(t)} = & c_{1,0}[x_{1,(t)} + x_{1,(t+1)}]/2 + c_{1,1}[x_{1,(t)} + x_{1,(t+1)}]^2/4 \\ & + c_{1,2}[x_{1,(t)} + x_{1,(t+1)}][x_{2,(t)} + x_{2,(t+1)}]/4 \\ & + c_{1,3}[x_{1,(t)} + x_{1,(t+1)}][x_{3,(t)} + x_{3,(t+1)}]/4 \end{aligned} \quad (2\text{-}12)$$

由式（2-11）和式（2-12）共同变形代入得到离散化方程，并根据本章研究目的，选取时间序列为 18 年的数据（2000~2017 年，涵盖"九五"期末、"十五"、"十一五"、"十二五"及"十三五"期初），得到矩阵方程如下：

$$\boldsymbol{Y}_{1,(17)} = \boldsymbol{B}_1 \cdot \hat{\boldsymbol{C}}_1 = \left[x_{1,(2)} - x_{1,(1)}, x_{1,(3)} - x_{1,(2)}, \cdots, x_{1,(18)} - x_{1,(17)} \right]^{\text{T}} \quad (2\text{-}13)$$

其中，定义：

$$\boldsymbol{B}_1 = \begin{Bmatrix} \dfrac{x_{1,(1)} + x_{1,(2)}}{2}, \left[\dfrac{x_{1,(1)} + x_{1,(2)}}{2}\right]^2, \left[\dfrac{x_{1,(1)} + x_{1,(2)}}{2}\right]\left[\dfrac{x_{2,(1)} + x_{2,(2)}}{2}\right], \left[\dfrac{x_{1,(1)} + x_{1,(2)}}{2}\right]\left[\dfrac{x_{3,(1)} + x_{3,(2)}}{2}\right] \\ \dfrac{x_{1,(2)} + x_{1,(3)}}{2}, \left[\dfrac{x_{1,(2)} + x_{1,(3)}}{2}\right]^2, \left[\dfrac{x_{1,(2)} + x_{1,(2)}}{2}\right]\left[\dfrac{x_{2,(2)} + x_{2,(3)}}{2}\right], \left[\dfrac{x_{1,(2)} + x_{1,(3)}}{2}\right]\left[\dfrac{x_{3,(2)} + x_{3,(3)}}{2}\right] \\ \cdots \\ \dfrac{x_{1,(17)} + x_{1,(18)}}{2}, \left[\dfrac{x_{1,(17)} + x_{1,(18)}}{2}\right]^2, \left[\dfrac{x_{1,(17)} + x_{1,(18)}}{2}\right]\left[\dfrac{x_{2,(17)} + x_{2,(18)}}{2}\right], \left[\dfrac{x_{1,(17)} + x_{1,(18)}}{2}\right]\left[\dfrac{x_{3,(17)} + x_{3,(18)}}{2}\right] \end{Bmatrix}$$

$$(2\text{-}14)$$

$$\hat{\boldsymbol{C}}_1 = \left[c_{1,0}, c_{1,1}, c_{1,2}, c_{1,3} \right]^{\text{T}} \quad (2\text{-}15)$$

在最小二乘准则下，存在关系：

$$\hat{\boldsymbol{C}}_1 = \left(\boldsymbol{B}_1^{\text{T}} \boldsymbol{B}_1 \right)^{-1} \boldsymbol{B}_1^{\text{T}} \boldsymbol{Y}_{1,(17)} \quad (2\text{-}16)$$

同理，根据式（2-13）和式（2-16）的原理，可得

$$\hat{\boldsymbol{C}}_2 = \left[c_{2,0}, c_{2,1}, c_{2,2}, c_{2,3} \right]^{\text{T}} \quad (2\text{-}17)$$

$$\hat{\boldsymbol{C}}_3 = \left[c_{3,0}, c_{3,1}, c_{3,2}, c_{3,3} \right]^{\text{T}} \quad (2\text{-}18)$$

在不考虑时间序列负荷问题时（即不考虑峰谷时段的电力负荷差异性），电能属于同质性产品。因此，对于既定的社会电力需求空间，火力发电和清洁能源发电存在竞争关系，因此需要构建二维 LVC 模型对两者之间的竞争稳定性进行分

析。为分析发电技术之间的竞争状态，即当 $t \to +\infty$ 时 $x_{\text{thermal}}(t)$ 和 $x_{\text{clean}}(t)$ 的趋向（Vaidyanathan，2016），对电源系统进行稳定性分析，其拓展模型为

$$\begin{cases} \dfrac{\mathrm{d}x_{\text{thermal}}}{\mathrm{d}t} = r_{\text{thermal}} x_{\text{thermal}} \left(1 - \dfrac{x_{\text{thermal}}}{N_1} - \delta_1 \dfrac{x_{\text{clean}}}{N_2}\right) \equiv 0 \\ \dfrac{\mathrm{d}x_{\text{clean}}}{\mathrm{d}t} = r_{\text{clean}} x_{\text{clean}} \left(1 - \dfrac{x_{\text{clean}}}{N_2} - \delta_2 \dfrac{x_{\text{thermal}}}{N_1}\right) \equiv 0 \end{cases} \quad (2\text{-}19)$$

其中，x_{thermal} 和 x_{clean} 仍分别表示火力发电技术和清洁能源发电技术的发展空间；r_{thermal} 和 r_{clean} 分别表示火力发电技术和清洁能源发电技术在电源系统中的自然增长率；N_1 和 N_2 分别表示二维模型无竞争状态下火力发电技术和清洁能源发电技术的均衡技术总量，即发电能源产业的极限技术规模；δ_1 和 δ_2 分别表示火力发电技术和清洁能源发电技术竞争的相关系数。

根据式（2-19）可得四个平衡点：$M_1(N_1, 0)$、$M_2(0, N_2)$、$M_3\left(\dfrac{N_1 - N_1\delta_1}{1 - \delta_1\delta_2}, \dfrac{N_2 - N_2\delta_2}{1 - \delta_1\delta_2}\right)$ 和 $M_4(0, 0)$。由此可知，两种发电技术的竞争替代关系存在四种情境，如图2-2所示。

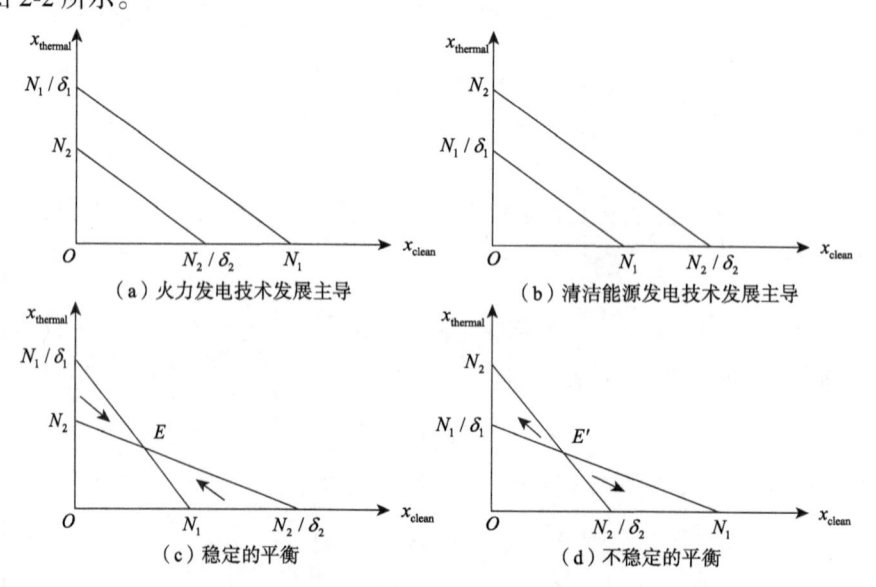

图 2-2 火力发电技术和清洁能源发电技术之间竞争替代关系的四种情境

（1）当 $N_1 > N_2/\delta_2$ 且 $N_2 < N_1/\delta_1$ 时，在 N_2、N_2/δ_2 右侧空间内，清洁能源发电技术已超过其容纳极限而无法扩散，而火力发电技术仍可继续扩散。因此，火力发电技术的发展占主导地位，清洁能源发电技术的空间将被挤压。

（2）当 $N_1 < N_2/\delta_2$ 且 $N_2 > N_1/\delta_1$ 时，在 N_2、N_1/δ_1、N_1、N_2/δ_2 所围成的空间内，火力发电技术无法扩散，而清洁能源发电技术可继续扩散。因此，清洁能源发电技术的发展占主导地位，火力发电技术的空间将被挤压。

（3）当 $N_1 < N_2/\delta_2$ 且 $N_2 < N_1/\delta_1$ 时，两条对角线的交点 E 即平衡点。由于存在 $N_1 < N_2/\delta_2$，在 N_1、E 和 N_2/δ_2 所围成的三角形中，火力发电技术无法扩散，而清洁能源发电技术可继续扩散，箭头方向表示向平衡点收敛。同理可得，由于存在 $N_2 < N_1/\delta_1$，在 N_1/δ_1、E 和 N_2 所围成的三角形中，清洁能源发电技术无法扩散，而火力发电技术可继续扩散，箭头方向表示向平衡点收敛，从而形成稳定的平衡，两种发电技术实现共存。

（4）当 $N_1 > N_2/\delta_2$ 且 $N_2 > N_1/\delta_1$ 时，两条对角线相交，出现平衡点 E'，但此时的 E' 是不稳定的。由于 $N_1 > N_2/\delta_2$，在 N_1、E' 和 N_2/δ_2 所围成的三角形中，清洁能源发电技术无法扩散，火力发电技术可扩散，箭头方向不收敛。同理，由于 $N_2 > N_1/\delta_1$，在 N_2、E' 和 N_1/δ_1 所围成的三角形中，火力发电技术无法扩散，清洁能源发电技术可扩散，箭头方向不收敛，故此时的平衡不稳定。

第三节 替代互补关系的实证分析

一、数据来源

为了分析中国能源转型中能源替代-互补关系，本章选取 2000~2017 年的相关能源统计数据进行实证研究。一方面，时间序列数据以"九五"期末为基期，跨度涵盖"十五"期间、"十一五"期间、"十二五"期间及"十三五"初年，数据具有较为广泛的统计学意义；另一方面，涵盖了两轮电力体制改革期间及供给侧结构性改革初期，数据选取可充分验证制度变迁过程中的产业绩效。

（1）能源市场份额（x）。为不失研究的一般性，将能源市场份额转化为能源存量（Q）。化石能源市场份额 x_{fossil} 选取《中国统计年鉴 2017》中石油消费量 Q_{oil} 和煤炭消费量 Q_{coal}。为实现电力供需过程的系统安全稳定运行，电力具有及发及用和实时平衡等特性，且从用户端无法统计电力产品的属性来源，故可用发电量近似替代用电量。火力发电市场份额 $x_{thermal}$ 选取《中国电力年鉴 2016》以及 2017 年国家统计局公布的火电发电量 $Q_{thermal}$。清洁能源发电市场份额 x_{clean} 选取《中国电力年鉴 2016》中水电、核能、风能、太阳能四种技术的清洁能源发电量 Q_{clean}；其中，囿于数据的不可得性约束，水电和核电选取 2000~2017 年数据，风能选取 2006~2017 年数据，太阳能选取 2010~2017 年数据。另外，在用于 LVC 模型时，能源存量单位需统一换算成万吨标准煤。

（2）能源价格（p）。根据《中国统计年鉴 2017》的能源统计和价格统计结果，参考 BP（British Petroleum）的能源统计数据（2017 年），并结合汇率调整，可分别获得石油和煤炭的价格 p_{oil} 和 p_{coal}。根据《中国电力年鉴 2016》及国家统计局网站 2017 年相关数据，得到火力发电加权平均价格 $p_{thermal}$ 和清洁能源发电加权平均价格 p_{clean}。

（3）能源成本（Cost）。根据能源价格 p 和能源消费 Q 的数据，计算结果的单位统一为万元：

$$\text{Cost}_{fossil} = p_{oil} \times Q_{oil} + p_{coal} \times Q_{coal} \quad (2\text{-}20)$$

$$\text{Cost}_{thermal} = p_{thermal} \times Q_{thermal} \quad (2\text{-}21)$$

$$\text{Cost}_{clean} = p_{clean} \times Q_{clean} \quad (2\text{-}22)$$

二、数据处理

（一）经济性模型数据处理

根据统计数据和式（2-2）的要求，可得三种能源的对数价格指数 $\ln P$ 及成本占比 S，如表 2-3 所示。此时的 S_{fossil}、$S_{thermal}$ 和 S_{clean} 之和为 1，即规定三种能源的消费预算线为 1。

表 2-3　三种能源的对数价格指数与成本占比

年份	$\ln P_{fossil}$	$\ln P_{thermal}$	$\ln P_{clean}$	S_{fossil}	$S_{thermal}$	S_{clean}
2000	−0.976 01	8.226 205	10.592 91	0.298 472	0.200 386	0.501 141
2001	−0.883 15	8.302 676	10.664 80	0.306 199	0.200 825	0.492 977
2002	−1.045 90	8.308 792	10.508 72	0.320 280	0.225 860	0.453 860
2003	−0.895 71	8.308 792	10.386 71	0.354 363	0.244 091	0.401 546
2004	−0.715 42	8.565 512	10.445 98	0.387 630	0.257 134	0.355 236
2005	−0.497 97	8.574 902	10.541 95	0.482 817	0.248 683	0.268 500
2006	−0.459 83	8.579 564	10.623 50	0.409 386	0.233 708	0.356 906
2007	−0.367 18	8.633 876	10.605 26	0.419 983	0.239 160	0.340 857
2008	0.193 46	8.912 708	10.561 37	0.509 565	0.222 749	0.267 685
2009	−0.146 62	8.807 347	10.086 22	0.529 912	0.263 130	0.206 958

续表

年份	$\ln P_{fossil}$	$\ln P_{thermal}$	$\ln P_{clean}$	S_{fossil}	$S_{thermal}$	S_{clean}
2010	0.145 33	8.843 715	9.954 16	0.576 334	0.246 249	0.177 416
2011	0.281 50	8.807 347	9.918 23	0.625 456	0.227 572	0.146 972
2012	0.213 57	8.633 876	9.893 54	0.598 324	0.205 776	0.195 900
2013	0.183 23	8.427 045	9.745 62	0.575 566	0.220 873	0.203 561
2014	0.001 08	8.512 230	9.654 65	0.532 791	0.231 216	0.235 992
2015	−0.365 09	8.479 409	9.571 95	0.482 922	0.241 210	0.275 869
2016	−0.357 36	8.265 171	9.554 56	0.486 980	0.215 390	0.297 630
2017	0.011 56	8.200 677	9.462 82	0.546 469	0.199 349	0.254 180

基于表 2-3 数据，可利用 EViews 9.0 软件对 $s_m = \alpha_m + \sum_n \beta_{mn} \ln p_n$ 进行计量分析。构建回归模型前，为了降低数据纳伪的可能性，对数据进行 ADF 平稳性检验。数据通过 ADF 平稳性检验，具有统计分析意义，结果如表 2-4 所示。

表 2-4 ADF 平稳性检验

变量	差分次数	(C, T, K)	DW 值	ADF 值	5%临界值	结论
S_{fossil}	1	$(C, n, 1)$	1.99	−2.22	−1.97	S_{fossil} 变量进行一次差分后在 5%的显著水平下通过 ADF 平稳性检验
$S_{thermal}$	0	$(C, n, 1)$	2.09	−3.23	−3.08	$S_{thermal}$ 变量原序列在 5%的显著水平下通过 ADF 平稳性检验
S_{clean}	1	$(C, n, 1)$	2.03	−2.05	−1.97	S_{clean} 变量进行一次差分后在 5%的显著水平下通过 ADF 平稳性检验
$\ln P_{fossil}$	1	$(C, n, 1)$	2.07	−2.01	−1.97	$\ln P_{fossil}$ 变量进行一次差分后在 5%的显著水平下通过 ADF 平稳性检验
$\ln P_{thermal}$	1	$(C, n, 1)$	1.82	−2.28	−1.97	$\ln P_{thermal}$ 变量进行一次差分后在 5%的显著水平下通过 ADF 平稳性检验
$\ln P_{clean}$	1	$(C, n, 1)$	2.07	−2.13	−1.97	$\ln P_{clean}$ 变量进行一次差分后在 5%的显著水平下通过 ADF 平稳性检验

通过 Johansen 协整检验，验证回归方程所描述的因果关系存在伪回归的可能性，结果如表 2-5 所示。协整检验结果表明，对数价格指数与成本占比之间存在稳定关系。

表 2-5 回归方程协整检验

变量	$\ln P_{fossil}$、$\ln P_{thermal}$、$\ln P_{clean}$				结论
	迹统计量	5% 临界值	最大特征值统计量	5% 临界值	
S_{fossil}	57.425 03	40.174 93	34.152 95	24.159 21	存在协整关系
$S_{thermal}$	50.126 10	40.174 93	30.521 87	24.159 21	存在协整关系
S_{clean}	70.042 90	40.174 93	45.685 04	24.159 21	存在协整关系

根据普通最小二乘法（ordinary least square, OLS）进行参数估计，结果如表2-6所示。

表 2-6 经济性转型判定分析模型的相关参数估计值

变量	S_{fossil}			$S_{thermal}$			S_{clean}		
	$\ln P_{fossil}$	$\ln P_{thermal}$	$\ln P_{clean}$	$\ln P_{fossil}$	$\ln P_{thermal}$	$\ln P_{clean}$	$\ln P_{fossil}$	$\ln P_{thermal}$	$\ln P_{clean}$
OLS Coefficient	0.150 282	0.086 126	−0.078 186	−0.061 975	0.130 252	−0.036 751	−0.088 307	−0.216 379	0.114 937
	(0.000 7)	(0.164 2)	(0.009 3)	(0.002 7)	(0.000 6)	(0.012 7)	(0.058 9)	(0.011 6)	(0.003 5)
R^2	0.950 400			0.609 456			0.927 479		
调整的 R^2	0.938 954			0.519 330			0.910 743		

根据 AES 模型和 MES 模型，将表 2-3 中的数据代入式（2-6）~式（2-9）中计算得到 2000~2017 年中国化石能源、火力发电和清洁能源发电三种能源长期的自价格弹性、绝对价格弹性及净价格弹性，如表 2-7 和表 2-8 所示。

表 2-7 中国 2000~2017 年能源长期的自价格弹性和绝对价格弹性

能源	化石能源	火力发电	清洁能源发电
化石能源	−0.193 991	0.572 305	0.646 128
火力发电	1.512 444	−0.201 353	0.872 470
清洁能源发电	0.892 095	0.658 391	−0.267 786

表 2-8 中国 2000~2016 年能源长期的净价格弹性

能源	化石能源	火力发电	清洁能源发电
化石能源	—	0.773 659	0.913 914
火力发电	1.706 435	—	1.140 255
清洁能源发电	1.086 086	0.859 745	—

（二）技术性模型数据处理

在一个相对封闭的能源（化石能源、火力发电和清洁能源发电）系统中[①]，根据折算标准（规定每千瓦时电量折算 0.404 千克标准煤，作为电力折算标准煤系数），得到 2000~2017 年中国化石能源、火力发电和清洁能源发电的市场份额走势，如图 2-3 所示。

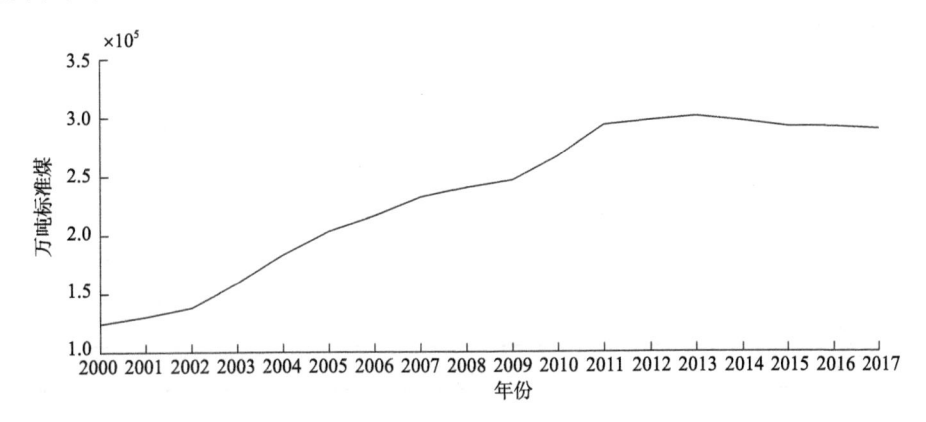

（a）化石能源

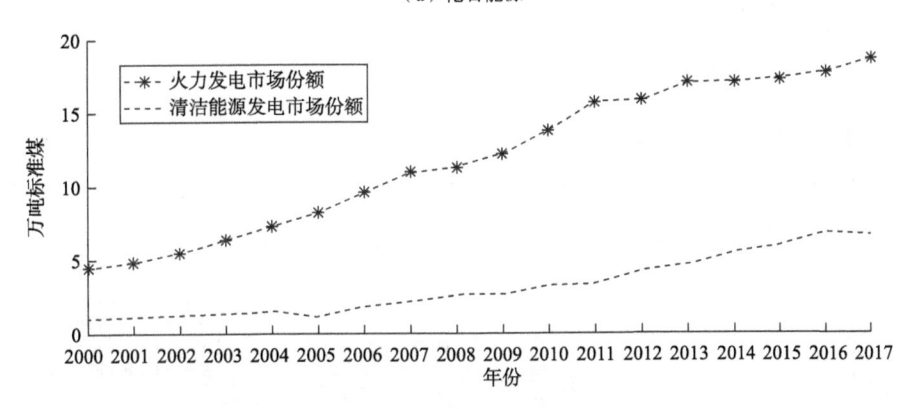

（b）火力发电与清洁能源发电

图 2-3　中国化石能源、火力发电和清洁能源发电市场份额

根据式（2-11）~式（2-18）对技术性转型判定分析模型的参数进行估计，结果如表 2-9 所示。根据表 2-9 结果，参照式（2-10）和式（2-11）的对应关系，对应求出技术性判定 LVC 模型参数估计值，如表 2-10 所示。

[①] 系统不受外界影响，且三种能源相同类型内部不存在竞争，不存在技术差异比较。

表 2-9　灰色估计的参数估计量

参数	$c_{1,0}$	$c_{1,1}$	$c_{1,2}$	$c_{1,3}$
数值	0.288 1	0	0.041 8	−0.052 4
参数	$c_{2,0}$	$c_{2,1}$	$c_{2,2}$	$c_{2,3}$
数值	0.462 4	0	0.068	−0.069 7
参数	$c_{3,0}$	$c_{3,1}$	$c_{3,2}$	$c_{3,3}$
数值	−0.666 9	0	−0.164 1	0.100 9

表 2-10　中国能源转型技术性判定 LVC 模型参数估计值

参数	$a_{1,1}$	$a_{1,2}$	$a_{1,3}$	b_1
数值	0	0.041 8	−0.052 4	0.288 1
参数	$a_{2,1}$	$a_{2,2}$	$a_{2,3}$	b_2
数值	0	0.068 0	−0.069 7	0.462 4
参数	$a_{3,1}$	$a_{3,2}$	$a_{3,3}$	b_3
数值	0	−0.164 1	0.100 9	−0.666 9

三、结果分析

（一）经济性转型可行性判定

1. 能源转型的自价格弹性

根据计算结果，图 2-4 分别显示了 2000~2017 年中国化石能源、火力发电和清洁能源发电的自价格弹性，由其变化趋势可得如下结论。

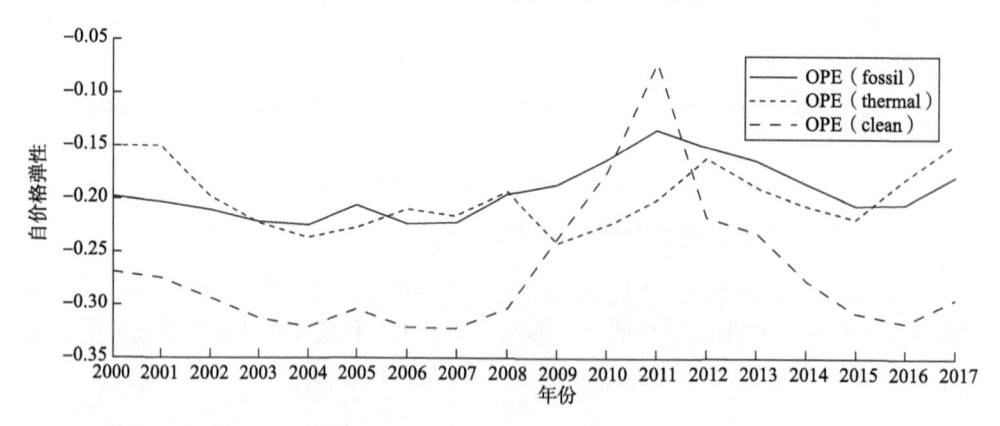

图 2-4　2000~2017 年中国化石能源、火力发电和清洁能源发电的自价格弹性

2000~2017 年，化石能源和火力发电的自价格弹性波动相对平稳，而清洁能

源发电的自价格弹性则变化幅度较大。化石能源自价格弹性的均值约为-0.19，范围介于-0.22~-0.16，幅度为0.06。火力发电自价格弹性的均值约为-0.20，范围介于-0.25~-0.15，幅度为0.10。清洁能源发电自价格弹性的均值约为-0.27，范围介于-0.32~-0.06，幅度为0.26；2000~2008年，在-0.33~-0.27波动，呈平稳态势；而2008年之后，其自价格弹性的绝对值先减小后增加，清洁能源发电部门受价格因素影响，且变化较大。三种能源的自价格弹性均为负值，处于消费的经济区域并满足需求定理，在中国要素市场中均属于正常商品。但化石能源和火力发电的自价格弹性并未产生敏感的波动趋势，较为成熟的技术使得二者呈现相对明显的刚性需求。清洁能源发电自价格弹性的绝对值（0.267 786）大于化石能源自价格弹性的绝对值（0.193 991）和火力发电自价格弹性的绝对值（0.201 353），清洁能源发电虽具有正常商品属性但受到能源价格的诱导效果强于其他两种能源；作为能源转型中的"绿电"，清洁能源发电的价格变化对其需求量的影响更显著。

2. 能源转型的绝对价格弹性

利用 Matlab 对绝对价格弹性公式进行编程后计算结果如图 2-5 所示。由 2000~2017 年中国化石能源、火力发电和清洁能源发电的绝对价格弹性变化趋势可得如下结论。

在"九五"期末至"十三五"期初，中国化石能源、火力发电和清洁能源发电的交叉价格弹性均为正值，即从绝对量角度三种能源互为替代商品。化石能源对火力发电和清洁能源发电的长期绝对价格弹性分别为 0.572 305 和 0.646 128；火力发电和清洁能源发电对化石能源的长期绝对价格弹性分别为 1.512 444 和 0.892 095；火力发电对清洁能源发电的长期绝对价格弹性为 0.872 470，清洁能源发电对火力发电的长期绝对价格弹性为 0.658 391。由图2-5（a）可知，当电力产品价格降低时，需求侧对于化石能源的需求将随之减少，能源转型过程可从需求侧实现电能替代；由清洁能源发电价格波动所引起的化石能源需求量的变化（弹性变化幅度为 0.40~1.00）比由火力发电价格波动所引起的变化（弹性幅度为 0.50~0.70）更显著，"绿色"电力表现出更为有效的替代属性。由图 2-5（b）可知，当化石能源价格发生变化时，电力产品的需求同样受到影响，同时印证了电能作为大宗商品的正常商品属性而并非仅为政策性工具；火力发电对于化石能源的交叉价格弹性曲线呈现"倒U"形，其变化幅度为 0.60~3.12，表明化石能源价格变化对于火力发电的影响更显著；清洁能源对于化石能源的交叉价格弹性曲线呈平稳波动态势，其变化幅度为 0.50~1.39，表明清洁能源发电对化石能源价格变化的反应较为迟钝。由图2-5（c）可知，在成本层面的价格诱导作用下，虽然火力发电和清洁能源发电互为替代商品，但火力发电对于清洁能源发电价格的交叉弹性曲线呈现"U"形变化趋势，而清洁能源发电对于火力发电价格的交叉弹性

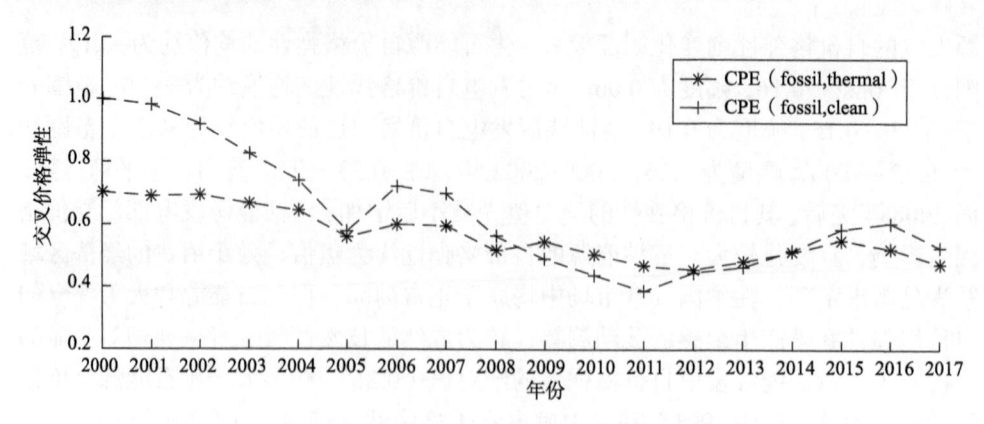

(a) 电力产品价格对化石能源需求的交叉价格弹性

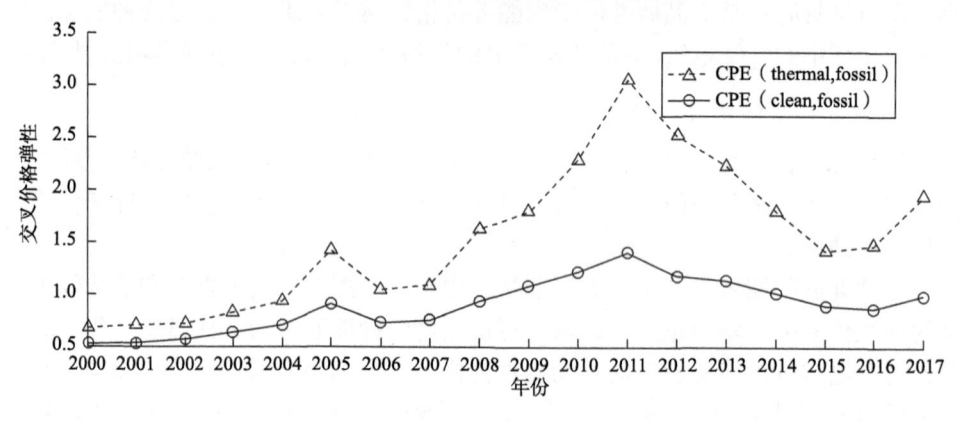

(b) 化石能源价格对电力产品需求的交叉价格弹性

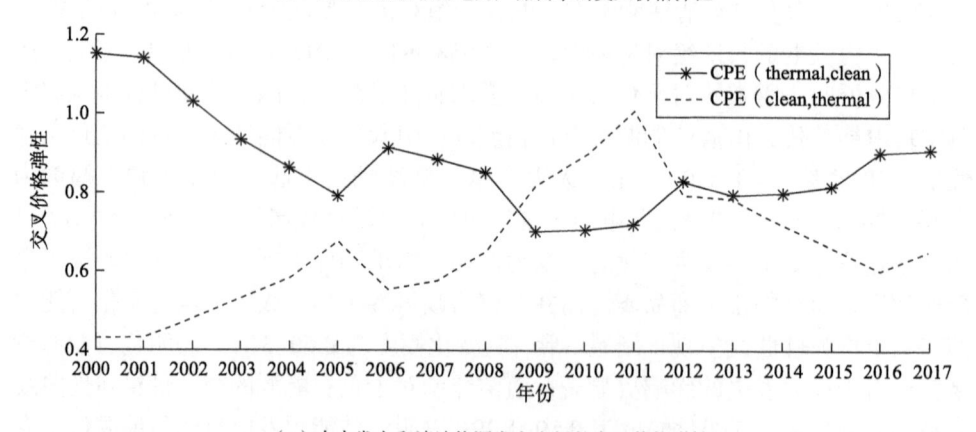

(c) 火力发电和清洁能源发电之间的交叉价格弹性

图 2-5　2000~2017 年中国化石能源、火力发电和清洁能源发电的绝对价格弹性

曲线呈现"倒 U"形变化趋势，二者的变化趋势呈现此消彼长的特征。

3. 能源转型的净替代弹性

如图 2-6 所示，分析 2000~2017 年中国化石能源、火力发电和清洁能源发电的净价格弹性变化趋势；结合图 2-5 和表 2-1 的判定标准，可得如下结论。

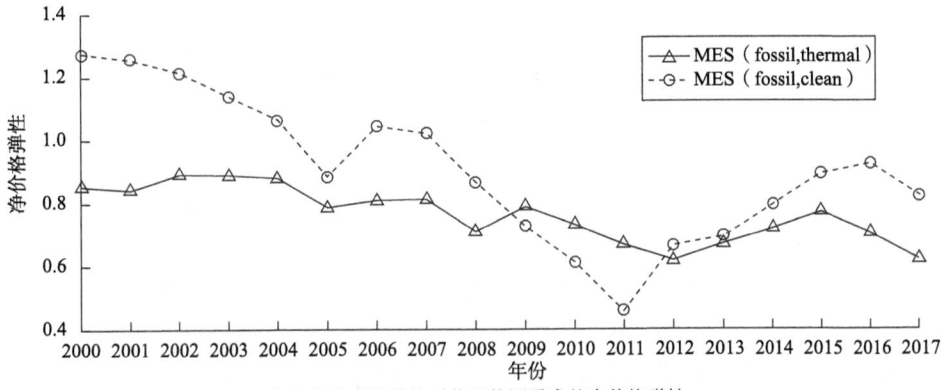

(a) 电力产品价格对化石能源需求的净价格弹性

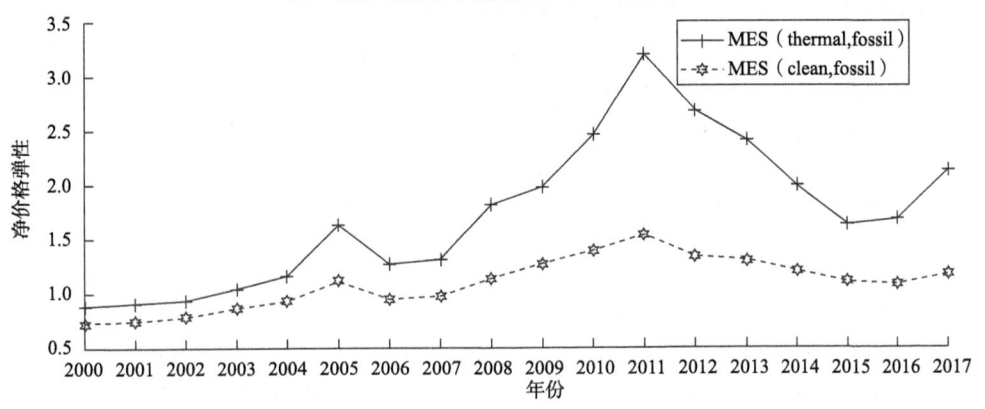

(b) 化石能源价格对电力产品需求的净价格弹性

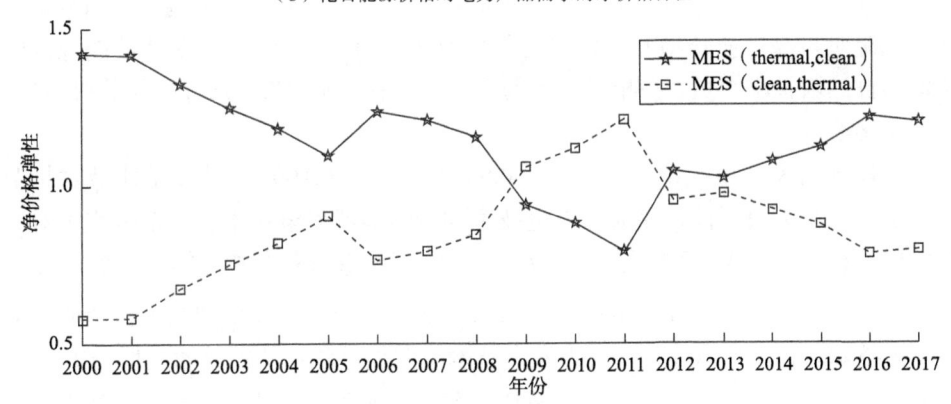

(c) 火力发电和清洁能源发电之间的净价格弹性

图 2-6　2000~2017 年中国化石能源、火力发电和清洁能源发电的净价格弹性

2000~2017 年，中国化石能源、火力发电和清洁能源发电的净价格弹性均为正值，即从相对量角度三种能源仍互为替代商品。化石能源对火力发电和清洁能源发电的长期净价格弹性分别为 0.773 659 和 0.913 914；火力发电和清洁能源发电对化石能源的长期净价格弹性分别为 1.706 435 和 1.086 086；火力发电对清洁能源发电的长期净价格弹性为 1.140 255，清洁能源发电对火力发电的长期净价格弹性为 0.859 745。由图 2-6（a）可知，在能源转型过程中考虑化石能源自价格变化的情况下，电能替代的效率更为显著；与绝对价格弹性相比，火力发电价格波动所引起的化石能源净价格弹性的变化趋势相同但变化幅度更大，范围为 0.62~0.90；清洁能源发电价格对化石能源所引起的净价格弹性变化趋势与其绝对价格弹性变化趋势相同，但净价格弹性变化范围介于 0.41~1.29，变化幅度的绝对值（0.88）显著大于绝对价格弹性变化幅度的绝对值（0.60），强化了绿电替代属性更为明显的结论。由图 2-6（b）可知，与绝对价格弹性相比，火力发电和清洁能源发电对化石能源价格的净交叉弹性仍呈现相同的变化趋势，但清洁能源的波动幅度从 0.89 减小到 0.73，其净价格弹性曲线更为平稳。由图2-6（c）可知，火力发电净交叉弹性的变化范围介于 0.75~1.45，清洁能源发电净交叉弹性的变化范围介于 0.55~1.25，且二者的净交叉弹性曲线以 $\varepsilon=1$ 为中心，呈现上下对称的变化趋势；从电能内部替代的角度，二者互为唯一的替代商品。

（二）技术性转型可行性判定

1. 三维技术扩散效果分析

在技术性转型判定分析模型中，由自然增长系数分析，$b_1=0.288\,1$、$b_2=0.462\,4$、$b_3=-0.666\,9$，其中 $b_2>b_1>0$，表明在无其他能源竞争情况下，化石能源技术和火力发电技术自然增长率均为正值，能够实现能源产业规模的扩大；从技术促进程度的角度分析，火力发电技术对产业自身转型升级发展的作用效果比化石能源对自身产业转型升级发展的作用效果明显。$b_3<0$，表明清洁能源发电技术的自然增长率为负，在相对封闭的系统中，清洁能源发电技术（如装机容量）的占比逐渐减小。

由计算结果可知：$a_{1,1}=0$、$a_{2,2}=0.068\,0$、$a_{3,3}=0.100\,9$，化石能源技术扩散过程中对自身无限制性，而火力发电技术和清洁能源发电技术在扩散过程中对产业发展具有促进作用。根据表 2-2 的判定标准，对参数进行分析：① $a_{1,2}=0.041\,8>0$ 且 $a_{2,1}=0$，表示化石能源技术与火力发电技术的互动关系为偏利共生；当清洁能源发电技术所占份额既定时，火力发电技术单向促进化石能源技术发展。② $a_{1,3}=-0.052\,4<0$ 且 $a_{3,1}=0$，表示化石能源和清洁能源发电技术的互动关系为偏害共生；当火力发电技术所占份额既定时，清洁能源发电技术单向抑制化石能源技

术发展。③ $a_{2,3}=-0.069\,7<0$ 且 $a_{3,2}=-0.164\,1<0$，表明火力发电技术和清洁能源发电技术的互动方式为竞争关系；当化石能源技术所占份额既定时，火力发电技术和清洁能源发电技术形成替代态势。

由此，得到三维 LVC 技术性转型的实证分析结果如下：①中国发电方式仍是以火力发电为主导地位，清洁能源发电技术的市场占比相对较小；②在无竞争且无政策性支持的情况下，化石能源技术和火力发电技术呈正向增长，而清洁能源发电技术的自然增长率为负值。

2. 二维技术扩散效果分析

虽然清洁能源发电技术面临着较为严峻的竞争形势，但火力发电仍与其存在竞争关系。根据灰色估计模型，将式（2-19）变形为

$$\begin{cases} \dfrac{\mathrm{d}x_{\mathrm{thermal}}}{\mathrm{d}t}=l_{1,0}x_{\mathrm{thermal}}+l_{1,1}x_{\mathrm{thermal}}^{2}+l_{1,2}x_{\mathrm{thermal}}x_{\mathrm{clean}}\\ \dfrac{\mathrm{d}x_{\mathrm{clean}}}{\mathrm{d}t}=l_{2,0}x_{\mathrm{clean}}+l_{2,1}x_{\mathrm{clean}}x_{\mathrm{thermal}}+l_{2,2}x_{\mathrm{clean}}^{2} \end{cases} \quad (2\text{-}23)$$

其中，l 为二维 LVC 模型的待估参数。利用图 2-3（b）中的数据进行计算，得到 l_1 和 l_2 的取值；再将其带回式（2-19），求解结果如表 2-11 所示。

表 2-11　火力发电技术与清洁发电技术二维 LVC 模型参数计算结果

	参数	$l_{1,0}$	$l_{1,1}$	$l_{1,2}$
灰色估计模型	数值	0.181 8	-0.005 7	-0.008 7
	参数	$l_{2,0}$	$l_{2,1}$	$l_{2,2}$
	数值	0.025 2	0.021 5	-0.053 8
微分方程组模型	参数	r_{thermal}	δ_1	
	数值	0.181 8	0.022 4	
	参数	r_{clean}	δ_2	
	数值	0.025 2	-27.211 7	

根据参数计算结果有以下结论。

（1）现阶段在电源系统中，中国火力发电技术与清洁能源发电技术竞争内禀增长率分别为 0.181 8 与 0.025 2；就电能内部替代的技术层面而言，火力发电技术扩散能力强于清洁能源发电技术。由此反映了两种发电技术扩散能力存在差异性，火力发电技术增长能力略高于清洁能源发电技术。

（2）由平衡点 $M_3\left(\dfrac{N_1-N_1\delta_1}{1-\delta_1\delta_2},\dfrac{N_2-N_2\delta_2}{1-\delta_1\delta_2}\right)$ 从当前竞争情境分析，火力发电技

术和清洁能源发电技术在竞争演变过程中存在相对的平衡点 M_3（19.366 9，8.207 9），即火力发电量约为 47 938 亿千瓦时，清洁能源发电量达到 20 317 亿千瓦时，总发电量约 6.8 万亿千瓦时。该平衡点为两种发电技术在能源转型过程中趋于相对稳定的状态；且在该平衡点位置可实现两种发电技术的协同发展，即实现电力的电能内部互补。然而 2017 年，中国全国总发电量约为 6.5 万亿千瓦时。其中，火力发电量为 46 627 亿千瓦时，均衡目标实现率为 97.27%；水力发电、风力发电、太阳能发电及核能发电的总产出为 18 296 亿千瓦时，均衡目标实现率 90.05%。两种能源技术的发电量均未达到均衡配比；且清洁能源发电技术距离均衡点目标的相对差距更大。

（三）能源替代-互补关系分析

本章利用 MES 方法和 LVC 方法，构建了经济性转型判定分析模型和技术性转型判定分析模型；并利用 2000~2017 年中国能源部门的统计数据进行实证分析，分别对化石能源、火力发电和清洁能源发电在能源转型过程中的能源替代-互补关系进行了研究。综合实证分析结果，得到三种能源在能源转型中的关系，如图 2-7 所示。

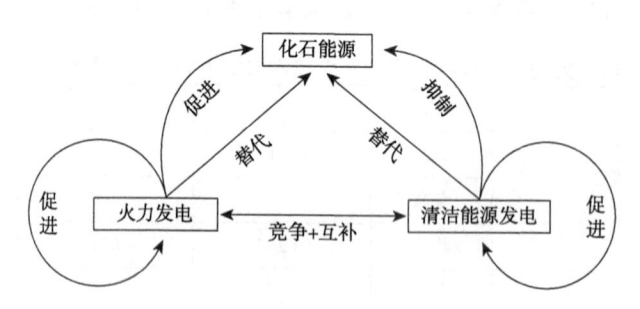

图 2-7　中国能源转型中的替代-互补关系

第四节　能源替代互补的主要结论及政策建议

一、主要结论

通过实证分析，本章验证了能源替代-互补关系对中国能源转型路径选择的重要作用，从而为能源产业有序发展提供了一个可能性解释，主要结论如下。

第一，能源部门属于资本密集型和技术密集型产业集群；现阶段中国全面推进能源转型意味着中国能源转型将促进资本和技术由高污染能源领域向清洁能源领域转移，进而提高能源经济的质量。中国能源转型并非能源技术的一种零和博弈：一方面，化石能源技术和火力发电技术相对成熟，虽然目前已实现规模经济，但两种能源技术仍存在一定的创新机遇和发展空间；另一方面，清洁能源发电的成本和技术成为中国能源转型成败的重要因素，对中国能源替代-互补关系的互动和协调具有较好的解释力，但对中国绿色能源选择目标实现的影响程度有限。在无竞争压力或无自身发展限制的情况下，火力发电和清洁能源发电对产业自身的转型升级效果要优于化石能源产业转型升级效果，对能源产业的整体发展效率和转型效果起到了促进作用。短期角度，化石能源和火力发电的基础性、支柱性地位是无法被取代的；长期角度，能源转型是不可逆转的[1]，且将是一个长期有序的演化过程。为了实现平稳、有序、高效的能源转型，必须协调好能源替代-互补关系。能源转型并非单纯"提高可再生能源份额"，也不仅是清洁能源的"成本竞争力"；能源成本的规模经济和能源技术的比较优势共同造成了中国能源转型路径的多样性。

第二，就转型中的电能替代而言，可分为电能外部替代和电能内部替代。电能外部替代是实现一次能源依赖向二次能源依赖的有序过渡；电能内部替代是实现清洁能源发电对火力发电的技术升级。一方面，电力能源在技术层面对化石能源具有较强的替代性，可实现较为有效的电能外部替代。从长期交叉价格弹性角度看，与火力发电相比，清洁能源发电对化石能源的替代效果更明显；与清洁能源发电相比，火力发电对化石能源价格的反应更敏感。此外，火力发电价格波动所引起的化石能源绝对价格弹性和净价格弹性的变化趋势相同但变化幅度不同：不仅证明了火力发电既受到电力价格（产品价格）的影响，又受到煤炭价格（要素价格）的影响；同时也证明了从成本角度来看，目前中国已初步实现煤电联动，即煤炭价格和火力发电上网电价呈现一定的协同性。另一方面，从成本和技术层面看，清洁能源发电和火力发电呈现竞争状态，二者直接成为互相的替代商品。在能源转型过程中可实现较为有效的电能内部替代，且清洁能源发电作为替代商品的能力更强。成本和价格对能源转型中的电能替代过程具有显著的"信号"诱导作用；且能源成本价格和能源产品市场价格应是中观层面和微观层面进行能源资源配置更为有效的"激励"。

第三，就转型中的多能互补而言：从技术层面看，长期内清洁能源技术对能源转型的影响程度将逐渐超越火力发电技术的影响程度，但目前的清洁能源发电技术的市场占有率无法保证电能替代的既定目标[2]；短期内二者将处于一个相对

---

[1] 主要体现在 5 个方面：一是技术的可叠加和可积累；二是经济全球化的倒逼作用；三是"低碳道德化"和化石能源稀缺性；四是能源革命对供需格局重塑作用；五是能源多元化和能源多源化。

[2] 虽然风力发电技术正在向成长期过渡，但清洁能源发电技术整体仍处于产业发展生命周期的导入阶段。

均衡的多能互补模式。从成本层面看，由于化石能源中的煤炭是火力发电的原料[①]，因此火力发电对于化石能源价格变化所表现出的敏感性更为显著，而清洁能源发电对化石能源价格变化表现出迟钝性，化石能源成为威胁中国能源安全的"根源"且具有较大不确定性，而解决能源安全发展及转型的途径则是发展清洁能源。虽然电力价格的理性回归，可以促进电力产品对化石能源产品的经济性替代，但由于中国"富煤、贫油、少气"的能源结构特征，化石能源的价格依然会引起电能产品的同向波动，加之清洁能源发电在全社会能源消费中的占比较低，导致电能替代无法满足现阶段中国能源需求侧的实际要求，电能产品依然受到化石能源价格的显著影响，在能源需求侧仍需要多能互补模式促进能源转型。综合能源系统的目的和作用之一是提高系统运行的灵活性；为发挥经济性转型和技术性转型的基础作用，不仅需要提高多能互补在绿色能源选择过程中的有序程度，增强清洁能源的市场力和技术扩散能力，还需要协调能源生产环节的结构关系，实现多能互补与电能替代之间的最佳耦合。

二、政策建议

从长期分析，中国能源转型成效取决于经济模式、技术扩散与制度安排三方面的创新。中国很多"一刀切"的能源转型模式未能合理地反映不同区域能源发展和安全的需求，对于转型路径的选择仍需慎重，转型逻辑和转型思维仍需尽早转变。在市场不健全、政策不到位的情况下，清洁能源发电自身竞争优势不足，技术扩散的效果将受到其他能源技术现有规模的制约和影响。从发展空间上看，与电力技术内部互动关系的均衡点目标相比，火力发电量和清洁能源发电量均未达到均衡配比值；但就相对的均衡目标实现率而言，火力发电部门已出现产能过剩的现象，而清洁能源部门仍存在消纳能力不足。就绝对总量而言，产能过剩属于一种无序的资源配置扭曲现象，去产能可有效地解决资源配置效率的问题；但考虑到市场份额，两种发电技术均存在发展空间，粗放的火力发电去产能也无法实现能源系统的真正转型和升级，同时消纳能力不足成为影响清洁能源发电技术扩散的主要原因。能源总量控制必须与有序发展效率相协调，否则能源转型将走向另一个极端，即单纯地追求清洁能源在全社会能源消费中的占比。为了弱化能源的资源配置扭曲效应，必须以市场为导向，构建具有激励相容性的、涵盖经济手段和技术手段的长效机制，能源转型过程的重心应逐渐从仅注重产品向兼顾服务质量的方向过渡；同时有序引导中国绿色能源选择和电力创新，利用不同的转型路径优化组合影响能源部门的转型行为和升级过程。同时，应避免出现能源领

[①] 中国煤炭消费占比中，约有50%的煤炭作为动力煤用于火力发电。

域的"马太效应",更应该避免能源替代-互补关系"钟表定律"和清洁能源"搭便车"等无序现象。目前,清洁能源发电市场化程度较低,电力市场无法产生有效的"信号"诱导技术创新和资源合理配置;技术盲目扩散的行为又反作用于能源电力产业,导致了"跑马圈地""圈而不建"等无序发展现象,且缺乏市场发展动力。对于中国现有的水力发电技术、风力发电技术、光伏发电技术、核能发电技术和生物质能发电技术而言,真正意义的技术性能源转型,不但要体现技术的科学开发,而且要体现技术的合理利用。

一方面本章丰富了国内外有关能源转型可行性方面的研究成果;另一方面也有助于理解中国能源产业升级的内部驱动力来源。值得注意的是,研究还具有明显的政策含义,即转型基础和均衡目标设定对于中国能源转型及电力创新等问题具有不容忽视的作用。虽然本章将经济性转型、技术性转型和制度性转型纳入中国能源转型的研究框架,并从边界内进行了一定的理论与实证分析,但仍存在可进一步完善的空间。一方面,本章针对转型基础的研究,定位在能源成本和能源技术本身,而并未考虑其他经济因素[如共享经济模式、PPP（public-private-partnership,公共私营合作制）投资运营模式、数字化商业模式等]和其他技术因素（如能源互联网、储能技术、输电容量及调度等）;在省略利好机遇的前提下,对于电能替代和多能互补等转型模式的分析具有一定的局限性。后续工作中将兼顾内、外驱动因素以进一步优化完善。另一方面,本章将能源转型的基础定位为经济性转型和技术性转型,而没有重点分析制度性转型的作用机理。但目前,中国能源转型很大程度上需要依靠"制度先行";在排除制度性因素的情况下,转型可行性判定模型在中国能源体制改革的解释力上做出了较大的牺牲。后续工作中将在判定原有模型的基础上加入制度性保障和政策性支持,进一步增强研究的现实指导意义。

第五节 本章小结

从"新时代"中国的经济社会发展形势看,为了解决能源部门发展不平衡不充分等主要矛盾,必然要求中国能源转型深度思考从高速增长到高质量发展的基础和保障是否合理。为此,本章基于 MES 方法和 LVC 方法,构建了一个能源转型的内因判定模型,研究中国能源替代-互补关系;并通过利用 2000~2017 年中国能源部门的市场份额、能源价格和成本等数据,从价格弹性和技术扩散的角度,分析电能替代和多能互补等转型模式的科学性和可行性。研究结果表明:①目前中国化石能源和火力发电仍存在一定的发展空间;清洁能源发电对能源替代-互补关系的互动和协调具有较好的解释力，但对转型目标实现的影响程度有限。②在技术层面，电能对化石能源具有较强的替代性，且清洁能源发电的替代效果优于火力发电；在电能内部替代过程中，价格对能源转型具有显著的"信号"诱导作用。③电能替代无法满足现阶段中国能源转型的目标要求，在能源需求侧仍需要多能互补模式协同，以促进能源转型。

第三章　能源绿色低碳转型的结构性特征[①]

第一节　能源转型结构性特征的概述

不同于三次科技革命，两次工业革命均是以能源动力的转型导致生产力的飞跃作为重要标志，中国已形成较为完善的能源生产供应体系，包含煤炭、石油、天然气、电力、新能源等成熟能源品类。国家统计局 2018 年的统计数据显示：2017 年全国一次能源生产总量为 35.9 亿吨标准煤，比 2016 年增长 3.6%。其中，原煤产量为 34.5 亿吨，同比增长 3.2%；原油产量为 1.9 亿吨，同比下降 4.0%；天然气产量为 1 474.2 亿立方米，同比增长 8.5%；水电、核电、风电发电量为 17 485 亿千瓦时。在能源生产结构中，原煤占比为 68.6%，原油占比为 7.6%，天然气占比为 5.5%，水电、核电、风电等占比为 18.3%。2017 年能源消费总量为 44.9 亿吨标准煤，比 2016 年增长 2.9%。其中，煤炭消费量为 35.3 亿吨，同比增长 0.4%；原油消费量为 6.1 亿吨，同比增长 6.0%；天然气消费量为 2 373 亿立方米，同比增长 15.3%；全社会用电量为 63 077 亿千瓦时，同比增长 6.6%。在能源消费结构中，煤炭消费量占比约为 60.4%，同比下降 1.6%；天然气、水电、核电、风电等清洁能源消费量占能源消费总量的 20.8%，同比增长 1.3%（国家统计局数据）。随着经济社会持续发展和体制改革不断深化，兼顾经济社会发展、能源安全和环境保护等多层目标，为了满足从资源依赖型转变为技术依赖型、从政策依赖型转变为市场依赖型的演进要求，能源发展必须走出一条符合中国特色社会主义市场经济规律的可持续转型之路。制度变迁过程中的能源可持续转型路径选择必须正视三个问题：①能源转型并非单纯提高可再生能源份额；②能源转型不单纯为清

[①] 主要内容已发表于 2019 年第 12 期《中国人口·资源与环境》中的《中国能源转型驱动力的结构性特征研究》。

洁能源的成本竞争力；③能源转型必然呈现长期性、复杂性和有序性等特点。中国政府提出了"促进清洁能源发电有序发展"等指导能源转型的意见；尤其是进入"新时代"，能源转型已上升到国家战略层面。然而，受制于能源禀赋分布失衡、财政补贴缺口扩大、开发技术成本较高、发展模式难以复制及评估监管机制有待完善等瓶颈，中国能源供需（尤其是电力供需）的均衡无法全面实现及时调整、效率效益无法准确评价和对称反馈，能源供给能力的失控增长已超过市场实际需求，产能过剩矛盾影响了能源可持续转型的进程。如何利用能源转型战略契机，有效调动并发挥驱动力的实际作用，推动市场中的中国能源产业（部门）有序发展、提高综合效益水平，由政策导向向市场导向过渡，已经成为当今中国政府所面临的不可回避且亟待解决的关键问题之一。

能源转型过程具有长期性、多维性和不可逆性等特征（史丹，2017b；Fischer-Kowalski et al.，2019），转型需要系统模式和功能的转变（Moallemi and Malekpour，2018）。Oudes 和 Stremke（2018）认为气候变化、化石燃料耗竭及经济衰退是能源可持续转型的主要驱动诱因；而且这种转型不仅限于能源基础设施的转变，还涉及"围绕能源生产和消费所建立的更广泛社会经济组合"的转变（Miller et al.，2013；Geels et al.，2016）。

目前，能源转型驱动力的针对性研究较少，对于驱动力因子结构性特征的研究仍是空白；在现有的成果中，涉及能源转型驱动力的研究仅散见于两类文献：一类是基于技术经济分析研究转型路径的问题（Holtz et al.，2015；Grubler et al.，2016；隋建利等，2017；舒印彪等，2018），关注社会-技术变量（制度、参与者、价值链、技术创新等）及变量间多层面的相互影响；另一类是利用综合评价建模研究宏观层面能源系统多目标实现的问题（Bale et al.，2015；Ringler et al.，2016；吕涛和潘丽，2017；张波和温旭新，2018），强调量化框架中驱动变量长期效果及系统相互作用。比较有代表性的成果，如 Marquardt 等（2016）针对外部行动者采用半结构化的调研方式，分析了利基实验与电力体制的联系，认为利益相关者协调、小众级项目实施与制度变迁效应是能源转型的"期望"驱动。Lutz 等（2017）选定了 18 个区域，利用粗糙集分析和绩效评价方法研究了能源转型驱动因子的共同组合，证实了关键参与者、知识交流及目标锚定等因子的驱动效果与不同区域间的融资机会差异。马丽梅等（2018a）分析了重要转型能源（可再生能源）的供给特征与成本竞争力，就不同能源技术中的能源投资回报值、发电成本及原材料投入三个因子进行了对比分析，并由此说明其优化经济结构、拉动经济增长的作用。郭丕斌等（2019）基于社会-技术变迁理论，提出了能源转型影响因素-动力机制-治理政策的研究框架，确定了中国能源转型的各级参与者，并识别了能源技术、能源市场、能源愿景、能源政策、转型主体等动力因子。

分析目前已有的相关研究，前辈们已获得了富有洞见的结论，但现有研究成果因研究目标、研究范围、研究方法和研究数据的不同存在差异，对于能源转型驱动力的实现过程和制度绩效的论断无法达成一致。Bolwig等（2020）构建了一个分析能源转型路径分析的系统动力学概念模型（conceptual framework for system dynamics modeling，CFSDM），将能源转型的驱动力分为四类：技术支持驱动因素、经济指导驱动因素、制度保障驱动因素及行为协调驱动因素。本章将在CFSDM的基础上，深入分析四类驱动力的结构性特征，并用以研究中国能源转型驱动力的交互作用关系。

第二节 结构性特征分析的模型与数据

一、驱动力边界界定

能源转型可被解释为三个半自治性系统的共同演进（Turnheim et al.，2015；Cherp et al.，2018；马丽梅等，2018b）：①技术经济系统——基于经济分析和系统分析的思想，以能源生产、转换和消费等能源流为特征，由能源市场调节指导；②社会技术系统——基于社会学和演化理论的思想，由能源相关技术定义，嵌入社会背景；③政治行为系统——基于政治学和政治经济学的思想，影响能源政策的制定和实施。三个系统的边界不同，但相互依存、共同演进。然而就能源转型的柔性和灵活性而言，三个系统无法用以全面地分析多能互补的驱动条件和治理重点（Lund et al.，2015），因此需要构建一个描述能源转型驱动力交互关系和结构性特征的概念模型。对现有研究成果进行归纳总结（Bolwig et al.，2020；薛奕曦等，2016；Sovacool，2016；凌芸等，2017；王君安等，2017），进而组织2次专家咨询会和3次小组研讨会，最终识别并确定能源的可持续转型目标下4个准则因素和15个因子指标，如图3-1所示。

能源转型驱动力边界概念模型侧重说明能源转型驱动力的内生强化和机制平衡过程，分析驱动力因子的组内强化和组间平衡，由此总结能源转型驱动力的结构性特征。由图3-1可知：①能源转型驱动力结构性特征概念模型分为目标层、驱动准则层及驱动力因子层；②驱动准则层包括4个因素，即技术支持因素X_1、经济指导因素X_2、制度保障因素X_3和行为协调因素X_4；③驱动力因子层包括15个指标，即技术贡献率M_1、技术普及率M_2、技术投入率M_3、成本费用M_4、销售利润M_5、产业结构调整M_6、发展规划M_7、市场运营机制M_8、货币政策M_9、财政补贴政策M_{10}、投资鼓励政策M_{11}、税收优惠政策M_{12}、企业变革速度M_{13}、

企业社会责任 M_{14} 和个人认同感 M_{15}。

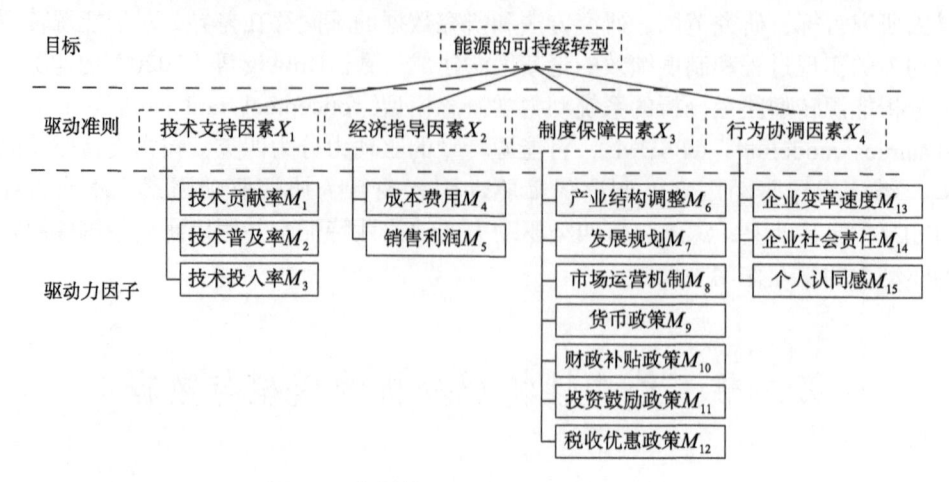

图 3-1 能源转型驱动力边界的概念模型

二、数据来源及处理

研究数据源于大规模问卷调查，具体步骤包括：①对驱动力变量进行科学定义，将其含义进行解释；②与能源经济和管理、制度经济及产业经济等领域的相关研究人员进行分析讨论，修改并完善调查问卷；③选择一定规模的专家进行问卷的预调查，并对问卷进行进一步的校正；④通过网络平台、邮件、电话及实地调研等形式，正式发放调查问卷；⑤定期回收问卷并统计整理。调研对象包括能源产业科研机构（A_1）、能源类高等院校（A_2）、电网公司（A_3）、发电集团（A_4）、石化部门（A_5）、煤炭部门（A_6）、政府单位（A_7）及其他利益相关群体（A_8）；问卷结构包括说明信、答卷说明、调研对象背景信息、问卷正文、结束语五个模块，其中正文部分对各个驱动力进行解释，且打分采用 Likert 量表法。

为体现广泛性和重点性原则，同时保障分析结果的有效性和准确性，调研样本容量拟定为不少于 300 份（谭忠富和刘平阔，2015）；为提高统计结果的精确度，将 A_1、A_2、A_3、A_4、A_5、A_6、A_7 和 A_8 的样本容量分别拟定为 30（10%）、40（13%）、50（17%）、50（17%）、30（10%）、30（10%）、30（10%）和 40（13%）份。问卷发放及整理工作始于 2018 年 11 月止于 2019 年 4 月，实际发放 426 份，收回 358 份（回收率 84.04%），有效问卷 320 份（有效度 89.39%），结果如表 3-1 所示。

表 3-1 调查对象背景信息统计结果（$N=320$）

分类维度	分类属性	样本容量	样本占比	合理性预期
单位性质	能源产业科研机构（A_1）	33	10.31%	符合
	能源类高等院校（A_2）	42	13.13%	
	电网公司（A_3）	59	18.44%	
	发电集团（A_4）	57	17.81%	
	石化部门（A_5）	29	9.06%	
	煤炭部门（A_6）	31	9.69%	
	政府单位（A_7）	30	9.38%	
	其他利益相关群体（A_8）	39	12.19%	
教育水平	博士研究生（及在读）	97	30.31%	符合
	硕士研究生（及在读）	136	42.50%	
	学士本科生	87	27.19%	
	本科以下	0	0	
工作年限	3 年及 3 年以下	102	31.88%	符合
	4~9 年	116	36.25%	
	10~16 年	71	22.19%	
	17 年及 17 年以上	31	9.69%	
领域认知	不熟悉	0	0	基本符合
	一般熟悉	131	40.94%	
	非常熟悉	189	59.06%	
职位或职称	高层管理者（教授、研究员或高级工程师）	41	12.81%	符合
	中层管理者（副教授、副研究员或工程师）	77	24.06%	
	专业技术人员（讲师、助理研究员或班组长）	113	35.31%	
	其他人员（助教、研究实习员或一线工人）	89	27.81%	

建模前，需要对调研数据进行可靠性分析和有效性分析，即信度检验和效度检验。信度检验通过 Cronbach's α 测试，结果如表 3-2 所示；效度检验通过 Kaiser-Meyer-Olkin（KMO）测试和 Bartlett's 球状检验，分析结果如表 3-3 所示。

表 3-2 变量的 Cronbach's α 测试结果

分类表类别	分量表的构成	数量	Cronbach's α 系数	信度等级
能源转型驱动力因素		15	0.849	高信度
	技术支持因素	3	0.705	高信度
	经济指导因素	2	0.545	中信度
	制度保障因素	7	0.768	高信度
	行为协调因素	3	0.788	高信度

表 3-3 变量的 KMO 测试和 Bartlett's 球状检验结果

检验		整体
KMO 测试		0.844
Bartlett's 球状检验	Approx. CHi-square	1 463.853
	df	105
	Sig.	0

由检验结果可知：一方面，问卷调查变量的整体信度可达到 0.849（大于 0.70），表明一致性较为理想，属于高信度等级；技术支持因素、制度保障因素、行为协调因素分类部分 Cronbach's α 系数均大于 0.70，属于高度可信范围，表明一致性较为理想；经济指导因素的 Cronbach's α 系数介于 0.35~0.70，属于中信度范围，表明一致性较好；如表 3-2 所示，问卷整体和分类部分均符合信度要求。另一方面，KMO 测试系数为 0.844（大于 0.70 且接近于 1），表明变量间的相关性较强；Bartlett's 球状检验 χ^2 统计值的显著性概率 Sig.小于 0.05，表明问卷变量具有较理想的结构效度；如表 3-3 所示，问卷的效度水平较理想，适合进行因子分析。

第三节　组内结构性特征分析

一、组内分析模型

针对能源转型驱动力的组内结构性特征，拟采用 SEM 进行研究。该模型克服了回归分析的限制，优点主要表现如下：①可同时提供模型总体检验和独立参数检验；②允许多个组间交叉，系数、均值及方差可同时比较；③验证性因子分析可净化误差，潜变量间的关联估计被测量误差污染的程度较低；④拟合分析非标准模型的能力较强。特点主要体现如下：①可评价多维且交互的作用关系；②可实现关系挖掘且解释测量误差；③可体现要素信息和影响作用等吸纳能力。

SEM 由三个矩阵方程表示，分为结构模型和度量模型：

$$\eta = B\eta + \Gamma\xi + \zeta \tag{3-1}$$

式（3-1）为结构模型部分，表示潜在内生变量与潜在外生变量的关系。其中，η 为潜在内生变量向量，ξ 为潜在外生变量向量，ζ 为残差项向量；B 表示潜在内生变量对其效应的系数矩阵；Γ 表示潜在外生变量对潜在内生变量效应的系数矩阵。

$$y = \lambda_y \eta + \varepsilon \tag{3-2}$$

$$x = \lambda_x \xi + \delta \tag{3-3}$$

式（3-2）~式（3-3）为度量模型部分，表示潜在变量与显在变量的关系。其中，观测变量 y 为显在内生变量向量，观测变量 x 为显在外生变量向量；λ_y 和 λ_x 分别表示潜在变量 y 和 x 的回归系数，即因子载荷矩阵；ε 和 δ 分别表示潜在变量 y 和 x 的测量误差。

因此，在 SEM 中涉及 8 个基本参数矩阵：潜在内生变量回归系数矩阵 λ_y、潜在外生变量回归系数矩阵 λ_x、潜在内生变量对其效应的系数矩阵 B、潜在外生变量对潜在内生变量效应的系数矩阵 Γ、潜在外生变量方差协方差矩阵 Φ、结构模型残差项方差协方差矩阵 Ψ、显在内生变量误差项方差协方差矩阵 θ_ε 和显在外生变量误差项方差协方差矩阵 θ_δ。

二、组内数据检验

为了检测概念模型的合理性和可行性，在测量分析时，将经过处理的样本数据代入验证性因子分析模型；运用 LISREL 8.8 软件进行数据拟合，结果如图 3-2 所示。由表 3-4 的二阶验证性因子分析可知：全部非标准化因子载荷 t 检验取值均大于 2（t 检验 P 值均小于 0.05），因子载荷具有统计学意义；且数据拟合度与二阶验证性因子分析模型均在可接受的范围内。

表 3-4 拟合指标的建议值与实际测试结果

拟合指标	χ^2/df	GFI	AGFI	NFI	IFI	CFI	RMSEA	P 值
建议值	<5	>0.9	>0.9	>0.9	>0.9	>0.9	<0.08	>0.05
检验结果	2.84	0.91	0.87	0.92	0.95	0.95	0.06	0.11

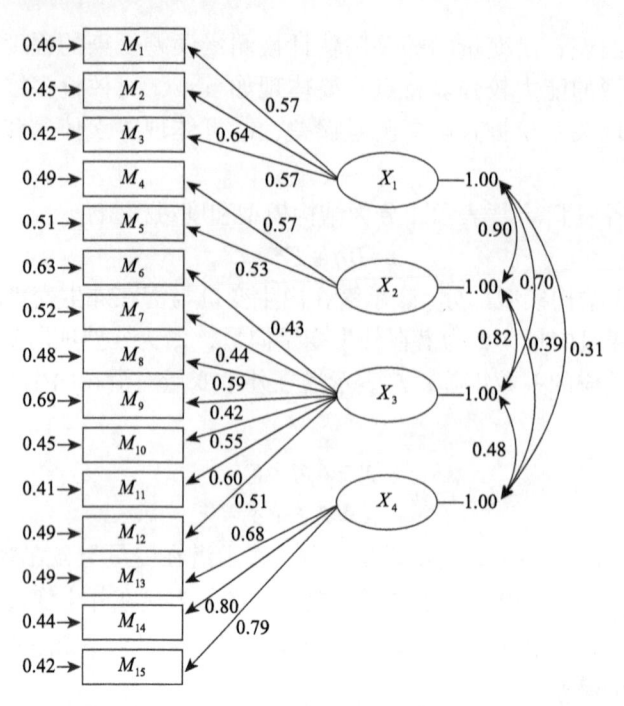

图 3-2　能源转型驱动力分析的潜变量与观测变量因子载荷结果

为了度量一阶因子间的作用关系，现分别针对 X_1、X_2、X_3 和 X_4 进行结构分析，并对 t 检验 P 值均大于 0.05 的路径进行修正，结果如表 3-5 所示。由图 3-3 可知：①经济指导因素可影响技术支持因素（标准化路径系数 1）；而技术支持因素既可反作用于经济指导因素（标准化路径系数 0.97），又可影响制度保障因素（标准化路径系数 0.79）。②制度保障因素和行为协调因素对技术支持因素具有一定的制约作用（负相关性的标准化路径系数分别为-0.10 和-0.03），即制度安排不合理与企业行为不协调将直接影响技术的贡献率、普及率和投入率，从而阻碍能源转型的进程。③技术支持因素和经济指导因素对行为协调因素具有显著的制约作用（负相关性的标准化路径系数分别为-1.03 和-1.40），即技术不达标与经济无效率将直接影响企业变革速度、社会责任履行及社会认同感，从而阻碍能源转型的进程。

表 3-5　结构关系检验

潜变量	χ^2	df	P 值	RMSES
X_1	241.44	84	0.000 00	0.077
X_2	241.40	85	0.000 00	0.076

第三章　能源绿色低碳转型的结构性特征　45

续表

潜变量	χ^2	df	P 值	RMSES
X_3	265.64	86	0.000 00	0.081
X_4	195.77	67	0.000 00	0.078

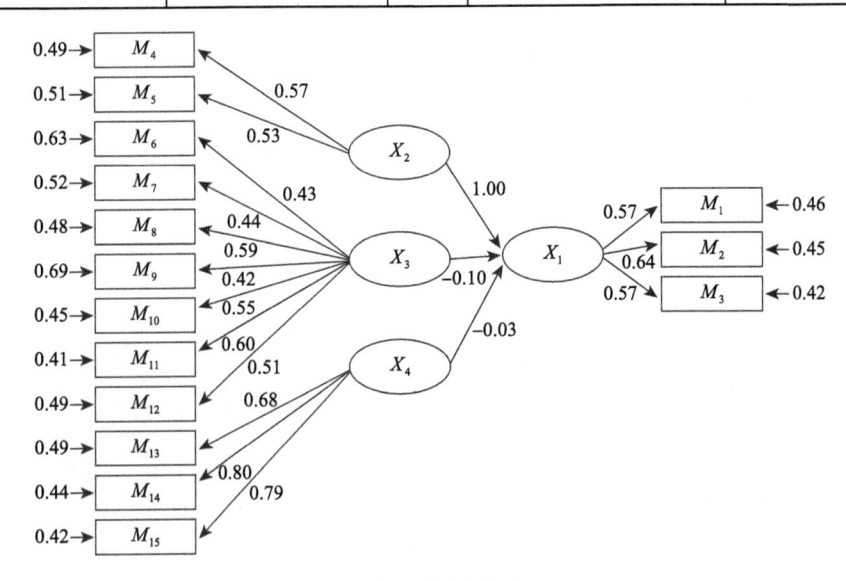

（a）X_1 的结构关系

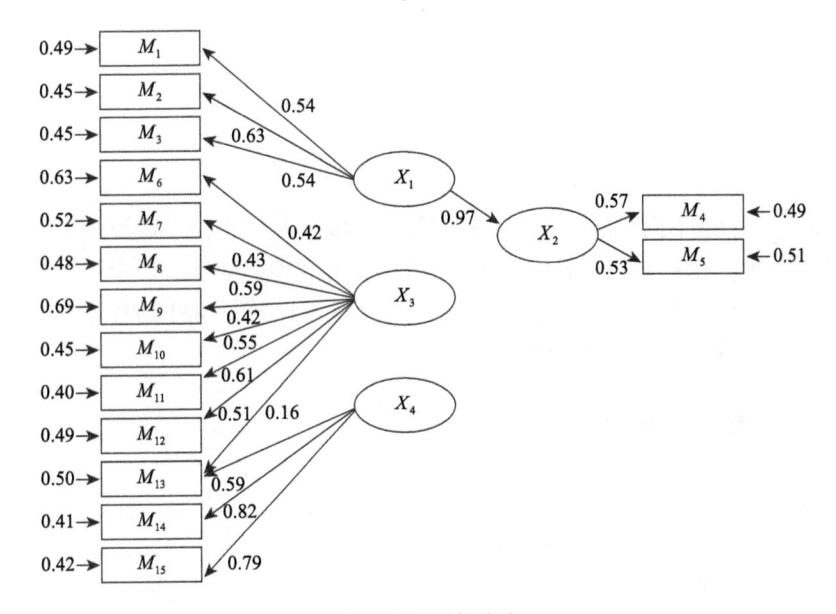

（b）X_2 的结构关系

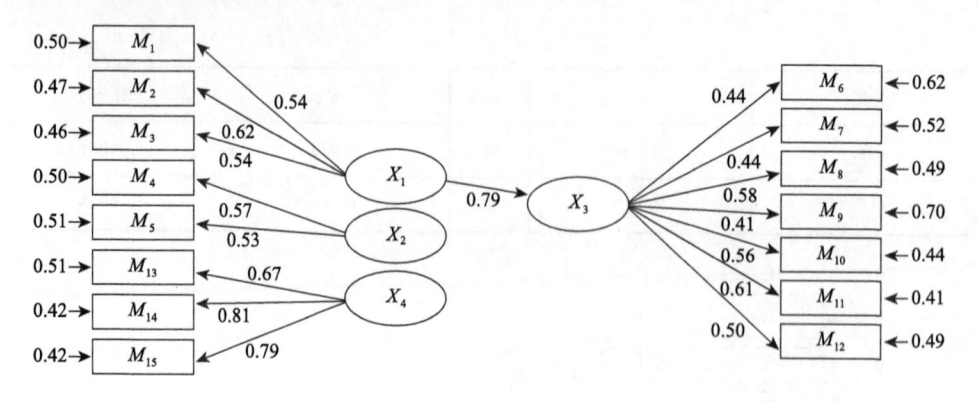

（c）X_3 的结构关系

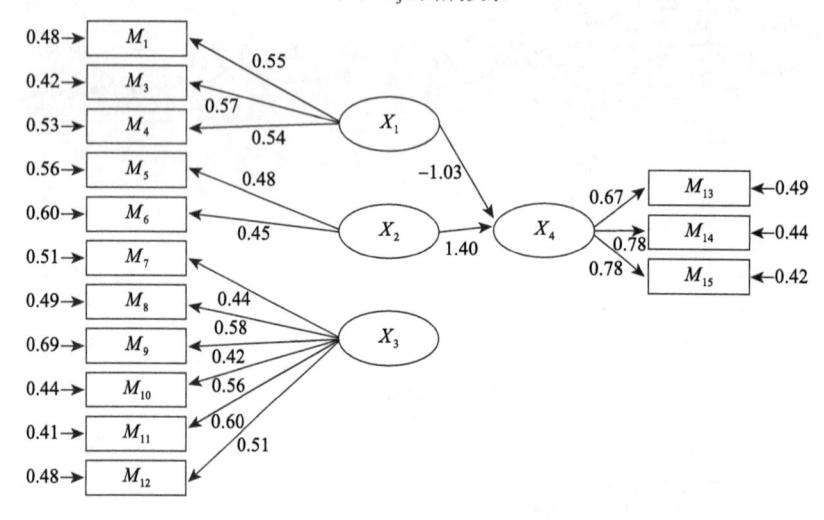

（d）X_4 的结构关系

图 3-3　模型潜变量的结构关系

由此进行高阶因子分析，如图 3-4 所示。高阶因素路径系数反映了一阶因子对于二阶因子的相对重要性。SEM 路径系数显著性检验表明，四个维度的驱动力变量均可对能源转型进行合理的解释。此外，通过比较标准化路径系数，还可反映各因素对能源转型的影响程度。

三、组内结果分析

由潜变量与观测变量的因子载荷分析组内驱动因子可得如下结论。

（1）技术支持层面，技术普及率（M_2）的驱动能力较强、对技术扩散影响较大，因子载荷为 0.62；技术贡献率（M_1）与技术投入率（M_3）的驱动程度接近，因子载荷分别为 0.58 和 0.57。

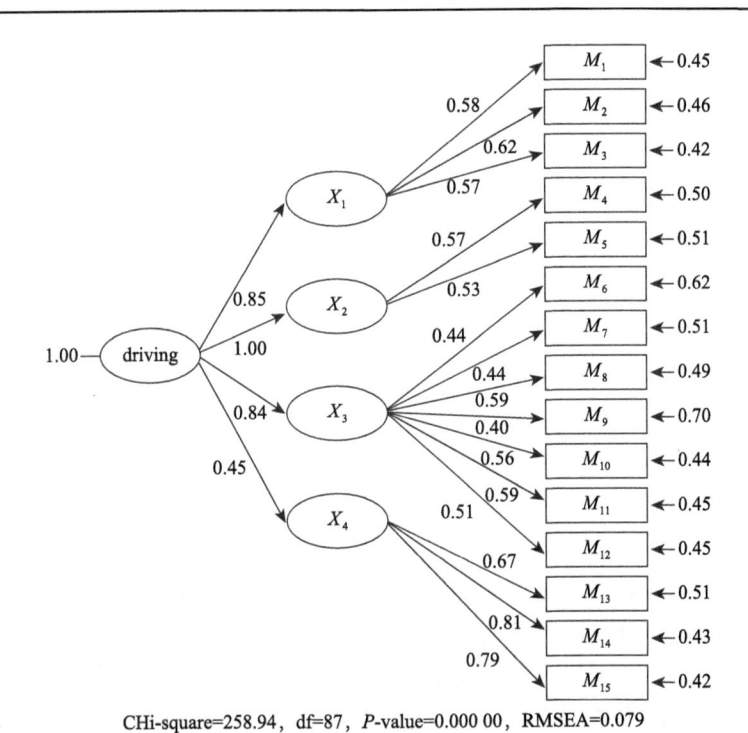

图 3-4 能源转型驱动力的组内结构性分析模型标准化路径图

CHi-square=258.94, df=87, P-value=0.000 00, RMSEA=0.079

CHi-square 为卡方；df 为自由度；P-value 为 P 值；RMSEA 为近似误差均方根

（2）经济指导层面，成本费用（M_4）与销售利润（M_5）的驱动效果相差较小，二者的因子载荷均接近于 0.55。因此，成本节约和利润扩大，应为微观主体进行能源转型的原始动能。

（3）制度保障层面，市场运营机制（M_8）和投资鼓励政策（M_{11}）的驱动效果最为显著，其因子载荷均为 0.59，说明能源转型初期，市场机制和投融资政策是推动能源转型最为有效的工具；财政补贴政策（M_{10}）的驱动能力次之，因子载荷为 0.56；税收优惠政策（M_{12}）驱动能力再次，因子载荷为 0.51；而产业结构调整（M_6）、发展规划（M_7）和货币政策（M_9）直接作用效果相对较低，因子载荷介于 0.40~0.45，说明此三类驱动力将在长期过程中发挥作用，而无法在短期内达到立竿见影的效果。

（4）行为协调层面，企业社会责任（M_{14}）的因子载荷为 0.81，个人认同感（M_{15}）的因子载荷为 0.79，企业变革速度（M_{13}）的因子载荷为 0.67，说明微观主体是能源转型的基本单元；行为协调程度对于企业层面的能源转型将产生巨大的驱动作用。

（5）就组内结构性特征而言，主要体现驱动力的内生强化过程；且强化过程的效果由因子载荷体现。经济指导因素（X_2）的驱动效果和激励作用最为直接，其因子载荷为 1.00；技术支持因素（X_1）和制度保障因素（X_3）的驱动能力相对显著，其因子载荷分别为 0.85 和 0.84；行为协调因素（X_4）的驱动作用相对稳健，其因子载荷为 0.45。

第四节 组间结构性特征分析

一、组间分析模型

针对能源转型驱动力的组间结构性特征，拟采用 CHAID 法进行研究。该法克服了其他决策树数据挖掘算法的缺点，CHAID 的优点主要表现如下：①可产生用于大容量数据集分类的方法与规则；②分组变量的确定可依据输入、输出变量之间的相关程度；③采用非二进制分支方法可分割产生两个及以上的分支数量。特点主要体现为：①适用于类别型资料，预测变量较多且均为分类变量；②以因变量为根节点，可计算各个自变量分类的卡方值；③可自动合并自变量类别，得到最大显著性水平；④可在各个叶节点形成相应的细分群体。

CHAID 法中在分布拟合优度检验的 χ^2 模型为

$$\chi^2 = \sum \frac{(f_o - f_e)^2}{f_e} \sim \chi^2_{(\mathrm{df})} \qquad (3\text{-}4)$$

式（3-4）服从卡方分布。其中，f_o 表示观测次数；f_e 表示理论次数，且理论次数越大，拟合效果越理想；$(f_o - f_e)$ 越大，检验结果就越趋于拒绝原假设而接受备择假设。

为了检验模型间似然值差异的显著程度，引入自由度 df：

$$\mathrm{df} = K - M \qquad (3\text{-}5)$$

在似然比检验（likelihood ratio test，LRT）中，df 反映复杂模型中参数的增加数目。其中，K 表示数据集类别数目；M 表示样本统计量数目或约束条件数。

为了评价并检验样本集上的分类预测能力，引入提升度 lift：

$$\mathrm{lift} = \frac{P(\mathrm{class}_t / \mathrm{sample})}{P(\mathrm{class}_t / \mathrm{population})} \qquad (3\text{-}6)$$

本质上，lift 是收益（%）和响应（%）的反应。其中，t 表示输出变量值类别；$P(\mathrm{class}_t / \mathrm{sample})$ 表示特定样本空间内输出变量为 t 的可能性；

$P(\text{class}_t/\text{population})$ 表示总样本空间内输出变量为 t 的可能性。

二、组间数据检验

数据检验不但应具有统计学意义,而且应符合经济学常识。首先,利用 SPSS 软件处理样本统计数据流,得到各个驱动力因子(指标)的 Pearson 相关系数矩阵,分析结果如表 3-6 所示。其中,N 表示相关性分析的变量个数,**表示相关系数在 0.01 水平上显著(2-tailed),即在 99%的概率下相关性显著;*表示相关系数在 0.05 水平上显著(2-tailed),即在 95%的概率下相关性显著;灰色表示未通过检验。其次,利用 EViews 软件对 Pearson 相关系数大于 0.4 的因子进行 Granger 因果关系检验,检验结果如表 3-7 所示。最后,基于表 3-6 和表 3-7 的结果,结合数据本身的信度和效度,通过经验分析法判断因子间的直接二元关系。

利用 Clementine 12.0 软件完成分类建模过程:加入数据流后,选择"穷尽 CHAID"的分区数据方式,并利用似然比法确定类别目标。执行结果如图 3-5 所示:CHAID 呈现多分支结构,组间结构性特征描述以技术普及率为基础,且相关性显著(P 值<0.001)。当能源转型过程中"技术贡献率"的取值不大于 2 时,微观主体应优先考虑技术投入率(样本 n 为 32,占样本总量的 10.000%);当技术贡献率取值介于 2~3 时,微观主体进行能源转型的主要驱动力原因为成本费用(样本 n 为 45,占样本总量的 14.062%),投资鼓励政策和发展规划等因子发挥驱动作用;当技术贡献率取值大于 3 时,成本费用依然是优先作用的驱动力(样本 n 为 243,占样本总量的 75.938%),但次级的驱动力为财政补贴政策和技术贡献率,此时出现了一个"$M_1 \to M_4 \to M_1$"微循环回路。其他驱动力的组间结构性特征依此类推。

由图 3-5 可知,可将能源转型驱动力分为 20 个类别(表 3-8)。由表 3-8 可知,组间结构性特征分析的 CHAID 模型可筛选出 12 个影响能源转型的主要驱动力因子。

CHAID 模型的组间结构性特征分析评估为 0.067,标准误差为 0.004,表明了分析模型的科学性、合理性和可行性。对组间结构性特征分析模型进行收益评价,结果如表 3-9 所示。其中,指数(%)表示指定类别样本的占比与同类别样本在总样本中所占比例,反映了提升度概念,且其取值越大,则模型对指定类别样本的捕捉能力越强、收益越好。

表 3-6　Pearson 相关系数矩阵（$N=320$）

	变量	M_1	M_2	M_3	M_4	M_5	M_6	M_7	M_8	M_9	M_{10}	M_{11}	M_{12}	M_{13}	M_{14}	M_{15}
M_1	相关性	1	0.422**	0.506**	0.303**	0.319**	0.269**	0.207**	0.289**	0.283**	0.236**	0.317**	0.211**	0.133*	0.178**	0.191**
	显著性（双侧）		0.000	0.000	0.000	0.000	0.000	0.000	0.000	0.000	0.000	0.000	0.000	0.017	0.001	0.001
	N	320	320	320	320	320	320	320	320	320	320	320	320	320	320	320
M_2	相关性	0.422**	1	0.407**	0.465**	0.410**	0.391**	0.220**	0.288**	0.098	0.327**	0.368**	0.282**	0.114*	0.112*	0.143*
	显著性（双侧）	0.000		0.000	0.000	0.000	0.000	0.000	0.000	0.079	0.000	0.000	0.000	0.042	0.046	0.010
	N	320	320	320	320	320	320	320	320	320	320	320	320	320	320	320
M_3	相关性	0.506**	0.407**	1	0.355**	0.323**	0.320**	0.316**	0.341**	0.178**	0.224**	0.278**	0.206**	0.211**	0.185**	0.141*
	显著性（双侧）	0.000	0.000		0.000	0.000	0.000	0.000	0.000	0.001	0.000	0.000	0.000	0.000	0.001	0.011
	N	320	320	320	320	320	320	320	320	320	320	320	320	320	320	320
M_4	相关性	0.303**	0.465**	0.355**	1	0.374**	0.359**	0.339**	0.405**	0.095	0.291**	0.307**	0.275**	0.155**	0.125*	0.223**
	显著性（双侧）	0.000	0.000	0.000		0.000	0.000	0.000	0.000	0.091	0.000	0.000	0.000	0.005	0.025	0.000
	N	320	320	320	320	320	320	320	320	320	320	320	320	320	320	320
M_5	相关性	0.319**	0.410**	0.323**	0.374**	1	0.291**	0.353**	0.244**	0.189**	0.333**	0.353**	0.221**	0.212**	0.176**	0.192**
	显著性（双侧）	0.000	0.000	0.000	0.000		0.000	0.000	0.000	0.001	0.000	0.000	0.000	0.000	0.002	0.001
	N	320	320	320	320	320	320	320	320	320	320	320	320	320	320	320

续表

	变量	M_1	M_2	M_3	M_4	M_5	M_6	M_7	M_8	M_9	M_{10}	M_{11}	M_{12}	M_{13}	M_{14}	M_{15}
M_6	相关性	0.269**	0.391**	0.320**	0.359**	0.291**	1	0.211**	0.390**	0.196**	0.261**	0.275**	0.209**	0.102	0.068	0.059
	显著性（双侧）	0.000	0.000	0.000	0.000	0.000		0.000	0.000	0.000	0.000	0.000	0.000	0.070	0.224	0.295
	N	320	320	320	320	320	320	320	320	320	320	320	320	320	320	320
M_7	相关性	0.207**	0.220**	0.316**	0.339**	0.353**	0.211**	1	0.319**	0.273**	0.365**	0.361**	0.211**	0.200**	0.08	0.227**
	显著性（双侧）	0.000	0.000	0.000	0.000	0.000	0.000		0.000	0.000	0.000	0.000	0.000	0.000	0.154	0.000
	N	320	320	320	320	320	320	320	320	320	320	320	320	320	320	320
M_8	相关性	0.289**	0.288**	0.341**	0.405**	0.244**	0.390**	0.319**	1	0.386**	0.352**	0.380**	0.387**	0.344**	0.255**	0.293**
	显著性（双侧）	0.000	0.000	0.000	0.000	0.000	0.000	0.000		0.000	0.000	0.000	0.000	0.000	0.000	0.000
	N	320	320	320	320	320	320	320	320	320	320	320	320	320	320	320
M_9	相关性	0.283**	0.098	0.178**	0.095	0.189**	0.196**	0.273**	0.386**	1	0.224**	0.355**	0.169**	0.305**	0.244**	0.212**
	显著性（双侧）	0.000	0.079	0.001	0.091	0.001	0.000	0.000	0.000		0.000	0.000	0.002	0.000	0.000	0.000
	N	320	320	320	320	320	320	320	320	320	320	320	320	320	320	320
M_{10}	相关性	0.236**	0.327**	0.224**	0.291**	0.333**	0.261**	0.365**	0.352**	0.224**	1	0.477**	0.506**	0.177**	0.138**	0.216**
	显著性（双侧）	0.000	0.000	0.000	0.000	0.000	0.000	0.000	0.000	0.000		0.000	0.000	0.002	0.014	0.000
	N	320	320	320	320	320	320	320	320	320	320	320	320	320	320	320

续表

变量		M_1	M_2	M_3	M_4	M_5	M_6	M_7	M_8	M_9	M_{10}	M_{11}	M_{12}	M_{13}	M_{14}	M_{15}
M_{11}	相关性	0.317**	0.368**	0.278**	0.307**	0.353**	0.275**	0.361**	0.380**	0.355**	0.477**	1	0.452**	0.344**	0.155**	0.262**
	显著性（双侧）	0.000	0.000	0.000	0.000	0.000	0.000	0.000	0.000	0.000	0.000		0.000	0.000	0.005	0.000
	N	320	320	320	320	320	320	320	320	320	320	320	320	320	320	320
M_{12}	相关性	0.211**	0.282**	0.206**	0.275**	0.221**	0.209**	0.211**	0.387**	0.169**	0.506**	0.452**	1	0.277**	0.248**	0.199**
	显著性（双侧）	0.000	0.000	0.000	0.000	0.000	0.000	0.000	0.000	0.002	0.000	0.000		0.000	0.000	0.000
	N	320	320	320	320	320	320	320	320	320	320	320	320	320	320	320
M_{13}	相关性	0.133*	0.114*	0.211**	0.155**	0.212**	0.102	0.200**	0.344**	0.305**	0.177**	0.344**	0.277**	1	0.537**	0.513**
	显著性（双侧）	0.017	0.042	0.000	0.005	0.000	0.070	0.000	0.000	0.000	0.002	0.000	0.000		0.000	0.000
	N	320	320	320	320	320	320	320	320	320	320	320	320	320	320	320
M_{14}	相关性	0.178**	0.112*	0.185**	0.125*	0.176**	0.068	0.08	0.255**	0.244**	0.138*	0.155**	0.248**	0.537**	1	0.610**
	显著性（双侧）	0.001	0.046	0.001	0.025	0.002	0.224	0.154	0.000	0.000	0.014	0.005	0.000	0.000		0.000
	N	320	320	320	320	320	320	320	320	320	320	320	320	320	320	320
M_{15}	相关性	0.191**	0.143*	0.141*	0.223**	0.192**	0.059	0.227**	0.293**	0.212**	0.216**	0.262**	0.199**	0.513**	0.610**	1
	显著性（双侧）	0.001	0.010	0.011	0.000	0.001	0.295	0.000	0.000	0.000	0.000	0.000	0.000	0.000	0.000	
	N	320	320	320	320	320	320	320	320	320	320	320	320	320	320	320

表 3-7　Granger 因果关系检验结果

原假设	Obs	F-Statistic	Prob.
技术普及率不是技术贡献率的Granger原因	318	3.868 63	0.021 9
技术贡献率不是技术普及率的Granger原因	318	1.320 53	0.268 5
技术投入率不是技术贡献率的Granger原因	318	1.883 35	0.153 8
技术贡献率不是技术投入率的Granger原因	318	0.143 53	0.866 3
技术投入率不是技术普及率的Granger原因	318	2.605 31	0.075 5
技术普及率不是技术投入率的Granger原因	318	2.610 61	0.075 1
成本费用不是技术普及率的Granger原因	318	1.259 02	0.285 4
技术普及率不是成本费用的Granger原因	318	7.720 30	0.000 5
销售利润不是技术普及率的Granger原因	318	0.741 70	0.477 1
技术普及率不是销售利润的Granger原因	318	0.840 22	0.432 6

注：阶数（滞后期）为 2

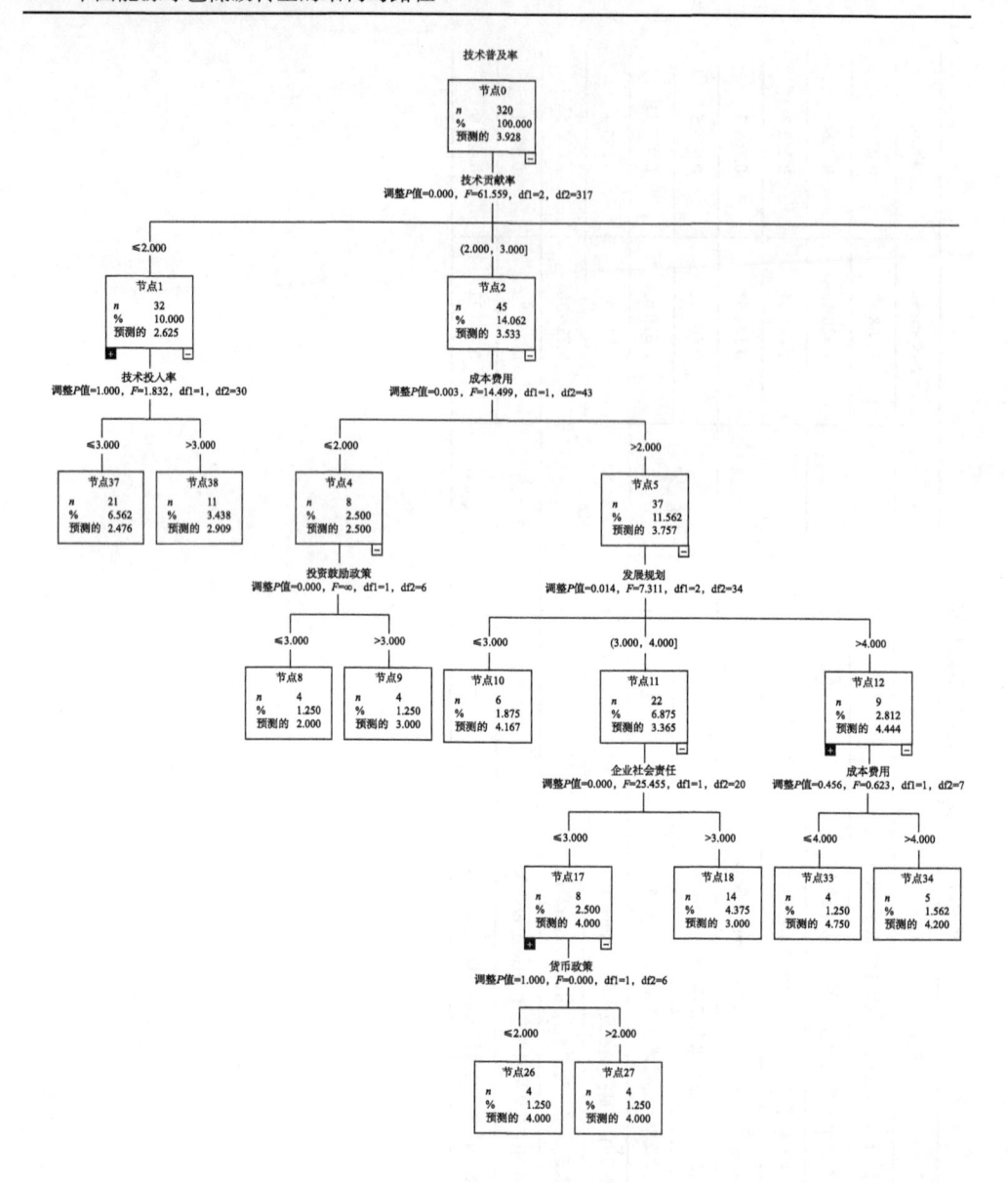

54　中国能源绿色低碳转型的结构与路径

图 3-5　组间分析的

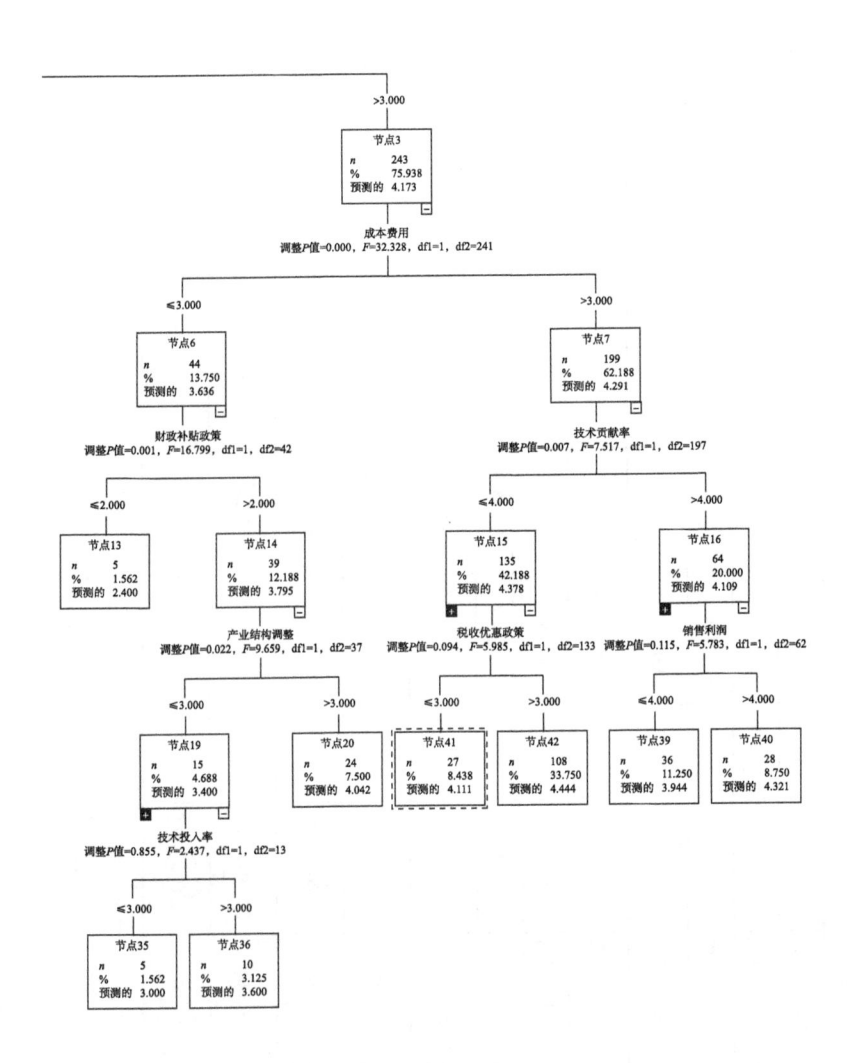

CHAID 决策树

表 3-8 能源转型驱动力影响程度分类

驱动力因子筛选结果

类别	节点	技术普及率	技术贡献率	成本费用	投资鼓励政策	发展规划	财政补贴政策	企业社会责任	产业结构调整	技术投入率	税收优惠政策	销售利润	货币政策
1	0, 1	≥4.00	≤2.00										
2	0, 2, 4, 8	≥4.00	(2.00, 3.00]		≤3.00								
3	0, 2, 4, 9	≥4.00	(2.00, 3.00]		>3.00								
4	0, 2, 5, 10	≥4.00	(2.00, 3.00]	>2.00									
5	0, 2, 5, 11, 17	≥4.00	(2.00, 3.00]	>2.00	>0.0	(3.00, 4.00]							
6	0, 2, 5, 11, 18	≥4.00	(2.00, 3.00]	>2.00	>0.0	(3.00, 4.00]							
7	0, 2, 5, 12	≥4.00	(2.00, 3.00]	>2.00		>4.00							
8	0, 3, 6, 13	≥4.00	>3.00	≤3.00			≤2.00						
9	0, 3, 6, 14, 19, 31	≥4.00	>3.00	≤3.00			>2.00	≤3.00	≤3.00				
10	0, 3, 6, 14, 19, 32, 33	≥4.00	>3.00	(2.00, 3.00]			>2.00		≤3.00	>3.00			
11	0, 3, 6, 14, 19, 32, 34	≥4.00	>3.00	(2.00, 3.00]			>2.00		≤3.00	>3.00			
12	0, 3, 6, 14, 20, 28	≥4.00	>3.00	(2.00, 3.00]			>2.00	>3.00	>3.00		≤3.00		
13	0, 3, 6, 14, 20, 29	≥4.00	>3.00	(2.00, 3.00]			>2.00		>3.00		(3.00, 4.00]		

续表

类别	节点	技术普及率	技术贡献率	成本费用	投资鼓励政策	发展规划	财政补贴政策	企业社会责任	产业结构调整	技术投入率	税收优惠政策	销售利润	货币政策
14	0, 3, 6, 14, 20, 30	≥4.00	>3.00	(2.00, 3.00]			>2.00		>3.00		>4.00		
15	0, 3, 7, 15, 21	≥4.00	(3.00, 4.00]	>3.00			≤2.00						
16	0, 3, 7, 15, 22, 26	≥4.00	(3.00, 4.00]	>3.00			(2.00, 4.00]					≤3.00	
17	0, 3, 7, 15, 22, 27	≥4.00	(3.00, 4.00]	>3.00			(2.00, 4.00]					>3.00	
18	0, 3, 7, 15, 23, 24	≥4.00	(3.00, 4.00]	>3.00			(2.00, 4.00]						≤4.00
19	0, 3, 7, 15, 23, 25	≥4.00	(3.00, 4.00]	>3.00			(2.00, 4.00]						>4.00
20	0, 3, 7, 16	≥4.00	>4.00	>3.00									

表 3-9 训练样本的收益分析

节点	节点收益数据				累积收益数据			
	节点：n	节点	均值	指数	节点：n	节点	均值	指数
24	28	8.75%	4.86	123.65%	28	8.75%	4.86	123.65%
33	4	1.25%	4.75	120.92%	32	10.00%	4.84	123.31%
22	91	28.44%	4.31	109.66%	123	38.44%	4.45	113.21%
34	5	1.56%	4.20	106.92%	128	40.00%	4.44	112.97%
10	6	1.88%	4.17	106.07%	134	41.87%	4.43	112.66%
16	64	20.00%	4.11	104.61%	198	61.87%	4.32	110.06%
31	12	3.75%	4.08	103.95%	210	65.62%	4.31	109.71%
32	12	3.75%	4.00	101.83%	222	69.37%	4.29	109.28%
25	9	2.81%	4.00	101.83%	231	72.19%	4.28	108.99%
26	4	1.25%	4.00	101.83%	235	73.44%	4.28	108.87%
27	4	1.25%	4.00	101.83%	239	74.69%	4.27	108.75%
21	7	2.19%	3.86	98.19%	246	76.87%	4.26	108.45%
19	15	4.69%	3.40	86.56%	261	81.56%	4.21	107.19%
18	14	4.38%	3.00	76.37%	275	85.94%	4.15	105.63%
9	4	1.25%	3.00	76.37%	279	87.19%	4.13	105.21%
1	32	10.00%	2.62	66.83%	311	97.19%	3.98	101.26%
13	5	1.56%	2.40	61.10%	316	98.75%	3.95	100.62%
8	4	1.25%	2.00	50.91%	320	100%	3.93	100%

三、组间结果分析

由卡方自动交叉检验结果分析组间驱动因子有如下结论。

（1）技术支持因素（X_1）与经济指导因素（X_2）构成能源转型的驱动基础，且二者存在显著的交互作用关系，主要体现于技术贡献率（M_1）与成本费用（M_4）之间。

（2）制度保障因素（X_3）是能源转型的驱动核心，构成了连接上层技术支持因素（X_1）、经济指导因素（X_2）与下层行为协调因素（X_4）的重要纽带，主要体现于投资鼓励政策（M_{11}）、发展规划（M_7）、财政补贴政策（M_{10}）、产业结构调整（M_6）及税收优惠政策（M_{12}）等方面。

（3）行为协调因素（X_4）是能源转型的驱动方式，不但可以体现技术支持、经济指导及制度保障的作用效果，而且可以反馈作用于技术支持、经济指导及制度保障等驱动维度，主要体现于企业社会责任（M_{14}）。

（4）就组间结构性特征而言，驱动因子的结构与作用方向主要体现驱动力的机制平衡过程；且平衡过程的效果由细分群体体现。技术普及率（M_2）、技术贡献率（M_1）、成本费用（M_4）、投资鼓励政策（M_{11}）、发展规划（M_7）、财政补贴政策（M_{10}）、企业社会责任（M_{14}）、产业结构调整（M_6）、技术投入率（M_3）、税收优惠政策（M_{12}）、销售利润（M_5）及货币政策（M_9）共同构成影响能源转型的主要驱动力；虽然各个驱动因子的属性不同，但转型过程中总是相互配合、有序协同。

第五节　结构性特征的主要结论及政策建议

一、主要结论

通过大量数据规范分析，证明本章构建的组内结构性特征分析模型和组间结构性特征分析模型具有科学性、合理性和有效性；从学理层面对能源转型驱动力的结构性特征进行深入研究，也是厘清"新时代"中国能源领域工作重点、保证能源可持续转型工作有序协同推进的必要条件。中国能源转型驱动力结构性特征的确定，有利于分析能源转型路径依赖性，进而能对可持续的能源转型路径进行锁定。综上所述，对能源转型驱动力的结构性特征进行总结，得到如下结论。

首先，驱动力的内生强化和机制平衡过程决定了能源转型过程的路径转换是非线性的。能源转型是一个长期的、复杂的过程，涉及多个层面、多个部门、多个环节的具体工作；既无法做到一蹴而就，也无法保证一劳永逸。因此，可利用 SEM 中的因子载荷和 CHAID 法的相关性系数构建一个能源转型成效的评价模型，对中国能源转型进行动态监管。在继续推进能源可持续转型时，无论是内生驱动因子（如技术支持因素、经济指导因素和行为协调因素），抑或是外源驱动因子（如制度保障因素），均存在着一个较为稳定、有序、协同的强化和平衡状态，并出现"蚁群效应"。因此，中国在推进能源转型的过程中，需要做到统筹规划、市场导向、政策支持及行为落地，综合利用各驱动力因子，避免"木桶效应"的出现及"头痛医头、脚痛医脚"的恶性循环。

其次，制度层面的转型是中国能源转型的根本，技术、经济和行为等层面的转型是助力。由组内和组间的结构性特征分析可知，中国能源转型属于自下而上的诱致性制度变迁，而非自上而下的强制性变迁。一方面，制度保障是以产业结构、发展规划、运营机制及支持政策等作为衡量标准，SEM 路径系数证实了市场+政策不但对于企业具有软约束，而且影响企业敏感性和创新动力。另一方面，技术、经济和行为是"游戏规则"的具体体现，CHAID 法过程也证实了技术层面的转型升级、经济层面的优化高效及行为层面的有序协同，从根本上依然需要制度层面的保障和加持。

最后，技术普及率、成本费用、投资鼓励政策及企业社会责任四方面的驱动力是目前中国能源转型工作的权衡重点。在 15 个驱动力因子中，组内结构性特征分析结果得到 8 个影响能源转型的主要驱动力因子，组间结构性特征分析结果得到 12 个主要驱动力因子，二者的交集包含 4 个关键驱动力因子：技术普及率、成本费用、投资鼓励政策及企业社会责任，主要表现如下：一方面，组内结构中，各个关键驱动力因子对于能源可持续转型目标实现的影响系数较高；另一方面，组间结构中，各个关键驱动力因子对于能源转型系统中其他驱动力的影响程度分类节点数较多。因此，上述 4 个关键驱动力因子应成为未来一段时间中国继续推进能源转型工作的重中之重。

二、政策建议

同时，得到政策建议具体如下。

一方面，虽然中国持续推进供给侧结构性改革、新一轮电力体制改革及能源生产与消费革命战略，但囿于目前中国能源领域中仍存在市场建设不完整、制度安排不到位等问题，产业结构调整、发展规划、市场运营机制、企业变革速度等驱动力因子并未发挥其应有的作用效果，存在转型"利基"。技术支持因素、经济指导因素、制度保障因素和行为协调因素虽发挥了促进作用，但促进效果仍未达到发展预期。因此，如何正确统筹引导中国的能源可持续转型、避免决策者和监管者落入"塔西佗陷阱"，已然成为政府部门亟待解决的问题之一。

另一方面，中国尚未构建一套比较科学合理的能源转型效益评价体系，转型路径依赖及路径创新（path creation，PC）工作仍无法可循、无理可依，转型的目标和标准仍需建立健全。发达工业化国家的成功经验即使可作为经验借鉴，但中国的资源禀赋、生产结构、消费结构与发达工业化国家存在明显差异，转型经验也无法生搬硬套。唯有在明确中国能源转型驱动力结构性特征的前提下，探索出一条适合于中国"新时代"发展特征的转型之路，才能保证能源部门稳定、有序、高质量、可持续的发展，同时保证能源领域不平衡不充分问题得到有效解决。

第六节 本章小结

　　时代演进趋势、中国发展需求、战略产业兴起及制度建设推进，都为能源转型提供了契机并对其提出了要求；但中国能源转型仍需要多元驱动力产生有序协同驱动效应。在政府试图对中国能源部门实施"放松管制、加强监管"的当下，科学识别中国能源转型驱动力因子，并分析其结构性特征、研究驱动因子间的交互作用关系，具有必要性和现实意义。基于此，本章选取中国能源转型驱动结构作为研究对象，构建了一个转型驱动力结构性特征分析框架，在实证调研搜集数据的基础上，利用 SEM 和 CHAID 法分别研究驱动力的组内因子内生强化过程和组间因子机制平衡过程，由此系统性地分析和解释中国能源转型驱动力的结构性协同特征和有序特点。研究表明：①驱动力的内生强化和机制平衡过程决定了能源转型过程的路径转换是非线性的，且可利用 SEM 中的因子载荷和 CHAID 法的相关性系数构建一个能源转型成效的评价模型；②制度层面的转型是中国能源转型的根本，技术、经济和行为等层面的转型是助力，中国能源转型属于自下而上的诱致性制度变迁，而非自上而下的强制性变迁；③技术普及率、成本费用、投资鼓励政策及企业社会责任四个驱动力是目前中国能源转型工作的权衡重点。同时，研究还发现了一些未能实现发展预期的现象：一方面，针对产业结构调整、发展规划、市场运营机制、企业变革速度等驱动力因子并未发挥其应有作用效果等问题提出政策建议；另一方面，为能源转型的效益评价体系、转型目标和标准等问题指明了方向。

第四章　能源绿色低碳转型的驱动诱因[①]

第一节　能源转型驱动诱因的概述

随着全球能源安全问题和环境保护问题日益严峻，以绿色低碳为核心的能源发展模式已经引起了各国政府、企业与学者的高度关注（Safari et al., 2019；王江和张翔，2020；车亮亮和武春友，2015）。2020 年 9 月 22 日，习近平主席在第七十五届联合国大会上重申了"全球绿色低碳转型的大方向"，提出了中国 2060 年的"碳中和"目标（习近平，2020a）；同年 12 月 12 日，习近平主席在气候雄心峰会上进一步宣布了 25% 的"非化石能源占一次能源消费比重"目标及 12 亿千瓦的"风电、太阳能发电总装机容量"目标，并重点提及绿色低碳等全面问题（习近平，2020b）。同时，在以国内大循环为主体、国内国际双循环相互促进的新发展格局中，实现经济发展、能源安全、环境保护和生态建设的愿望日益迫切；尤其是在"十四五"规划期（2021~2025 年），推动工业部门可持续转型、实现以绿色低碳发展为导向的高质量发展，已然成为阶段性亟待解决的重要问题。由此可见，能源转型仍是未来中国高质量发展和现代化强国过程的核心之一。

虽然中国的能源转型具有一定的制度优势，但与世界主要工业化国家相似：转型过程仍处于量变的阶段，可持续的质变拐点仍未可期。在转型过程中，中国仍面临独特的发展障碍，制约着转型的效率、弱化了转型的成效，如传统化石能源行业超低排放改造问题、新能源设备利用小时不足问题、可再生能源平均成本过高问题、弃风弃光弃水等严重限电问题、电网变电站容载比过高问题、电能替代与多能互补矛盾问题等。在针对性解决上述问题时，国内外学者也逐渐意识到：

[①] 主要内容已发表于 2022 年第 1 期（第 239 卷）*Energy* 中的 "What drives the green and low-carbon energy transition in China?: An empirical analysis based on a novel framework"。

路径问题才是实现转型的基础和质变的关键。此外，Selvakkumaran 和 Ahlgren（2017）也曾强调："识别并确定能源转型路径的影响因素（诱因）是一项最为关键的核心工作。"为此，基于高质量发展和现代化强国的要求、兼顾"碳中和"和绿色低碳目标、结合双循环新发展格局和"十四五"规划精神，锁定三个不可回避且亟待解决的问题：①中国推进能源转型时路径选择的可观测指标如何定义和测算？②是什么影响着中国现阶段及未来一段时期内能源转型路径选择？③各个诱因的驱动过程如何解释转型路径目标的实现？本章的主要贡献及创新点包括：理论层面，明确区分低碳转型和绿色转型，在 IETB 四维框架的基础上考量双循环新维度的影响作用，避免了治理工具选择的随机性；实践层面，对重点的能源转型"抓手"进行量化分析，实现时序趋势的动态跟踪，并通过换挡期和加速期的系数检验和对比，解释不同诱因的方向、力度和时效。

近年来，国内的学者逐渐意识到：中国能源发展正深刻经历着低碳转型（Binder et al., 2017）和绿色转型（Selvakkumaran and Ahlgren, 2017）的过程；转型期能源结构调整、加快绿色低碳发展、提高能源系统效率、追求运行综合效益将成为未来发展的主要目标（范英等，2014；金碚，2014）。尤其是在体制改革阵痛期、能源转型加速期、环境保护关键期及经济发展换挡期的四期并轨阶段（郎丽华和周明生，2014；韩建国，2016；林伯强等，2017；徐斌等，2019）。中国能源转型特殊性体现在两个方面：根源上，世界范围内取得一定能源转型成果的国家或地区，要么早已完成了工业化转型（Amri, 2019），要么是其经济社会结构相对简单（Bayulgen, 2020）；进程中，作为最大的发展中国家，中国的经济持续向好，但"富煤、贫油、少气"的资源禀赋和能源现状势必会引起高外贸依存度、产能过剩和节能减排压力大等结构性问题（Liu and Tan, 2016; Hou et al., 2019）。这也意味着，各个国家在能源转型路径的选择问题上应各有不同、各有侧重。

多国能源治理的实践同时证明，在推进能源系统转型时，有效、可行的路径是必要的保障（余皎，2018；Oudes and Stremke, 2018；孙晓华和郑辉，2019；Fischer-Kowalski et al., 2019）。就能源转型的路径选择而言，成果多集中于权衡市场与政策的关系方面，采用方法主要为优化或仿真（傅京燕和原宗琳，2017；Lindberg et al., 2018），如薛奕曦等（2016）从系统分析、平台建立、愿景制定、路径开发、联盟构建、试验实施和评估七个方面分析了能源低碳转型的实现路径；del Granado 等（2018）为研究低碳转型路径，构建了一个连接自上而下和自下而上的模型（linking top-down and bottom-up model）以分析分布式能源、基础设施投资及宏观经济相互作用等问题；Prina 等（2019）考虑了可再生能源的间歇性和累积二氧化碳排放问题，提出了 EPLANoptTP（energy PLAN optimization for transition pathways）模型，用以研究转型路径选择的多目标优化特征。

随着研究的深入，学者们也逐渐发现能源转型"包含着强烈的路径依赖属性与技术锁定状态"（Geels et al.，2018），其路径选择的问题关键在于能否准确地识别诱因（Zeppini and van den Bergh，2020）。比较有代表性的成果包括：Polzin 等（2019）及 Lin 和 Chen（2019）均认为公共政策在指导和加速能源转型方面发挥着至关重要的作用；郭丕斌等（2019）基于社会-技术变迁理论，提出了能源转型影响因素-动力机制-治理政策的研究框架，并识别了能源技术、能源市场、能源愿景、能源政策、转型主体等主要动力；Bolwig 等（2020）构建了一个分析能源转型路径的 CFSDM，将转型驱动力分为四类，即技术支持、经济指导、制度保障及行为协调。现有的研究大多数往往忽略了一个基本事实：能源转型的路径选择需要与经济发展阶段相契合（Alola and Joshua，2020）。由此可见，针对能源转型路径选择的诱因驱动问题，尚未形成一个较为系统的逻辑框架；尤其是诱因的驱动机理，也成为当前研究不可回避且亟待解决的重要问题。

早期的研究得到了富有洞见的研究成果，但仍存在研究局限，尤其是在诱因的识别和甄选方面存在较大的随机性。本章将在现有研究的基础上，根据转型的绿色低碳目标区分转型路径，构建包含双循环新格局维度的逻辑分析框架，并从五个层面进行诱因的识别和驱动过程的量化分析，以期在丰富现有理论成果的基础上，为决策与监管提供支持。

第二节　转型驱动诱因分析的理论与方法

一、逻辑框架

理论上，能源转型路径可分为依赖性路径和创新性（突破性）路径；实践中，其可分为低碳转型路径和绿色转型路径。严格区分属性并建立联系后可知：①当聚焦化石能源、分析能源效率与碳减排问题时，在考虑路径锁定能力的情况下，依赖性路径可体现渐进式的低碳转型过程；②当侧重非化石能源、分析规模经济与竞争优势问题时，在考虑路径解锁能力的情况下，创新性路径可体现突进式的绿色转型过程。

针对能源转型的效果，Bolwig 等（2020）、刘平阔等（2019a，2019b）已从制度转型、经济转型、技术转型及行为转型等方面进行定性与定量的分析。本章拟在中国经济社会发展现实的基础上，利用路径依赖理论、路径创造理论及可持续转型理论，对早期研究成果进行丰富和完善：在 IETB 框架中加入双循环新格局的因素维度，并脱离效果导向的分析转向选择过程的解构；一方面保证了逻辑梳理的系统性，另一方面规避了诱因筛选的随机性。据此，设计研究的分析框架如图 4-1 所示。

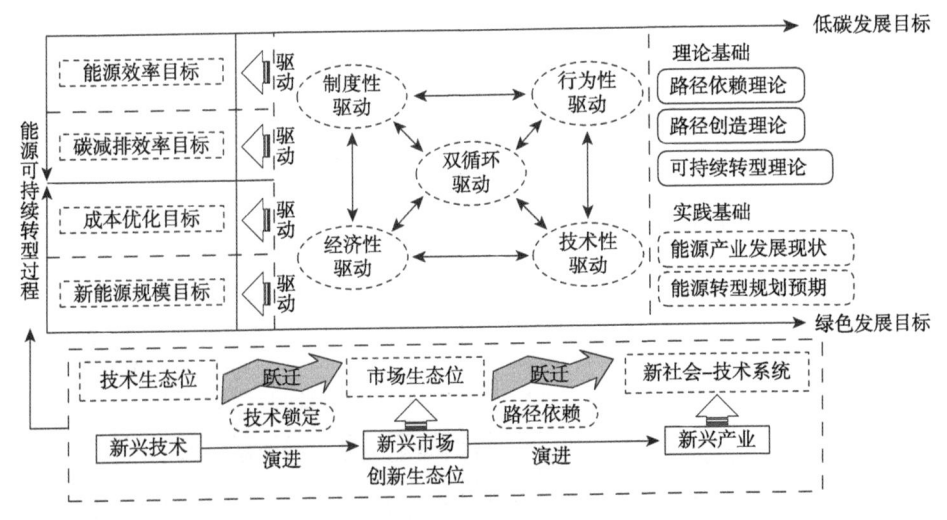

图 4-1　能源转型路径选择的诱因驱动基础与逻辑

二、变量筛选

在保证定量分析的前提下，不失研究的一般性和科学性，根据可持续转型理论对于转型路径的分析，结合能源经济特征，本章的变量识别与甄选有如下考量。

（1）低碳转型应侧重于能源效率单位 GDP（gross domestic product，国内生产总值）能耗和环境效益能源排放强度（徐晓亮和许学芬，2020）；绿色转型应侧重于成本优势新能源成本的等量价差与相对规模新能源规模占比（Han et al.，2020）。

（2）制度性诱因，既要体现能源制度的保障能力——能源体制锁定，又要反映制度的工具作用——政策支持力度（Pilpola and Lund，2018）；经济性诱因，不但要强调经济信号的重要性——能源消费价格指数，而且应呈现体制改革的方向——市场化程度（李影和李子联，2019；闫庆友等，2020）；技术性诱因，在阐明能源技术水平能源转化效率的基础上，还应充分考虑新驱动而导致的技术转移——创新网络密度（Stagnitta et al.，2020；Kirchherr and Urban，2018）；行为性诱因，既重视能源转型过程中的开源——新能源投资强度，同时又强调了节流的重要性——产值节能率（李广泳和武普照，2015；Vieira et al.，2020）。

（3）从能源发展与安全的角度，在国内循环能源多样性和国际循环能源对外依存度中，权衡涉及中国能源可持续转型的重要指标。

分析中国绿色低碳能源转型的激励因素揭示了一个事实，即目前中国能源转型的发展仍处于探索阶段；总体而言，中国的能源转型同步于世界主要工业化国家的能源转型进程，仍处于绿色低碳发展的量变阶段。

据此，模型所涉及的全部变量整理后如表 4-1 所示。

表 4-1 能源转型路径选择机制的变量识别

类别	名称		符号	含义	属性	
被解释变量	低碳转型	单位 GDP 能耗	EE	单位国内生产总值的能耗	锁定型、渐进式	
		能源排放强度	CEI	一定时期内能源产业碳排放量/该段时间内的能源产量		
	绿色转型	新能源成本的等量价差	NCA	新能源价格与标杆上网电价的差额	解锁型、突进式	
		新能源规模占比	EICP	新能源装机容量与总装机容量之比		
解释变量		能源体制锁定	ESL	国有能源企业数量占全能源企业数量的比重	制度性诱因	
		政策支持力度	PS	能源工业总投资与产业固定资产投资的比值		
		能源消费价格指数	ECPI	各时期能源平均价格同基期价格的比值百分数	经济性诱因	
		市场化程度	MD	能源市场交易量在总交易量中的占比		
		能源转化效率	ECE	能源加工转换产出量与能源加工转换投入量的比值	技术性诱因	
		创新网络密度	ND	单位时间内新能源技术转移的强度		
		新能源投资强度	INE	新能源新增装机容量在全部新增装机容量中的占比	行为性诱因	
		产值节能率	ESRO	各时期单位产值能耗节约量与基期单位产值能耗量之比		
		能源多样性	EI	关于不同种类能源产量的因托比指数	国内大循环	能源发展与安全
		能源对外依存度	FD	能源净进口量占本国能源消费量的比例	国内国际双循环	

（一）因变量设定及测算

1. 低碳转型的被解释变量

1）单位 GDP 能耗

单位 GDP 能耗是反映能源消费水平和节能降耗状况的主要指标，是能源消费总量与 GDP 的比值；由此说明能源的利用程度，在低碳转型中反映了能源利用效率的变化：

$$EE_t = \frac{consumption_t^{energy}}{GDP_t} \tag{4-1}$$

其中，EE_t 为单位 GDP 能耗，单位为万 tce/亿元；$consumption_t^{energy}$ 为 t 时期能源消费量；GDP_t 为 t 时期国内生产总值。

2）能源排放强度

能源排放强度是指某时期二氧化碳排放量与同时期能源产量的比值；在能源低碳转型中反映了中国低碳转型发展模式的进程：

$$CEI_t = \frac{CE_t}{energy_t} \times 100\% \tag{4-2}$$

其中，CE_t 为 t 时期二氧化碳排放量；$energy_t$ 为 t 时期的能源产量。

2. 绿色转型的被解释变量

1）新能源成本的等量价差

新能源成本的等量价差是指新能源上网电价与标杆上网电价之间的差值；可反映新能源电价与标杆上网电价之间是否"脱钩"，以推动能源的绿色转型和促进电价机制的完善：

$$NCA_t = price_t^{newenergy} - price_t^{grid} \tag{4-3}$$

其中，NCA_t 为 t 时期的新能源与标杆上网电价的差额；$price_t^{newenergy}$ 为 t 时期新能源价格；$price_t^{grid}$ 为 t 时期标杆上网电价，单位为元/千瓦时。

2）新能源规模占比

新能源规模占比是指新能源装机容量与总装机容量（新能源装机容量与火电装机容量的和）的比值，反映中国的绿色发电结构与电力绿色发展水平等（汪宁渤等，2018）：

$$EICP_t = \frac{capacity_t^{newenergy}}{capacity_t^{newenergy} + capacity_t^{thermal}} \tag{4-4}$$

其中，$EICP_t$ 为新能源装机容量占比；$capacity_t^{newenergy}$ 为 t 时期新能源装机容量；$capacity_t^{thermal}$ 为 t 时期火电装机容量。

（二）自变量设定及测算

1. 制度层面的解释变量

1）能源体制锁定

能源体制锁定是指国有能源企业的数量与总的能源企业数量的比值；能源体制锁定的存在，将会对能源绿色低碳转型的跨越式发展产生影响（李晓辉，2013）：

$$\text{ESL}_t = \frac{\text{enterprise}_t^{\text{state-ownd}}}{\text{enterprise}_t^{\text{state-ownd}} + \text{enterprise}_t^{\text{private}}} \quad (4\text{-}5)$$

其中，$\text{enterprise}_t^{\text{state-ownd}}$ 为 t 时期国有能源企业数量；$\text{enterprise}_t^{\text{private}}$ 为 t 时期民营能源企业数量。

2）政策支持力度

政策支持力度是指某时期能源工业总投资与同时期全行业产业固定资产投资的比值；政策支持力度反映了中国对能源绿色低碳转型的政府作为，有利于能源转型的平稳推进（Wang and Cai，2018）：

$$\text{PS}_t = \frac{\text{Inv}_t^{\text{energy}}}{\text{Inv}_t^{\text{industry-wide}}} \quad (4\text{-}6)$$

其中，$\text{Inv}_t^{\text{energy}}$ 为 t 时期能源工业总投资；$\text{Inv}_t^{\text{industry-wide}}$ 为 t 时期全行业产业固定资产投资。

2. 经济层面的解释变量

1）能源消费价格指数

能源消费价格指数是指某时期能源平均价格与同时期能源基期价格的比值，反映了能源的消费模式，能有效衡量能源是否得到充分合理的利用：

$$\text{ECPI}_t = \frac{\text{price}_t^{\text{aver}}}{\text{price}_t^{\text{based}}} \times 100\% \quad (4\text{-}7)$$

其中，$\text{price}_t^{\text{aver}}$ 为 t 时期能源平均价格；$\text{price}_t^{\text{based}}$ 为 t 时期能源基期价格。

2）市场化程度

市场化程度是指某时期市场交易量与能源总交易量的比值，反映了中国能源市场化的水平。能源市场化为经济社会发展提供了稳定、可持续、社会承受得起的能源保障，同时使能源供给越来越清洁化、低碳化与绿色化（马小早等，2014）：

$$\text{MD}_t = \frac{\text{transition}_t^{\text{by-market}}}{\text{transition}_t^{\text{sum}}} \quad (4\text{-}8)$$

其中，$\text{transition}_t^{\text{by-market}}$ 为 t 时期能源市场交易量；$\text{transition}_t^{\text{sum}}$ 为 t 时期能源总交易量。

3. 技术层面的解释变量

1）能源转化效率

能源转化效率是指能源加工转化产出量与能源加工转换投入量之间的比值；直接影响能源企业综合能源消费量的准确与否，对能源低碳绿色转型有重要意义；反映能源在加工、转化过程中能量的有效利用程度，是考核能源加工、转化技术水平及管理水平高低的重要依据：

$$\mathrm{ECE}_t = \frac{\mathrm{energy}_t^{\mathrm{output}}}{\mathrm{energy}_t^{\mathrm{input}}} \tag{4-9}$$

其中，ECE_t 为化石能源转换效率；$\mathrm{energy}_t^{\mathrm{output}}$ 为能源加工转化产出量；$\mathrm{energy}_t^{\mathrm{input}}$ 为能源加工转换投入量。

2）创新网络密度

创新网络密度为体现各创新节点之间的亲密程度的指标；取值越大，则说明网络内的交互关系越频繁密集；同时表示网络中任意点之间的依赖关系程度越强，反之越稀疏零散。选取创新网络密度指标，可有效反映能源绿色低碳转型中能源产业之间创新的依赖性（吕波等，2021）：

$$\mathrm{ND}_t = \frac{2 \cdot l_t}{k_t \cdot (k_t - 1)} \tag{4-10}$$

其中，l_t 为 t 时期能源产业创新网络的实际连接边数；k_t 为 t 时期能源产业创新网络节点的边数，则所连接的节点间最大概率存在的边数为 $k_t \cdot (k_t - 1)/2$，即最大可能的合作数。

4. 行为层面的解释变量

1）新能源投资强度

新能源投资强度是指某时期新能源新增装机容量与同时期行业全部新增装机容量之间的比值，反映了能源转型过程中发电装机结构的优化能力：

$$\mathrm{INE}_t = \frac{\Delta \mathrm{install}_t^{\mathrm{newenergy}}}{\Delta \mathrm{install}_t^{\mathrm{energy}}} \tag{4-11}$$

其中，$\Delta \mathrm{install}_t^{\mathrm{newenergy}}$ 为 t 时期新能源新增装机容量；$\Delta \mathrm{install}_t^{\mathrm{energy}}$ 为 t 时期电力行业全部新增装机总量。

2）产值节能率

产值节能率反映了能源转型过程中相关行为对能源消费的节约程度，也是能源利用水平提高的幅度，是衡量能源转型进程的重要指标（刘海燕和张建国，2009）：

$$\mathrm{ESRO}_t = \frac{e_{\mathrm{basic}} - e_t}{e_{\mathrm{basic}}} \times 100\% \tag{4-12}$$

其中，e_{basic} 为基期的单位产值能耗；e_t 为 t 时期的单位产值能耗。

5. 双循环层面的解释变量

1）内循环驱动因子——能源多样性

能源多样性指数在因托比指数公式的基础上，对传统的因托比指数进行重新赋义；其反映了能源安全水平，能源多样性指数越高，能源安全水平也相应地越高（王小琴和余敬，2016）：

$$\mathrm{EI}_t = \sum_{i=1}^{N} S_{i,t} \cdot \log\left(\frac{1}{S_{i,t}}\right) \tag{4-13}$$

其中，EI_t 为 t 时期的因托比指数；$S_{i,t}$ 为 t 时期第 i 能源种类的能源产量；N 为能源种类总数。

2）外循环驱动因子——能源对外依存度

能源对外依存度是指一个国家能源净进口量占本国消费总量的比例；能源依存度是双循环中表征国家能源安全的重要指标，依存度的高低可反映本国能源消费对外依赖的情况。从总体国家安全的角度看，能源对外依存度指数偏高，具有较大危害性（郭扬和李金叶，2018）：

$$\mathrm{FD}_t = \frac{\mathrm{import}_t^{\mathrm{energy}}}{\mathrm{consumption}_t^{\mathrm{energy}}} \tag{4-14}$$

其中，$\mathrm{import}_t^{\mathrm{energy}}$ 为 t 时期能源净进口量。

三、模型设计

目前针对投入要素对经济增长影响的研究多采用单一的柯布-道格拉斯生产函数（周琰等，2017）；柯布-道格拉斯生产函数建立之初，是为了研究劳动力投入和资本投入对经济产出的关系，模型对于投入要素的数量要求有限（刘光才和赖汪湾，2016）。生产函数主要研究要素之间替代的可能性，而柯布-道格拉斯函数无法反映要素之间替代的差异性。计量经济分析模型的构建目的是分析路径选择的驱动诱因的驱动能力和程度，因此设定 IDAGLT 的构成为柯布-道格拉斯形式的数学关系：

$$\mathrm{ETP} = \mu \cdot I^{\alpha} \cdot E^{\beta} \cdot T^{\gamma} \cdot B^{\chi} \cdot \mathrm{DC}^{\psi} \tag{4-15}$$

其中，ETP 为被解释变量，表示能源转型的路径测算指标；I、E、T、B、DC 均为解释变量，分别代表制度、经济、技术、行为及双循环层面的路径影响诱因；α、β、γ、χ、ψ 表示待估的驱动系数；μ 为其他诱因的影响作用。等式两边同取对数，将式（4-15）变形为线性问题：

$$\ln \mathrm{ETP} = \alpha \ln I + \beta \ln E + \gamma \ln T + \chi \ln B + \psi \ln \mathrm{DC} + \ln \mu \tag{4-16}$$

其中，$\ln \mu$ 为常数，可用 π_t 替代（t 为时间步长），表示其他因素。因此，根据研究目的，设定下列回归方程组。

（1）当被解释变量为单位 GDP 能耗 EE_t 时，IDAGLT-1 的形式为

$$\begin{aligned}\ln \mathrm{EE}_t = {} & \alpha_1 \ln \mathrm{ESL}_t + \alpha_2 \ln \mathrm{PS}_t + \beta_1 \ln \mathrm{ECPI}_t + \beta_2 \ln \mathrm{MD}_t + \gamma_1 \ln \mathrm{ECE}_t \\& + \gamma_2 \ln \mathrm{ND}_t + \chi_1 \ln \mathrm{INE}_t + \chi_2 \ln \mathrm{ESRO}_t + \psi_1 \ln \mathrm{EI}_t \\& + \psi_2 \ln \mathrm{FD} + \pi_t\end{aligned} \tag{4-17}$$

（2）当被解释变量为能源排放强度 CEI_t 时，IDAGLT-2 的形式为

$$\ln CEI_t = \alpha_3 \ln ESL_t + \alpha_4 \ln PS_t + \beta_3 \ln ECPI_t + \beta_4 \ln MD_t + \gamma_3 \ln ECE_t \\ + \gamma_4 \ln ND_t + \chi_3 \ln INE_t + \chi_4 \ln ESRO_t + \psi_3 \ln EI_t \\ + \psi_4 \ln FD_t + \pi_t \quad (4-18)$$

（3）当被解释变量为新能源成本的等量价差 NCA_t 时，IDAGLT-3 的形式为

$$\ln NCA_t = \alpha_5 \ln ESL_t + \alpha_6 \ln PS_t + \beta_5 \ln ECPI_t + \beta_6 \ln MD_t + \gamma_5 \ln ECE_t \\ + \gamma_6 \ln ND_t + \chi_5 \ln INE_t + \chi_6 \ln ESRO_t + \psi_5 \ln EI_t \\ + \psi_6 \ln FD_t + \pi_t \quad (4-19)$$

（4）当被解释变量为新能源规模占比 $EICP_t$ 时，IDAGLT-4 的形式为

$$\ln EICP_t = \alpha_7 \ln ESL_t + \alpha_8 \ln PS_t + \beta_7 \ln ECPI_t + \beta_8 \ln MD_t + \gamma_7 \ln ECE_t \\ + \gamma_8 \ln ND_t + \chi_7 \ln INE_t + \chi_8 \ln ESRO_t + \psi_7 \ln EI_t \\ + \psi_8 \ln FD_t + \pi_t \quad (4-20)$$

第三节 转型驱动诱因的实证分析

一、数据基础

（一）数据来源

鉴于数据的完整性与可得性原则，兼顾统计口径的统一性，同时充分考虑中国新能源（可再生能源）产业导入期的始点在 2004 年前后、《京都议定书》正式生效的始点为 2005 年，因此数据选择的时间跨度设定涵盖了"十五"前期至"十三五"末期，即 2000~2019 年。

（1）政策支持力度、能源消费价格指数、能源转化效率、新能源投资强度、产值节能率、能源多样性、能源对外依存度、单位 GDP 能耗、能源排放强度、新能源成本的等量价差和新能源规模占比所涉及的测算数据均源于《中国统计年鉴 2019》以及国家统计局 2020 年的公开信息。

（2）能源体制锁定和市场化程度所涉及的测算数据来源于国家电网《能源与电力分析年度报告系列 2020》。

（3）创新网络密度的测算基础数据源于中国专利全文数据库和国家知识产权局 2020 年的公开信息，以及《中国科技统计年鉴 2019》相关数据。

根据公式，得到变量的时间序列测算结果如表 4-2 所示。

表 4-2　变量的测算结果

年份	EE (万tce/亿元)	CEI (万吨CO₂/亿元)	NCA (元/千瓦时)	EICP (1)	ESL (1)	PS (1)	ECPI (1)	MD (1)	ECE (1)	ND (1)	INE (1)	ESRO (1)	EI (−)	FD (1)
2000	1.465 5	0.023 2	2.325 6	0.249 6	0.328 2	0.098 0	1.004 2	0.37%	0.693 8	0.140 4	0.314 3	5.16%	0.357 0	5.71%
2001	1.403 1	0.022 8	2.098 5	0.246 4	0.273 1	0.094 1	1.006 9	0.42%	0.697 0	0.132 1	0.193 0	4.80%	0.363 1	5.75%
2002	1.393 2	0.023 1	1.879 6	0.242 7	0.226 6	0.089 4	0.992 0	3.82%	0.689 9	0.120 2	0.174 2	0.07%	0.360 3	5.84%
2003	1.410 5	0.023 8	1.673 9	0.243 9	0.174 7	0.085 2	1.012 0	2.78%	0.693 8	0.117 7	0.255 7	2.90%	0.338 9	5.86%
2004	1.422 9	0.023 7	1.476 4	0.239 7	0.144 7	0.072 5	1.039 0	1.27%	0.706 0	0.113 5	0.208 1	0.70%	0.332 5	5.90%
2005	1.395 3	0.024 1	1.297 1	0.229 0	0.101 1	0.063 5	1.018 0	2.30%	0.711 1	0.111 2	0.165 7	1.40%	0.328 0	6.00%
2006	1.305 4	0.025 0	1.136 0	0.212 2	0.082 7	0.060 9	1.015 1	2.37%	0.708 7	0.087 2	0.130 6	6.40%	0.329 0	10.88%
2007	1.153 1	0.025 1	0.983 1	0.212 2	0.061 4	0.057 2	1.048 0	2.48%	0.712 3	0.096 6	0.212 3	12.21%	0.327 8	11.26%
2008	1.004 3	0.024 9	0.843 4	0.228 3	0.050 0	0.053 4	1.059 0	2.50%	0.714 6	0.089 5	0.383 3	11.45%	0.338 8	11.47%
2009	0.964 4	0.026 5	0.716 9	0.244 7	0.047 2	0.051 6	0.992 9	2.67%	0.724 1	0.083 5	0.404 7	4.00%	0.339 2	14.08%
2010	0.875 1	0.027 0	0.603 6	0.254 4	0.045 7	0.046 5	1.032 9	2.82%	0.725 2	0.083 3	0.346 4	8.33%	0.350 0	15.99%
2011	0.793 2	0.027 3	0.548 4	0.264 8	0.052 4	0.037 9	1.053 9	2.92%	0.721 9	0.091 5	0.359 2	10.23%	0.330 4	16.91%
2012	0.746 7	0.028 1	0.216 5	0.274 1	0.051 9	0.034 0	1.026 0	3.13%	0.726 8	0.058 0	0.391 0	5.06%	0.352 0	17.08%
2013	0.703 1	0.028 3	0.216 4	0.296 5	0.052 7	0.032 2	1.026 0	3.12%	0.729 6	0.033 1	0.527 9	6.67%	0.367 3	17.61%
2014	0.661 6	0.027 7	0.216 3	0.309 1	0.049 8	0.030 8	1.020 0	3.42%	0.734 9	0.031 7	0.441 0	0.71%	0.367 2	18.16%
2015	0.624 1	0.027 1	0.207 3	0.322 9	0.050 3	0.028 0	1.014 0	14.20%	0.737 2	0.033 3	0.452 0	6.06%	0.377 4	18.35%

续表

年份	EE (万tce/亿元)	CEI (万吨CO_2/亿元)	NCA (元/千瓦时)	EICP (1)	ESL (1)	PS (1)	ECPI (1)	MD (1)	ECE (1)	ND (1)	INE (1)	ESRO (1)	EI (-)	FD (1)
2016	0.583 9	0.028 4	0.234 7	0.336 8	0.050 2	0.025 9	1.020 0	28.10%	0.738 5	0.034 9	0.506 1	6.45%	0.395 0	18.42%
2017	0.539 1	0.027 8	0.188 4	0.358 0	0.051 0	0.023 9	1.015 9	33.50%	0.736 9	0.024 8	0.635 3	6.90%	0.395 2	18.56%
2018	0.504 7	0.027 1	0.218 5	0.374 4	0.049 3	0.023 4	1.021 0	38.70%	0.742 8	0.017 7	0.610 9	7.41%	0.395 8	21.00%
2019	0.490 5	0.027 0	0.199 5	0.383 5	0.048 2	0.023 6	1.024 8	40.80%	0.747 3	0.018 3	0.615 4	2.00%	0.399 6	20.79%

为实现验证诱因驱动过程阶段性差异的研究目的，根据中国能源部门的发展实际，将数据时间进行了设定：①2000~2013 年为能源转型的换挡期；②2000~2020 年为能源转型的换挡加速期。数据特征的统计性描述如表 4-3 所示。

表 4-3 变量的描述性统计

变量	换挡期（2000~2013 年）				变量	换挡加速期（2000~2020 年）			
	均值	标准差	最小值	最大值		均值	标准差	最小值	最大值
ESL	0.120 9	0.091 2	0.045 7	0.328 2	ESL	0.099 6	0.082 9	0.045 7	0.328 2
PS	0.062 6	0.021 4	0.032 2	0.098 0	PS	0.051 6	0.024 6	0.023 4	0.098 0
ECPI	1.023 3	0.020 6	0.992 0	1.059 0	ECPI	1.022 1	0.017 4	0.992 0	1.059 0
MD	0.023 6	0.009 7	0.003 7	0.038 2	MD	0.095 8	0.133 1	0.037 0	0.408 0
ECE	0.711 1	0.013 0	0.689 9	0.729 6	ECE	0.719 6	0.017 2	0.689 9	0.747 3
ND	0.097 0	0.027 7	0.033 1	0.140 4	ND	0.075 9	0.039 8	0.017 7	0.140 4
INE	0.290 5	0.111 7	0.130 6	0.527 9	INE	0.366 4	0.155 6	0.130 6	0.635 3
ESRO	0.056 7	0.037 0	0.000 7	0.122 1	ESRO	0.054 5	0.034 2	0.000 7	0.122 1
EI	0.343 9	0.013 6	0.327 8	0.367 3	EI	0.357 2	0.024 2	0.327 8	0.399 6
FD	0.107 4	0.047 0	0.057 1	0.176 1	FD	0.132 8	0.055 6	0.057 1	0.210 0

（二）数据检验

1. ADF 检验

在进行回归分析前，为消除伪回归，需先对变量进行平稳性检验。对所选取的诱因变量进行单位根检验，结果如表 4-4~表 4-7 所示：由 P 值判断，全部变量的二阶差分为平稳过程，检验均在 10% 的显著水平下，说明变量为平稳性序列。因此，可对所考察的变量进行回归。

表 4-4 变量的单位根检验（ADF 一次差分）

变量	差分次数	1%临界值	5%临界值	10%临界值	ADF 值	P 值	ADF 检验
lnEE	1	−3.857 4	−3.040 4	−2.660 1	−2.343 2	0.170 2	不平稳
lnCEI	1	−3.857 4	−3.040 4	−2.660 1	−3.730 4	0.012 9**	平稳
lnNCA	1	−3.857 4	−3.040 4	−2.660 1	−2.863 8	0.069 4*	平稳
lnEICP	1	−3.857 4	−3.040 4	−2.660 1	−1.388 2	0.564 6	不平稳
lnESL	1	−3.857 4	−3.040 4	−2.660 1	−0.893 9	0.766 0	不平稳
lnPS	1	−3.857 4	−3.040 4	−2.660 1	−1.635 8	0.444 9	不平稳

续表

变量	差分次数	1%临界值	5%临界值	10%临界值	ADF 值	P 值	ADF 检验
lnECPI	1	−3.857 4	−3.040 4	−2.660 1	−7.764 8	0.000 0***	平稳
lnMD	1	−3.857 4	−3.040 4	−2.660 1	−5.951 8	0.000 1***	平稳
lnECE	1	−3.857 4	−3.040 4	−2.660 1	6.108 8	0.000 1***	平稳
lnND	1	−3.857 4	−3.040 4	−2.660 1	−3.649 8	0.015 2**	平稳
lnINE	1	−3.857 4	−3.040 4	−2.660 1	−4.894 6	0.001 2***	平稳
lnESRO	1	−3.857 4	−3.040 4	−2.660 1	−6.064 3	0.000 1***	平稳
lnEI	1	−3.857 4	−3.040 4	−2.660 1	−2.505 4	0.130 6	不平稳
lnFD	1	−3.857 4	−3.040 4	−2.660 1	−3.315 7	0.029 5**	平稳

***表示1%的显著性水平显著,**表示5%的显著性水平显著,*表示10%的显著性水平显著

表 4-5 变量的单位根检验（ADF 二次差分）

变量	差分次数	1%临界值	5%临界值	10%临界值	ADF 值	P 值	ADF 检验
lnEE	2	−4.616 2	−3.710 5	−3.297 8	−3.969 4	0.031 8**	平稳
lnEICP	2	−2.708 1	−1.962 8	−1.606 1	−2.797 1	0.008 2***	平稳
lnESL	2	−2.708 1	−1.962 8	−1.606 1	−2.464 2	0.017 2**	平稳
lnPS	2	−4.616 2	−3.710 5	−3.297 8	−4.065 2	0.026 9**	平稳
lnEI	2	−4.616 2	−3.710 5	−3.297 8	−5.691 9	0.001 5***	平稳

***表示1%的显著性水平显著,**表示5%的显著性水平显著

表 4-6 变量的单位根检验（PP 一次差分）

变量	差分次数	1%临界值	5%临界值	10%临界值	PP 值	P 值	PP 检验
lnEE	1	−3.831 5	−3.029 9	−2.655 2	−2.046 1	0.266 5	不平稳
lnCEI	1	−3.831 5	−3.029 9	−2.655 2	−4.440 9	0.002 8***	平稳
lnNCA	1	−3.831 5	−3.029 9	−2.655 2	−4.737 8	0.001 5***	平稳
lnEICP	1	−3.831 5	−3.029 9	−2.655 2	−3.449 4	0.021 9	不平稳
lnESL	1	−3.831 5	−3.029 9	−2.655 2	−1.508 8	0.507 6	不平稳
lnPS	1	−3.831 5	−3.029 9	−2.655 2	−1.412 4	0.554 3	不平稳
lnECPI	1	−3.831 5	−3.029 9	−2.655 2	−7.692 4	0.000 0***	平稳
lnMD	1	−3.831 5	−3.029 9	−2.655 2	−4.460 5	0.002 7***	平稳
lnECE	1	−3.831 5	−3.029 9	−2.655 2	−4.338 6	0.003 5***	平稳
lnND	1	−3.831 5	−3.029 9	−2.655 2	−3.568 3	0.017 2**	平稳
lnINE	1	−3.831 5	−3.029 9	−2.655 2	−4.179 9	0.004 8***	平稳

续表

变量	差分次数	1%临界值	5%临界值	10%临界值	PP 值	P 值	PP 检验
lnESRO	1	−3.831 5	−3.029 9	−2.655 2	−7.996 6	0.000 0***	平稳
lnEI	1	−3.831 5	−3.029 9	−2.655 2	−4.134 8	0.005 3***	不平稳
lnFD	1	−3.831 5	−3.029 9	−2.655 2	−4.472 6	0.002 6***	平稳

***表示 1%的显著性水平显著，**表示 5%的显著性水平显著

表 4-7　变量的单位根检验（PP 二次差分）

变量	差分次数	1%临界值	5%临界值	10%临界值	PP 值	P 值	PP 检验
lnEE	2	−4.571 6	−3.690 8	−3.286 9	−4.479 7	0.011 9**	平稳
lnEICP	2	−2.708 1	−1.962 8	−1.606 1	−7.031 8	0.000 1***	平稳
lnESL	2	−2.708 1	−1.962 8	−1.606 1	−6.405 4	0.000 3***	平稳
lnPS	2	−4.616 2	−3.710 5	−3.297 8	−3.938 2	0.032 1**	平稳
lnEI	2	−4.616 2	−3.710 5	−3.297 8	−9.075 6	0.000 0***	平稳

***表示 1%的显著性水平显著，**表示 5%的显著性水平显著

2. 多重共线性检验

由于回归模型的设定和数据方面存在问题，模型的解释变量之间可能存在一定程度上的线性关系，从而导致实证结果不准确，故有必要对实证模型进行多重共线性检验。方差膨胀系数（variance inflation factor，VIF）是检验回归模型是否存在多重共线性的一种重要方法。VIF 的计算公式为

$$\text{VIF} = \frac{1}{1-R^2} \tag{4-21}$$

其中，R^2 为可决系数；且 VIF 大于 1。若 VIF 越接近 1，则模型的多重共线性程度越轻，反之越重。通常以 10 作为判断临界值，当 VIF 小于 10 时，则不存在多重共线性问题；当 VIF 介于 10~100 时，则存在较强的多重共线性问题；当 VIF 大于 100 时，则存在严重的多重共线性问题。

当被解释变量为单位 GDP 能耗时，模型回归方程的相关数据如表 4-8 所示，相关系数矩阵如表 4-9 所示。

表 4-8　单位 GDP 能耗回归的模型总结

模型	R^2	调整后的 R^2	误差均方根
lnEE	0.996 8	0.993 3	0.032 19
模型	平方和	df	均方
回归	2.930 350 3	10	0.293 035 03

续表

模型	R^2	调整后的 R^2	误差均方根
残差	0.009 325 485	9	0.001 036 165
总计	2.939 675 78	19	0.154 719 778

表 4-9 单位 GDP 能耗回归模型相关系数矩阵

变量	lnEE	lnESL	lnPS	lnECPI	lnMD	lnECE	lnND	lnINE	lnESRO	lnEI	lnFD
lnEE	1										
lnESL	0.779 7	1									
lnPS	0.979 1	0.843 7	1								
lnECPI	−0.159 0	−0.438 2	−0.229 6	1							
lnMD	−0.839 4	−0.641 1	−0.841 7	0.028 5	1						
lnECE	−0.954 7	−0.871 1	−0.975 5	0.221 7	0.790 3	1					
lnND	−0.944 8	0.669 0	0.932 9	−0.033 2	−0.858 6	−0.906 9	1				
lnINE	−0.894 2	−0.634 1	−0.827 2	0.119 5	0.662 7	0.817 6	−0.815 8	1			
lnESRO	−0.294 8	−0.441 0	−0.314 1	0.453 9	0.079 9	0.339 7	−0.165 4	0.339 4	1		
lnEI	−0.757 6	−0.234 2	−0.659 3	−0.283 5	0.707 7	0.619 1	−0.812 0	0.728 6	−0.005 5	1	
lnFD	0.932 3	−0.909 6	−0.941 0	0.272 6	0.717 3	0.937 4	−0.831 7	0.796 4	0.437 5	0.526 0	1

当被解释变量为能源排放强度时，模型回归方程的相关数据检验结果如表 4-10 所示，相关系数矩阵如表 4-11 所示。

表 4-10 能源排放强度回归的模型总结

模型	R^2	调整后的 R^2	误差均方根
lnEE	0.967 7	0.931 9	0.019 74
模型	平方和	df	均方
回归	0.105 188 294	10	0.010 518 829
残差	0.003 507 253	9	0.000 389 695
总计	0.108 695 546	19	0.005 720 818

表 4-11 能源排放强度回归模型相关系数矩阵

变量	lnCEI	lnESL	lnPS	lnECPI	lnMD	lnECE	lnND	lnINE	lnESRO	lnEI	lnFD
lnCEI	1										
lnESL	−0.884 7	1									

续表

变量	lnCEI	lnESL	lnPS	lnECPI	lnMD	lnECE	lnND	lnINE	lnESRO	lnEI	lnFD
lnPS	−0.922 3	0.843 7	1								
lnECPI	0.238 5	−0.438 2	−0.229 6	1							
lnMD	0.660 1	−0.641 1	−0.841 7	0.028 5	1						
lnECE	0.905 0	−0.871 1	−0.975 5	0.221 7	0.790 3	1					
lnND	−0.779 0	0.669 0	0.932 9	−0.033 2	−0.858 6	−0.906 9	1				
lnINE	0.781 4	−0.634 1	−0.827 2	0.119 5	0.662 7	0.817 6	−0.815 8	1			
lnESRO	0.391 5	−0.441 0	−0.314 1	0.453 9	0.079 9	0.339 7	−0.165 4	0.339 4	1		
lnEI	0.473 1	−0.234 2	−0.659 3	−0.283 5	0.707 7	0.619 1	−0.812 0	0.728 6	−0.005 5	1	
lnFD	0.953 6	−0.909 6	−0.941 0	0.272 6	0.717 3	0.937 4	−0.831 7	0.796 4	0.437 5	0.526 0	1

当被解释变量为新能源成本的等量价差时，模型回归方程的相关数据如表 4-12 所示，相关系数矩阵如表 4-13 所示。

表 4-12　新能源成本的等量价差回归的模型总结

模型	R^2	调整后的 R^2	误差均方根
lnEE	0.986 5	0.971 5	0.158 25

模型	平方和	df	均方
回归	16.446 551 7	10	1.644 655 17
残差	0.225 375 127	9	0.025 041 681
总计	16.671 926 8	19	0.877 469 833

表 4-13　新能源成本的等量价差回归模型相关系数矩阵

变量	lnNCA	lnESL	lnPS	lnECPI	lnMD	lnECE	lnND	lnINE	lnESRO	lnEI	lnFD
lnNCA	1										
lnESL	0.818 8	1									
lnPS	0.979 1	0.843 7	1								
lnECPI	−0.171 6	−0.438 2	−0.229 6	1							
lnMD	−0.775 9	−0.641 1	−0.841 7	0.028 5	1						
lnECE	−0.949 1	−0.871 1	−0.975 5	0.221 7	0.790 3	1					
lnND	0.921 8	0.669 0	0.932 9	−0.033 2	−0.858 6	−0.906 9	1				
lnINE	−0.836 3	−0.634 1	−0.827 2	0.119 5	0.662 7	0.817 6	−0.815 8	1			

续表

变量	lnNCA	lnESL	lnPS	lnECPI	lnMD	lnECE	lnND	lnINE	lnESRO	lnEI	lnFD
lnESRO	-0.272 9	-0.441 0	-0.314 1	0.453 9	0.079 9	0.339 7	-0.165 4	0.339 4	1		
lnEI	-0.661 6	-0.234 2	-0.659 3	-0.283 5	0.707 7	0.619 1	-0.812 0	0.728 6	-0.005 5	1	
lnFD	-0.931 7	-0.909 6	-0.941 0	0.272 6	0.717 3	0.937 4	-0.831 7	0.796 4	0.437 5	0.526 0	1

当被解释变量为新能源规模占比时，模型回归方程的相关数据如表 4-14 所示，相关系数矩阵如表 4-15 所示。

表 4-14 新能源规模占比回归的模型总结

模型	R^2	调整后的 R^2	误差均方根
lnEE	0.991 6	0.982 2	0.024 7
模型	平方和	df	均方
回归	0.646 944 904	10	0.064 694 49
残差	0.005 491 01	9	0.000 610 112
总计	0.652 435 914	19	0.034 338 732

表 4-15 新能源规模占比回归模型相关系数矩阵

变量	lnEICP	lnESL	lnPS	lnECPI	lnMD	lnECE	lnND	lnINE	lnESRO	lnEI	lnFD
lnEICP	1										
lnESL	-0.449 6	1									
lnPS	-0.837 3	0.843 7	1								
lnECPI	-0.096 0	-0.438 2	-0.229 6	1							
lnMD	0.807 4	-0.641 1	-0.841 7	0.028 5	1						
lnECE	0.799 5	-0.871 1	-0.975 5	0.221 7	0.790 3	1					
lnND	-0.918 2	0.669 0	0.932 9	-0.033 2	-0.858 6	-0.906 9	1				
lnINE	0.848 6	-0.634 1	-0.827 2	0.119 5	0.662 7	0.817 6	-0.815 8	1			
lnESRO	0.070 5	-0.441 0	-0.314 1	0.453 9	0.079 9	0.339 7	-0.165 4	0.339 4	1		
lnEI	0.919 9	-0.234 2	-0.659 3	-0.283 5	0.707 7	0.619 1	-0.812 0	0.728 6	-0.005 5	1	
lnFD	0.694 1	-0.909 6	-0.941 0	0.272 6	0.717 3	0.937 4	-0.831 7	0.796 4	0.437 5	0.526 0	1

据此总结 10 个解释变量的 VIF，如表 4-16 所示，可判断变量之间是否存在多重共线性。由表 4-16 可知，VIF 大于 10，说明变量之间存在多重共线性；同时，

政策支持力度和能源体制锁定具有较强的共线性。将政策支持力度变量剔除后获得新的 VIF，如表 4-17 所示。由表 4-17 可知，在剔除政策支持力度变量后，VIF 仍大于 10，但具有相对明显的变化；可观测到能源体制锁定和能源转化效率具有较强的多重共线性，且两者在不相同维度的背景下选择解释变量，因此可剔除能源体制锁定变量，结果如表 4-18 所示。由表 4-18 可知，VIF 为 9.39，小于 10，说明此时变量之间不存在多重共线性。

表 4-16　初始变量的 VIF

变量	VIF	1/VIF
lnPS	56.09	0.017 829
lnECE	37.96	0.026 346
lnESL	29.93	0.033 408
lnFD	26.68	0.037 482
lnND	18.53	0.053 971
lnEI	13.04	0.076 660
lnMD	7.61	0.131 483
lnINE	5.08	0.196 665
lnECPI	2.07	0.482 977
lnESRO	1.75	0.570 806
Mean VIF	19.87	

表 4-17　剔除政策支持力度变量的 VIF 值

变量	VIF	1/VIF
lnESL	27.84	0.035 918
lnECE	24.00	0.041 658
lnFD	19.10	0.052 361
lnND	16.45	0.060 776
lnEI	12.64	0.079 109
lnMD	5.79	0.172 598
lnINE	5.02	0.199 186
lnECPI	1.76	0.567 473
lnESRO	1.72	0.580 503
Mean VIF	12.7	

表 4-18　剔除能源体制锁定变量的 VIF 值

变量	VIF	1/VIF
lnECE	19.07	0.052 445
lnND	18.54	0.053 930
lnFD	11.96	0.083 601
lnEI	11.59	0.086 293
lnMD	5.47	0.182 692
lnINE	5.01	0.199 485
lnECPI	1.76	0.567 494
lnESRO	1.72	0.582 204
Mean VIF	9.39	

二、结果分析

由于目前中国能源转型先后经历了换挡期和加速期，因此，为保证统计学和计量经济学意义，将样本数据分段处理为换挡期和换挡加速期进行拟合回归分析，以考察诱因对能源转型低碳路径目标和绿色路径目标的影响机制。采用最小二乘法（least square method，LSM）进行估计，结果如表 4-19 所示。

由表 4-19 可知，属性之间相互独立且并无互斥性，因此诱因的驱动机制并无机理层面的矛盾，且 R^2 和调整后的 R^2 均可说明模型拟合效果较理想，具体分析如下。

1. 能源转型换挡期的组内分析

第一，从低碳路径的单位 GDP 能耗看，通过 P 值检验判断，影响中国能源低碳效率的诱因有 4 个，主要集中在国内大循环、制度、技术、行为层面，且经济层面的诱因并未发挥预期激励效果。此时，诱因的驱动力度排序为：能源多样性>政策支持力度>创新网络密度>新能源投资强度。在激励过程中，政策支持力度是唯一具有正激励的驱动诱因，而能源多样性、创新网络密度及新能源投资强度在能源转型的换挡阶段呈现负激励，即巩固了路径依赖性、增强了惰性的效果。

第二，从低碳路径的能源排放强度分析，由 P 值检验的结果可知，影响中国能源低碳能力的诱因并不在理论中的 5 个维度之内，而其他因素在 10% 的显著性水平体现出对于中国能源低碳能力的贡献。在驱动过程中，其他因素呈现负激励的作用效果，即抑制了能源领域的碳排放，这也佐证了中国碳排放量仍未到达 2030 年峰值的客观性及实现 2060 年"碳中和"目标的迫切性。

表 4-19　IDAGLT 的拟合结果分析

变量	换挡期（2000~2013 年）				换挡加速期（2000~2020 年）			
	EE	CEI	NCA	EICP	EE	CEI	NCA	EICP
ESL	-0.024 890 (-0.196 868)	0.124 011 (3.888 120)	0.121 279 (0.145 260)	0.363 847** (3.244 681)	-0.090 708 (-1.488 905)	-0.034 331 (-0.918 880)	0.531 623 (1.775 046)	0.241 862*** (5.173 700)
PS	0.568 503* (2.655 653)	0.000 922 (0.017 073)	2.303 315 (1.629 285)	-0.039 824 (-0.209 741)	0.312 836** (2.814 144)	-0.235 687*** (-3.457 138)	2.732 700*** (5.000 404)	-0.136 878 (-1.604 629)
ECPI	-0.275 260 (-0.306 272)	-0.027 710 (-0.122 215)	3.108 994 (0.523 830)	0.674 188 (0.845 758)	-1.018 407 (-1.671 579)	-0.798 825* (-2.138 005)	5.109 533 (1.705 966)	0.196 782 (0.420 922)
MD	-0.034 541 (-0.617 265)	0.049 907 (3.535 294)	0.011 727 (0.031 734)	0.110 926 (2.234 959)	-0.024 703 (-1.627 973)	-0.017 868* (-1.920 117)	0.254 010** (3.405 052)	0.032 619** (2.801 353)
ECE	0.349 666 (0.074 773)	4.014 262 (3.402 712)	7.374 605 (0.238 802)	9.365 372 (2.257 973)	-1.662 432 (-0.896 824)	-1.674 768 (-1.473 226)	21.576 540** (2.367 711)	4.360 076** (3.065 264)
ND	-0.166 312* (-2.398 842)	-0.000 782 (-0.044 700)	0.243 617 (0.532 097)	0.057 169 (0.929 700)	-0.029 850 (-0.647 479)	0.043 734 (1.546 865)	0.186 007 (0.820 726)	-0.005 380 (-0.152 082)
INE	-0.111 957* (-3.167 783)	0.019 062 (2.137 988)	-0.076 062 (-0.325 895)	0.107 034* (3.414 506)	-0.134 498* (-3.882 319)	0.017 999 (0.847 186)	-0.082 093 (-0.482 020)	0.124 166** (4.670 745)
ESRO	-0.005 912 (-0.383 194)	0.008 774 (2.254 442)	-0.019 035 (-0.186 830)	0.010 501 (0.767 385)	0.012 313 (1.565 824)	-0.001 380 (-0.286 233)	0.039 674 (1.026 322)	-0.010 740 (-1.779 912)
EI	-1.593 580** (-3.253 972)	-0.208 320 (-1.686 153)	-2.442 299 (-0.755 169)	0.444 199 (1.022 627)	-0.812 666*** (-2.094 224)	-0.009 931 (-0.041 731)	-1.868 137 (-0.979 272)	0.059 031 (0.198 244)
FD	-0.165 975 (-1.690 834)	0.105 024 (4.241 052)	0.289 691 (0.446 888)	0.052 760 (0.605 985)	-0.295 599*** (-3.960 352)	0.0389 650 (0.851 243)	0.285 650 (0.778 481)	0.060 415 (1.054 837)
π(c)	-1.008 384 (-0.379 267)	-3.270 627* (-2.603 599)	7.703 788 (0.438 761)	3.864 563 (1.638 774)	-1.630 954 (-1.650 947)	-4.852 511*** (-8.009 572)	16.298 610*** (3.356 029)	0.706 076 (0.931 436)
R^2	0.996 960	0.997 475	0.983 253	0.979 064	0.996 650	0.967 733	0.986 482	0.991 584
调整后的 R^2	0.986 828	0.989 059	0.927 428	0.909 279	0.992 928	0.931 881	0.971 462	0.982 233
F 值	98.396 460	118.521 400	17.613 350	14.029 670	267.747	26.992 390	65.677 030	106.037 600
F-统计量的 P 值	0.001 501	0.001 138	0.018 784	0.025 991	0	0.000 017	0	0

***表示1%的显著性水平显著，**表示5%的显著性水平显著，*表示10%的显著性水平显著
注：小括号内为 t 值

第三，从绿色路径的新能源成本的等量价差看，虽然模型的拟合效果较为理想（调整后的 R^2 为 0.927 428），但 5 个维度的 10 个诱因均未通过 P 值检验，且其他因素的驱动效果同样不显著。这充分地说明：2000~2013 年新能源的成本优势很可能仅来源于原料费用的减少和"学习曲线"效应，其成本价格的理性回归与制度、经济、技术、行为及双循环层面的支持和保障是基本"脱钩"的。

第四，从绿色路径的新能源规模占比分析，进行 P 值检验可知，影响中国能源绿色规模的诱因有 2 个，主要集中在制度和行为两个层面，其余维度的诱因出现"失灵"。此时，诱因的驱动力度排序为：能源体制锁定>新能源投资强度。在驱动过程中，能源体制锁定具有较为显著的正激励驱动效果，同时新能源投资强度在提高新能源规模相对优势方面促进了其正向发展。

2. 能源转型换挡加速期的组内分析

（1）从低碳路径的单位 GDP 能耗看，由 P 值检验判断，此时影响中国能源低碳效率的诱因有 4 个，主要分布于制度、行为、国内大循环、国内国际双循环层面，且技术的诱因逐渐失去驱动能力，经济的诱因仍未发挥预期效果。此期间，诱因的驱动力度排序为：能源多样性>能源对外依存度>政策支持力度>新能源投资强度。在驱动过程中，除了政策支持力度对能源效率的提高具有正激励作用，其余 3 个诱因的作用方向均与中国能源低碳效率的效果方向呈现显著的相向关系。

（2）从低碳路径的能源排放强度分析，进行 P 值检验可知，影响能源低碳能力的诱因有 4 个，其中 3 个主要诱因集中在制度和经济等两个层面、1 个为其他因素。此时，主要诱因的驱动力度排序为：能源消费价格指数>政策支持力度>市场化程度，且 4 个诱因均呈现出与现阶段中国能源低碳能力相反的驱动效果。这充分表明虽然现有的诱因正在抑制着能源部门的碳排放活动，但能源产业依然处于碳排放量的增长阶段，即使在政策限制和市场引导的双重作用下，实现"碳峰值"及"碳中和"依然需要相当长的演化进程。

（3）从绿色路径的新能源成本的等量价差看，通过 P 值检验结果可知，影响换挡加速期中国新能源成本优势增强的诱因有 4 个，其中 3 个主要分布于制度、经济与技术层面，1 个为其他因素；在不考虑其他因素干扰的情况下，能源领域的制度变迁、经济改革与技术进步均满足了发展的预期，并发挥了对能源转型的助力作用。此时，主要诱因的驱动力度排序为：能源转化效率>政策支持力度>市场化程度。2000~2020 年，4 个诱因均体现出对新能源成本优势增加的显著驱动影响。

（4）从绿色路径的新能源规模占比分析，由 P 值判断，影响全周期内中国新能源产业规模的诱因有 4 个，除双循环维度外，其余四个可持续转型理论分析框架的延展维度各有 1 个指标。此时，诱因的驱动力度排序为：能源转化效率>能源体制锁定>新能源投资强度>市场化程度。同时，四个维度不同属性的诱因在换挡加速期内皆具有正激励的驱动效果。

3. 换挡期与换挡加速期的组间对比

（1）就低碳路径的单位 GDP 能耗而言，政策支持力度在换挡期的正向驱动效果弱于换挡加速期，一方面证明政策落地效果存在延迟，另一方面说明加速过程更依赖于政策支持。创新网络密度的提高在换挡期会造成显著的冲击，但在换挡加速期内技术创新与扩散逐渐转向利好，且新能源技术的转移仍可作为能源低碳转型的潜在"抓手"。新能源投资强度在换挡期的负激励显著程度低于换挡加速期，可见短期内的投资需要在较长期转型过程中逐渐发挥助力作用。能源多样性在换挡期的负激励效果显著低于换挡加速期，一方面证明了目前中国的能源多样性无法有效支撑能源部门低碳发展的目的，另一方面也说明了随着清洁能源不断渗透，国内大循环的能源结构正朝预期的方向不断演进。能源对外依存度的提高在换挡期的负外部性不显著，但在换挡加速期却成为制约中国能源低碳转型的显著诱因，这同时也证明了能源安全问题在双循环新格局中具有尤为重要的地位。

（2）就低碳路径的能源排放强度而言，政策支持力度在换挡期的驱动效果并不明显，但在换挡加速期内却发挥了较为积极的总量管控作用，值得注意的是，政策支持力度的提高，由换挡期的增强碳排放强度变为换挡加速期的抑制碳排放强度，这同时彰显了中国政府实现"碳中和"目标的底气和决心。能源消费价格指数和市场化程度在换挡期并未发挥经济信号功能，但在换挡加速期对能源碳排放量的增加起到了较为明显的抑制作用。此外，在换挡加速期的其他因素相较于换挡期对能源碳排放的作用更加显著，其对能源部门碳排放强度的抑制作用不断增强。

（3）就绿色路径的新能源成本的等量价差而言，政策支持力度在换挡期并未驱动新能源价格理性回归，反之其在换挡加速期对于中国新能源产业成本优势的提高具有较为显著的正向激励作用。由此可见，前期的政策提供了保护，而后期的政策保证了竞争。市场化程度在换挡期并未发挥预期作用效果，但在换挡加速期对新能源成本的理性回归产生了显著的正激励作用，这充分说明，中国能源市场不断完善将有利于能源系统的可持续发展和体制的高质量改革。技术层面的能源转化效率在换挡期未对新能源成本降低产生明显的作用效果，但在换挡加速期的正向驱动效果则充分体现了技术与成本的良性互动关系。此外，其他因素在换挡加速期的驱动力度不但强于换挡期，而且显著性水平也更为明显。

（4）就绿色路径的新能源规模占比而言，能源体制锁定诱因在换挡期比换挡加速期更有利于提高新能源的产业规模，由此可见，一方面中国的能源体制有利于中国的能源绿色转型，另一方面随着改革不断深入的能源制度变迁将会对中国能源转型产生更为深刻且积极的影响。市场化程度和能源转化效率在换挡期无法对新能源产业规模的增加起到显著的驱动作用，但在换挡加速期对新能源装机规模的比较优势提升起到了明显且积极的贡献。新能源投资强度在换挡期产生的正向驱动作用低于在换挡加速期产生的效果，这充分证明新能源投资的合理性不但与持续时间有关，而且稳定有序的新能源投资将对新能源产业规模经济的实现发挥着持续的激励驱动效果。

第四节 转型驱动诱因的主要结论及政策建议

一、主要结论

是何驱动了中国绿色低碳的能源转型？为回答该问题，本章在结构层面解构转型路径目标和五个维度转型诱因，在方式层面测算不同诱因的驱动力度和方向，在效果层面论证不同阶段诱因驱动的差异性，并用上述结构、方式和效果三个层面的内容，实现能源转型路径选择诱因影响机理的分析，由此总结如下。

第一，从诱因驱动结构上看，制度性诱因的驱动能力显著强于行为性、经济性及技术性诱因，且双循环诱因亦为重要的驱动力。能源制度变迁和体制改革具有明显的绿色低碳导向特征，使得中国能源转型的治理思路逐渐清晰。体制作为博弈规则、政策作为保障工具，二者是影响中国能源转型效果最明显的制度性诱因；作为指导信号的价格并未在能源转型过程中发挥预期效果，但市场作为资源配置方式和交易协调工具，则表现出正向的激励效果。在技术层面所考量的效率与创新虽在局部发挥了正向激励作用，但现阶段的技术诱因整体仍与转型路径处于"脱钩"状态；作为活跃诱因的投资行为可有效促进目前中国实现绿色低碳的进程，但节能行为则对能源转型本身并无显著性影响。此外，双循环层面的诱因日益发挥着重要的驱动作用，甚至在功能上，双循环诱因比经济性诱因和技术性诱因更为重要且具有张力。

第二，从诱因驱动方式上看，通过绿色低碳诱因驱动的矢量特征判断，主要诱因在过程连续性与功能一致性等方面存在差异。制度层面的诱因，在前期对低碳转型目标的实现具有抑制作用，但在后期过程中却发挥了促进作用，体现出功能异质性；在前期和后期过程中均对绿色转型的实现具有促进和激励的驱动效果，体现出过程连续性与功能一致性。经济层面的诱因，整体呈现对绿色低碳路径目标实现的正向驱动，但前期表现不明显，主要驱动效果均在后期发挥作用，体现出过程的连续性、但无法保证功能的稳定性。技术层面的诱因，在前期的低碳转型过程中发挥出解锁路径依赖性的功能，在后期的绿色转型过程中发挥着锁定路径创新与突破的功能，体现为过程的间断和功能的转移。行为层面的诱因，在前、后期内的驱动过程是连续的、驱动功能是一致的，且针对绿色低碳目标的实现表现出驱动效果增强的趋势。双循环层面的诱因，主要体现为对能源领域低碳转型的驱动效果持续及力度增强，而对绿色转型的驱动虽不明显但基本稳定。

第三，从诱因驱动效果上看，能源绿色低碳转型的现实过程中，不同诱因在换挡期与换挡加速期具有不同的功能属性，且不确定性逐渐显现。在驱动过程中，五个层面诱因的作用重点存在差异，即不同诱因对于绿色转型或低碳转型的驱动表现为有无、正反、大小及长短等方面。整体而言，无论是低碳转型、抑或是绿色转型，各维度的诱因在换挡加速期的驱动效果均强于换挡期的作用。局部来看，能源发展存在惯性，导致能源转型换挡期内各诱因的着力点均作用于削弱依赖性路径的锁定能力（如提高能源效率）及加强创新性路径的解锁能力（如增加新能源规模）；但随着五个维度的诱因持续发挥驱动作用，传统能源发展路径的脆弱性逐渐体现，新能源发展路径的突破能力得以巩固，主要体现于各个诱因属性从不显著变为显著、诱因驱动从弱激励变为强促进。尤其随着中国能源转型进入加速阶段，诱因体系中的不确定因素不断增强，主要表现为其他因素的激励效果日益增强，且均为显著的正向驱动。

二、政策建议

在全球存在诸多不确定性的情况下，中国仍将继续致力于解决气候问题和可再生能源发展的问题。绿色低碳转型路径选择的动机是中国政府实现"双碳"目标的有力工具，因此政策建议如下。

路径选择的诱因是中国能源领域实现绿色低碳转型目标的有力"抓手"。制度、经济、技术、行为及双循环层面的诱因，必将通过政策或市场对能源效率、碳排放强度、新能源成本及生产规模产生重要的驱动性影响。但研究表明，所有层面的诱因均无法立竿见影；且在碳排放峰值来临之前，不同的诱因可作为国家治理的"抓手"发挥战略作用，同时治理成效同样将制约或增强不同诱因的驱动能力，这需要在过程连续性与功能一致性之间进行科学的权衡。同时随着双循环新发展格局日益明晰，尽管目前的能源体制改革成效方面仍存在争议，但就诱因本身的作用效果而言，中国能源转型的程度伴随着不确定性不断增加的实际仍在不断深化，能源转型的复杂性、系统性与长期性得以印证。尤其是经济性诱因、技术性诱因和行为性诱因，虽然削弱了传统能源发展路径的锁定能力、巩固了新能源发展路径的信心、明确了能源转型过程中的结构性问题，但三者仍未与制度变迁的过程相协调统一。因此，一方面，政府应注意到，节能诱因未曾发挥其应有的激励，价格、效率及创新等诱因虽发挥了一定的正向驱动作用但仍未满足预期，为此需针对主要着力点，进一步及时做出战略调整和规划部署；另一方面，在双循环新格局中，能源产业既是重要节点又是其他行业发展的有力保障，科学合理地利用可控性诱因、探索出一套适合中国能源可持续转型机制，既可避免短期有益、长期有害的操作，又能保证中国能源发展与安全进行有序、协调、高质量的推进。

第五节 本章小结

在厘清分析逻辑的基础上，本章明确了低碳路径目标和绿色路径目标，科学识别了中国能源转型中绿色低碳路径选择的影响诱因，探索性地构建了一个IDAGLT模型，并量化研究了五个维度诱因对能源转型的驱动性影响。通过整理2000~2019年的相关统计数据测算变量数值，并完成实证分析。研究发现能源制度变迁和体制改革具有明显的绿色低碳导向特征，使得中国能源转型的治理思路逐渐清晰。此外，通过绿色低碳诱因驱动的矢量特征判断，诱因在过程连续性与功能一致性等方面存在差异；无论是低碳转型、抑或是绿色转型，各维度的诱因在换挡加速期的驱动效果均强于换挡期的作用。在理论方面明确区分低碳转型和绿色转型，在IETB框架上进行考量，避免了治理工具选择的随机性；在实践方面对影响能源转型的"抓手"进行量化分析，实现时序趋势的动态跟踪。研究表明：①结构上，制度性诱因的驱动能力显著强于行为性、经济性及技术性诱因，且双循环诱因逐渐成为重要驱动力；②方式上，通过绿色低碳诱因驱动的矢量特征判断，诱因在过程连续性与功能一致性等方面存在差异；③效果上，现实过程中的不同诱因在换挡期与换挡加速期具有不同的功能属性，且不确定性逐渐显现，由此给出政策建议。

第五章　能源绿色低碳转型的有序协同[①]

第一节　能源转型有序协同性的概述

在全球化的视角下，能源转型已成为国际政治、经济、环保等诸多领域的核心问题之一，甚至成为国际社会关注的焦点（Nieto et al.，2020）。全球能源转型的进程已经加速，人类正进入一个从高碳向低碳、从黑色向绿色过渡的转型时代（Chapman and Okushima，2019）。从长远来看，清洁能源将完成从新型能源到主体能源、从替代能源向主导能源的转变。该转变不仅引起了政府和企业的高度重视，也引起了国际学术界的高度重视。Nochta 和 Skelcher（2020）为支持欧洲城市的可持续能源转型，评估了网络治理的机遇和挑战。现有文献已经确定了许多处理能源公平问题的框架（Lacey-Barnacle et al.，2020），此类框架通常具有经济属性（Alvial-Palavicino and Ureta，2017）、环境属性（Poruschi and Ambrey，2019）、政策属性（Kotzebue and Weissenbacher，2020；Healy and Barry，2017）及社会属性（Siddharth and Håvard，2018；Hill and Connelly，2018）。一些学者还研究了影响能源转型的障碍和动机（Biresselioglu et al.，2020；Haddadian et al.，2015）。几乎全部国家都非常关注能源转型的表现与成就。从系统运行和政府监管的角度来看，该绩效或成就可体现在两个方面：能源转型的效率和能源转型的公平（Haley et al.，2020；刘平阔等，2018）。然而，在能源转型的过程中，仍有一些现象处于无序和失调的状态（刘平阔等，2018）。同时应注意到能源转型过程中的一条基本底线——有序协同（Liu et al.，2020a）。有序性反映了能源转型的效率，是指通过机制设计和制度安排，逐步、稳定地实现能源系统演化和发展预期；协同性是

[①] 主要内容已发表于 2022 年第 9 期 *Frontiers in Energy Research* 中的 "Research on the orderliness synergy between conventional and nonconventional for energy transition in China"。

指通过结构优化和功能调整实现利益均衡，体现能源转型的公平性。随着能源转型进程的不断深入，非常规能源产业、常规能源产业和其他相关产业部门之间的关系变得更加密切，甚至更加复杂（Hesam and Yadollah，2020；Wen et al.，2018）。与主流方法或其他成熟工具相比，有序协同方法更侧重于对能源转型本身的分析。尤其是在评价一个国家或地区能源转型的有效性时，大多数方法均是从经济、社会、政策、安全和环境等方面选取相应的指标，进而运用综合评价方法进行维度分析。在该方法中，引入了有序协同的概念，可作为评估能源转型的过渡单元。有序协同是多维的，因此可仅通过分析有序协同本身来对能源转型的有效性进行相对客观的分析。根据技术成熟度，能源行业具有严格的区分：常规能源，又称传统能源，是指经过多年的广泛生产和使用，科技成熟、经济合理的能源；常见类型包括煤炭、原油、天然气、核能、火电、大型水电等。非常规能源，又称新能源，是指新开发或正在研究开发的、未来将得到广泛应用的能源；主要包括太阳能、风能、小水电、地热能、海洋能等。若能够较为科学合理地衡量，则有序协同效应无疑将成为政府克服发展障碍和加强能源监管的重要工具（Liu et al.，2020a）。

目前，世界各国政府都在强调能源产业的总体布局。然而，在各国的政府工作报告中，对于平衡各子行业之间的关系，尤其是不同能源子行业的有序协同发展，几乎没有评价标准。同时，学术界对有序协同发展的讨论较少。在中国"新时代"背景下，伴随着经济社会发展促进能源生产-消费方式的转变，新模式、新业态、新特征不断涌现。中国也正向构建清洁、低碳、高效的能源体系迈进，风能、太阳能装机规模居世界第一，新能源技术不断进步、利用成本不断降低、建设能力不断提升、消费结构不断优化。随着能源转型的深入推进，新能源产业、常规能源产业及其他相关部门的关系也日益密切和复杂。时代演进趋势、现实发展需求、战略产业兴起及制度建设推进，都为能源转型提供了契机并对其提出了要求；但在中国能源转型的过程中，仍然存在着过度依赖政策及转型路径模糊等无序失调的发展现象，严重影响中国能源部门发展的可持续性。伴随人们观念的转变和政策制定倾向性的调整，加之泛在电力物联网、微电网、储能等新技术、新业态的出现，能源转型的有序协同成为当今不可回避且亟待解决的难题之一。鉴于此，本章从产业层面探究常规能源与新能源在有序协同演进过程中交互演进的紧密程度，并分析相互作用差异性存在的原因，以期对中国能源产业保持并实现可持续、高质量的科学发展提供一定的技术支持和指导价值。因此，本章研究不但可在理论上拓展可持续转型的内涵，而且可以在实践中为政府的决策和监督提供支持。

本章拟从中观层面考察有序协同演化过程中常规能源产业与非常规能源产业之间的相互作用，并分析相互作用中不同表现的原因，因此，本章将从一个全新的视角重新审视能源转型的效率和公平。与能源转型有序协同相关的三个基本问题引起了重要的关注：①在既定发展空间内，常规能源和非常规能源是否均可实现有序协同；②如何识别与常规能源和非常规能源有序协同效应相关的主要因素；③如何合理利用存量资源和增量资源来评价有序协同。研究将主要基于中观层面视角，构建包含产业规模、经济效益、社会贡献及成长潜力四个维度的评价指标体系，拟测算"新时代"常规能源产业与新能源产业的综合发展水平及有序协同程度，分析相关产业的关联性和协同性；利用存量增量双重发展特征的评价模型系统衡量中国常规能源产业与新能源产业之间的资源基础与增长速度，从而进一步分析增长驱动力的来源。同时，研究将探讨产业有序协同演化的发展趋势，为产业有序协同可持续发展提供可借鉴的参考。最后，优化调整能源产业增量存量贡献系数，模拟分析常规能源产业与新能源产业中的最优有序协同度，对不同阶段的产业发展协同关系和水平进行优化。

针对中国能源转型的常规能源和非常规能源问题已有诸多的研究成果；然而，就转型期内能源产业发展的有序协同而言，学者们尚未进行系统、全面或整体的研究。目前为止，值得关注的有关有序协同效应的文章如下：Liu 等（2020b）着眼于电力产业演进与三次产业发展之间的相互作用，基于一个新的理论框架构建了有序性度量模型和协同性度量模型。目前，国内学者针对能源转型的研究主要集中在能源转型对经济发展、技术创新和能源政策的作用效果分析（周孝信等，2018；Agyekum et al.，2021）。例如，为了分析中国的能源转型与经济发展的关系，马丽梅等（2018b）探讨了中国能源低碳转型 2015~2050 年的可行路径。此外，赵黛青等（2019）认为能源战略规划、城市绿色低碳发展、体制机制创新是推进能源转型的重要途径。早期的国外学者主要是研究能源转型的政府监管和机制（Jacobsson and Lauber，2006；Cornelia and Michèle，2018），Mitchell 等（2006）着眼于价格、数量和平衡的风险分析，分析了降低风险对能源转型政策和机制的有效支持作用。近年来，也有部分学者探讨了加速能源转型的技术和经济特征（Gielen et al.，2019），并认为能源效率和可再生能源技术是能源转型的核心要素（Middleton,2018），并将侧重点集中于两者协同作用的影响效果。Zhang 等（2021）利用广义矩量法和 DEA 法评估了研发公共支出与绿色经济增长和能源效率之间的关系。Wilson 和 Tyfield（2018）阐述了能源转型与环境、经济和社会之间的关系；同时值得注意的是：社会科学在能源转型方面的研究与技术创新和政策决策同样重要（Schürmann et al.，2019）。中国新能源部门正处于产业发展成长期，为常规能源突破现阶段能源短缺和能源消耗带来的环境污染等问题的发展困境提供良好的外部条件（Wang and Chen，2019）。常规能源产业与新能源产业之间相互依存、相互协调、相互促进的动态正相关是由空间资源、资本、技术和人力资源等生产要素的相互作用而形成的（Chen et al.，2019）；开发和利用新能源，将会极大地推动人类社会和世界经济的发展与进步（张海龙，2014）。目前中国电源主要以常规火电为主，是由于现阶段中国非化石电源体量还相对较小、对煤电的替代能力有限（王仲颖，2018）；而促进常规能源产业与新能源产业之间的协同发展是关系能源经济健康可持续发展的重要方面（Li，2015）。总结而言，一些学者认为，能源转型的社会科学层面与其技术创新层面、政策制定层面同等重要。

在量化分析方面，部分学者构建了能源转型的分析模型（Coester et al.，2018），Wainstein 等（2019）指出单独依靠外部经济调整（如碳定价）可能有所帮助，但无法实现绝对的转变。分析现有相关研究，世界能源结构由传统的常规能源向新能源、由高碳向低碳转变是大势所趋（Zhao，2019）。Begzjav 和 Eleuch（2020）关注的是一个耗散系统，其可通过一系列相互关联的子系统之间的相互作用，自发地从无序状态发展到有序状态。Kirill 等（2020）引入了一些新的成本指标，以改善能源结构的有序性。通过总结归纳学者们早期的定量分析成果，可获得一些宝贵经验。还值得注意的是，常规能源产业和非常规能源产业之间的动态正相关性是由空间资源、资本、技术和人力资源等生产要素的可量化互动所形成（Wang and Chen，2019；Chen et al.，2019）。迄今为止，尚未对非常规能源产业与常规能源产业之间的有序协同效应进行定量分析或实证分析，但一些探索性模型已被用于分析常规能源产业与非常规能源产业之间的关系：Clausen 和 Rudolph（2020）探讨了产业合作的经济影响；蒋石梅等（2012）分析了电力产业集群中非常规能源的协同创新机制。为研究能源产业的有序协同效应，部分学者从技术经济、政府政策等方面构建了能源产业有序协同度的评价模型（Nguyen and Matsuura，2016；闫晶等，2015）。吴霞（2017）建立了非常规能源产业与区域经济之间的评价模型，为经济发展规划的决策提供了参考。云小鹏（2019）构建了能源环境政策评价体系，并讨论了协同效应。一方面，主要从协同角度讨论了新能源产业自身的发展及其与常规能源经济增长的关系；另一方面，也有学者对新能源与输变电产业集群的协同创新机制进行了探讨。

目前，全球新能源开发利用规模不断扩大，应用成本快速下降，发展新能源已成为许多国家推进能源转型的核心内容和应对气候变化的重要途径；有序协调促进新能源的可持续发展，也是中国推进能源生产和消费革命及能源转型的重要措施。然而，就现有的研究成果而言，鲜见从产业交互作用的角度、以有序协同关系为切入点来研究常规能源产业与新能源产业发展在存量增量双重特征方面的贡献程度，更缺少从国家整体视角对两个子产业之间有序协同发展的互动演化过程规律和特征进行对比研究。鉴于此，本章以"新时代"中国常规能源产业与新能源产业间的有序协同发展行为作为切入点，分析总结两个子产业互动演化过程中的一般性规律和有效模式，发现反映有序协同演进中存在的问题，探索其对常规能源产业与新能源产业未来可持续发展的影响作用，成为研究的重点。

第二节 有序协同转型的理论与方法

一、产业发展水平测算模型

设 $\dot{x}_{cj}^{t}$、$\dot{x}_{nj}^{t}$ 分别表示常规能源（c）与非常规能源（n）产业第 j 项指标 t 年的数值；M_{cj}^{t}、m_{cj}^{t} 和 M_{nj}^{t}、m_{nj}^{t} 分别表示在 t 年中常规能源产业与非常规能源产业第 j 项指标的最大值与最小值。对指标进行规范化处理的过程如式（5-1）和式（5-2）所示：

$$x_{cj}^{t} = \begin{cases} \left(\dot{x}_{cj}^{t} - m_{cj}^{t}\right) / \left(M_{cj}^{t} - m_{cj}^{t}\right) \\ \left(M_{cj}^{t} - \dot{x}_{cj}^{t}\right) / \left(M_{cj}^{t} - m_{cj}^{t}\right) \end{cases} \quad (5\text{-}1)$$

$$x_{nj}^{t} = \begin{cases} \left(\dot{x}_{nj}^{t} - m_{nj}^{t}\right) / \left(M_{nj}^{t} - m_{nj}^{t}\right) \\ \left(M_{nj}^{t} - \dot{x}_{nj}^{t}\right) / \left(M_{nj}^{t} - m_{nj}^{t}\right) \end{cases} \quad (5\text{-}2)$$

其中，$\dot{x}_{cj}^{t}$ 和 $\dot{x}_{nj}^{t}$ 分别表示常规能源产业与非常规能源产业在第 t 年中第 j 项指标经过标准化处理的结果。为不失研究的一般性及客观性，选择熵值赋权法（entropy weighting method）确定各指标权重：

$$s_{i,j}^{t} = \dot{x}_{i,j}^{t} \bigg/ \sum_{i=1}^{p} \dot{x}_{i,j}^{t} \quad (5\text{-}3)$$

$$E_{i}^{t} = -K \sum_{j=1}^{num} p_{i,j} \ln\left(p_{i,j}^{t}\right) \quad (5\text{-}4)$$

$$d_{i}^{t} = 1 - E_{i}^{t} \quad (5\text{-}5)$$

$$\lambda_{i}^{t} = d_{i}^{t} \bigg/ \sum_{i=1}^{m} d_{i}^{t} \quad (5\text{-}6)$$

其中，K 为经济参数，且 $K = 1/\ln(\text{num})$；num 表示熵权法中指标的总数；$s_{i,j}^{t}$ 为常规能源产业与非常规能源产业在第 t 年、第 i 地区、第 j 项指标的贡献度；E_{i}^{t} 为熵值，由信息熵 d_{i}^{t} 最终得到指标的权重 λ_{i}^{t}；p 为对应概率。设 λ_{cj} 与 λ_{nj} 分别为第 j 项指标在两个子产业中的权重，赋权后采用线性加权法（linear weighted method）对常规能源与非常规能源两个子产业综合水平指数进行计算。x_{c}^{t} 和 x_{n}^{t} 分别为常规能源产业与非常规能源产业在第 t 年的综合发展整体水平，如式（5-7）和式（5-8）所示：

$$x_c^t = \sum_{j=1}^{m} \lambda_{cj} u_{cj}^t, \quad \sum_{j=1}^{m} \lambda_{cj} = 1 \quad (5\text{-}7)$$

$$x_n^t = \sum_{j=1}^{m} \lambda_{nj} u_{nj}^t, \quad \sum_{j=1}^{m} \lambda_{nj} = 1 \quad (5\text{-}8)$$

二、产业发展评价模型

为了系统衡量产业的资源禀赋、增长速度及增长驱动等根源，引入存量增量的概念（张丹宁和陈阳，2014）。存量增量是指产业所拥有的全部资产或资源，以及与期初相比所增加的资产或资源。据此构建增量存量双重特征评价模型，以保证常规能源和非常规能源指标选取的全面综合性和客观动态性。

首先，基于有序协同发展评价的目标、同时考虑数据的可得性，筛选相应的数据信息并构建评价指标体系；收集并整理各个指标要素的存量和增量数据。采用的增量计算公式为

$$\Delta x_{cj}^t = \frac{x_{cj}^t - x_{cj}^{t-1}}{x_{cj}^t} \quad (5\text{-}9)$$

$$\Delta x_{nj}^t = \frac{x_{nj}^t - x_{nj}^{t-1}}{x_{nj}^t} \quad (5\text{-}10)$$

其中，Δx_{cj}^t 与 Δx_{nj}^t 分别为常规能源产业与非常规能源产业在 t 时段内的增量指标；x_{cj}^t 与 x_{nj}^t 为 t 时段内的第 j 项指标的存量数据；x_{cj}^{t-1} 与 x_{nj}^{t-1} 则表示在 $t-1$ 时段内第 j 项指标的存量数据。

此外，为消除不同指标间量纲的影响，选用功效系数法（efficacy coefficient method）对指标进行规范化处理：

$$\dot{x}_{cj}^t = \text{cons} + \frac{x_{cj}^t - m_{cj}^t}{M_{cj}^t - m_{cj}^t} \times d \quad (5\text{-}11)$$

$$\dot{x}_{nj}^t = \text{cons} + \frac{x_{nj}^t - m_{nj}^t}{M_{nj}^t - m_{nj}^t} \times d \quad (5\text{-}12)$$

其中，$\dot{x}_{cj}^t$ 与 $\dot{x}_{nj}^t$ 表示无量纲化预处理后的指标数值结果；M_{cj}^t 与 M_{nj}^t 表示在 t 时期第 j 项指标的最大值；m_{cj}^t 与 m_{nj}^t 表示在 t 时期第 j 项指标的最小值；固定正常数 cons 为模型的平移量，即衡量变换后数值的平移规模；固定正常数 d 为模型的旋转量，即衡量变换后数值的缩放倍数。现设 λ_{cj} 与 λ_{nj} 分别为两个子产业中指标 j 的存量指标权重，另设 $\Delta \lambda_{cj}$ 与 $\Delta \lambda_{nj}$ 分别为两个子产业中指标 j 的增量指标权重。选择线性加权法，得到：

$$\dot{x}_{cj}^t = \sum_{j=1}^m \dot{x}_{cj}^t \cdot \dot{\lambda}_{cj}, \quad \Delta \dot{x}_c^t = \sum_{j=1}^m \dot{x}_{cj}^t \cdot \Delta \dot{\lambda}_{cj} \quad (5\text{-}13)$$

$$\dot{x}_{nj}^t = \sum_{j=1}^m \dot{x}_{nj}^t \cdot \dot{\lambda}_{nj}, \quad \Delta \dot{x}_n^t = \sum_{j=1}^m \dot{x}_{nj}^t \cdot \Delta \dot{\lambda}_{nj} \quad (5\text{-}14)$$

其中，$\dot{x}_{cj}^t$ 与 $\dot{x}_{nj}^t$ 分别为常规能源产业与非常规能源产业在 t 时段中的存量年综合发展水平；$\Delta \dot{x}_c^t$ 与 $\Delta \dot{x}_n^t$ 分别为常规能源产业与非常规能源产业在第 t 时段中的增量年综合发展水平。考虑能源转型过程中存量、增量的贡献率差异，将其按不同配比组合成为常规能源产业与非常规能源产业在第 t 时段内的综合发展水平指数 x_c^t 和 x_n^t，得到存量增量综合测算方程：

$$x_c^t = \gamma_c^t \dot{x}_c^t + \delta_c^t \Delta \dot{x}_c^t, \quad \gamma_c^t + \delta_c^t = 1 \quad (5\text{-}15)$$

$$x_n^t = \gamma_n^t \dot{x}_n^t + \delta_n^t \Delta \dot{x}_n^t, \quad \gamma_n^t + \delta_n^t = 1 \quad (5\text{-}16)$$

其中，γ_c^t 与 γ_n^t 分别表示常规能源产业与非常规能源产业在第 t 时段内存量对产业总体发展的贡献程度占比；δ_c^t 与 δ_n^t 分别表示常规能源产业与非常规能源产业在第 t 时段内增量对产业总体发展的贡献程度占比。规定：若 $\gamma^t > \delta^t$，即表示存量对产业发展的贡献率大于增量的贡献率；反之，若 $\gamma^t < \delta^t$，即表示存量对产业发展贡献率小于增量的贡献率。结合式（5-7）与式（5-8）对于 x_c^t 和 x_n^t 的数值测算结果，可以得到在不同时段内常规能源与非常规能源的存量贡献程度占比与增量贡献程度占比的变化范围；同时，也可通过对 γ_c^t、δ_c^t 和 γ_n^t、δ_n^t 变量赋值，模拟 x_c^t、x_n^t 和 OS_{cn}^t 数值动态演化过程。

三、有序协同度评价模型

常规能源产业与非常规能源产业之间存在着交互效应且影响着中观层面能源转型的效率效果，可通过对两个子产业有序协同度的定量测度来分析两者之间的互动程度（方大春和马为彪，2019）。有序协同是指能源产业既体现系统结构或运动的确定性、规则性，又表现相互作用和影响的协调性、统筹性；有序协同度是对不同子产业之间有序程度和协同程度的定量测量（王毅等，2015）。有序协同度不仅可反映两个子产业间交互适应的过程，还能体现两者的整体发展联动关系（王伟和孙雷，2016）。借鉴物理学中的容量有序系数模型，类比得到衡量常规能源产业与非常规能源产业间的有序协同程度的模型（唐晓华等，2018），多个子产业交互作用的耦合度测量模型可表示为

$$\text{coupling}_y = \left[\frac{\prod_{u=1}^{y} x_u}{\left(\frac{1}{y}\sum_{u=1}^{y} x_u\right)^y} \right]^{\frac{1}{y}} \quad (5\text{-}17)$$

其中，y 表示子产业的总数量。因此，常规能源产业与非常规能源产业的二元耦合度测量模型可表示为

$$\text{coupling}_{cn}^{t} = 2\sqrt{x_c^t \cdot x_n^t}\big/\left(x_c^t + x_n^t\right) \quad (5\text{-}18)$$

其中，coupling_{cn}^{t} 表示常规能源产业与非常规能源产业在第 t 年度的耦合程度，其取值范围介于 0~1；取值越大，说明产业间的耦合程度越高，表明此时的常规能源与非常规能源两个子产业处于高度关联状态，也说明能源转型是产业间内生强化和相互平衡的过程。然而在 x_c^t、x_n^t 取值相近且较小的情况下，仅通过耦合度评价两个子产业，可能存在一种"失灵"情况：虽然两个子产业的综合发展水平较低，但仍存在有序协同发展水平较高的伪结果。为描述"新时代"中国常规能源产业与非常规能源产业之间客观的有序协同发展现状，引入有序协同度模型如下：

$$\text{OS}_{cn}^{t} = \left(\text{coupling}_{cn}^{t} \cdot T_{cn}^{t}\right)^{\frac{1}{2}} \quad (5\text{-}19)$$

$$T_{cn}^{t} = \alpha x_c^t + \beta x_n^t \quad (5\text{-}20)$$

其中，OS_{cn}^{t} 为常规能源产业与非常规能源产业在第 t 年间的有序协同度，其值越高，越能体现两个子产业的相互促进关系；T_{cn}^{t} 为两个子产业在第 t 时段间有序协同效应的综合评价指数。α 和 β 为待定系数（$\alpha + \beta = 1$），分别为常规能源与非常规能源对整体系统有序协同作用的贡献程度。依据相关研究（陈阳，2015），并考虑到两个子产业间的相互关系及在有序协同系统中的作用，一般设定 $\alpha = \beta = 0.5$。

第三节 有序协同转型的实证分析

一、指标描述

（一）指标体系构建

本着科学性、系统性、可获得性的原则，在能源可持续转型发展和高质量发展的战略要求下，兼顾两个子产业评价指标对应的匹配性关系，针对能源转型目

标及两个子产业发展水平，指标的选取主要从产业规模、经济效益、社会贡献及成长潜力四个方面进行识别（Drouilles et al., 2017; Hamman, 2018; Chapman and Itaoka, 2018a）。

（1）产业规模反映了产业部门中全部生产要素水平及要素生产能力，用以衡量能源部门在某一时点上所拥有的全部资产存量。符合高质量发展要求的产业规模能够降低不同能源供给企业的生产成本，实现企业达到规模效益递增的有效区间。

（2）经济效益反映了产业部门的资源配置效率，阐释了在一定技术条件下、一定生产成本基础上，产业实现盈利及提高质量的经济胜任力。经济效益的增加可推动企业的扩大再生产，刺激产业增量投资的提高，从而提升能源部门存量资源的累积。

（3）社会贡献反映了产业发展的社会公平问题，是节能减排能力、系统可靠性和社会剩余价值等方面的体现。经济社会的发展和全球化石能源的日益匮乏，要求能源产业不能将利润最大化或成本最小化作为唯一发展目标，而是要同时具备可持续、高质量的战略意识，并积极履行社会责任。

（4）成长潜力是在诸多影响因素的相互作用下，产业系统所能发挥的潜在发展能力，主要产业未来发展的预期水平。成长潜力体现了未来常规能源和非常规能源竞争力和发展力的支持和保障，决定了能源系统创新、协调、绿色、开放、共享的可持续发展方向。

针对中国常规能源产业与非常规能源产业发展水平，设计指标体系，具体评价指标如表 5-1 所示。数据分别源于 2010~2019 年的《全国电力供需形势分析预测报告》《电力统计基本数据一览表》《全国电力市场交易信息分析》《全国电力工业统计数据》《中国电力年鉴》《电力工业统计资料汇编》等官方发布的公开性统计信息。主要数据集中于"十二五"和"十三五"期间，研究所涉及的常规能源发电主要包括火电、大水电，非常规能源发电包括小水电、核电、风电、太阳能发电[①]。

表 5-1 常规能源与非常规能源综合发展水平评价指标

一级指标	二级指标	指标解释	单位
产业规模	规模以上发电企业单位数	规模以上发电企业数量总和	个
	固定资产投资总额	固定资产投资量总和	亿元
	能源生产总量	能源产值量总和	万吨标准煤

---

① 囿于数据的不可得，新能源中未将生物质发电产业包含进来；且生物质发电目前的产业规模较小，可忽略不计。

续表

一级指标	二级指标	指标解释	单位
经济效益	平均要素成本	平均要素成本=电源工程投资完成额/发电装机容量	元/千瓦
	资本生产率	资本生产率=产值总量/发电装机容量	吨标准煤/千瓦
社会贡献	碳排放总量	系统产生的平均温室气体排放量	吨
	非计划停运次数	系统在给定时间内发生非计划停运事件的次数	次/(台·年)
	主营业务收入总和	主营业务收入总和=上网电价×上网电量	万亿元
成长潜力	总产值增长率	总产值增长率=(本年总产值-上一年度总产值)/上一年度总产值×100%	
	投资占全社会投资比重	投资占全社会投资比重=(固定资产投资量/全国固定资产投资)×100%	
	上网电量市场化率	上网电量市场化率=(某类型电源市场交易电量/某类型电源发电量)×100%	

（二）评判标准与类型划分

从协同学的角度看，系统由无序失调走向有序协同的关键在于产业内部序参量之间的交互作用，其影响并决定了子产业的发展特征与演进规律，反映这种交互作用的度量即有序协同度。交互作用和交互程度决定了产业在达到临界区域时的秩序与结构，即能源转型由无序失调走向有序协同的趋势（吴大进等，1990；Bardram，2000）。在相关研究基础上（刘艳军等，2013），设定有序协同性等级及其划分标准见表5-2。

表 5-2 产业有序协同度等级、划分标准及区间

区间	有序协同度值	有序协同关系与水平
接受区间	0.9 < OS ≤ 1	优质有序协同发展型
	0.8 < OS ≤ 0.9	良好有序协同发展型
	0.7 < OS ≤ 0.8	中级有序协同发展型
	0.6 < OS ≤ 0.7	初级有序协同发展型
过渡区间	0.5 < OS ≤ 0.6	勉强有序协同发展型
	0.4 < OS ≤ 0.5	濒临无序失调发展型
拒绝区间	0.3 < OS ≤ 0.4	轻度无序失调衰退型
	0.2 < OS ≤ 0.3	中度无序失调衰退型
	0.1 < OS ≤ 0.2	重度无序失调衰退型
	0 < OS ≤ 0.1	极度无序失调衰退型

二、数据处理

处理过程如下。

第一，增量数据测算。参照模型的基本步骤，计算各相应指标的增量数值，由此得到指标的增量数据库。

第二，数据无量纲化。根据式（5-2）对存量增量数据进行预处理，得到2011~2018年各评价指标数据的原始数据及增量存量数据如表5-3所示。

第三，指标值数据集成。对预处理之后的数据进行存量增量的集成，得到集成之后的对应数值。

第四，均衡加权指标数据。取均衡权重为0.5，分别得到线性加权值及排名、非线性加权值及排名、存量增量综合测算数据结果。

第五，模拟过程处理。对常规能源与非常规能源存量、增量贡献系数的变量拟取数值。基于均衡特长维度，获得两个子产业的综合发展水平。

第六，赋值模拟仿真。基于存量增量特征维度，分别以0.001作为模拟变化率进行赋值仿真，模拟得到各年常规能源产业与非常规能源产业的有序协同度变化情况。

三、结果分析

（一）宏观层面有序协同发展分析

利用Matlab 2020a软件编程，测得常规能源产业与非常规能源产业综合发展评价指数x_c^t、x_n^t和有序协同度OS_{cn}^t，结果如表5-4所示。"十二五"期间（2011~2015年）和"十三五"前期（2016~2018年），中国能源产业呈现稳步增长的演进发展趋势，由初始的无序失调状态逐步演进为有序协同状态，并于2018年达到中级有序协同发展水平。一方面，从维度化治理的角度看，两个子产业基本实现了组织演进的自适应，且两个子产业间交互促进的相互适应效果逐渐增强；另一方面，虽然两个子产业一直处于有序协同的稳步提高阶段，但常规能源产业综合发展水平稍滞后于非常规能源产业，而两个子产业演进效率和发展增速的不平衡不充分将会影响未来能源可持续转型与产业高质量发展。

表5-3 各评价指标数据的原始数据及增量存量数据

指标			2011年	2012年	2013年	2014年	2015年	2016年	2017年	2018年
规模以上发电企业单位数/个	非常规能源	现值	1 425.00	1 667.00	1 832.00	2 112.00	2 275.00	2 478.00	2 681.00	2 883.00
		存量	1 425.00	3 092.00	4 924.00	7 036.00	9 311.00	11 789.00	14 470.00	17 353.00
		增量	123.00	242.00	165.00	280.00	163.00	203.00	203.00	202.00
	常规能源	现值	1 170.00	1 207.00	1 214.00	1 221.00	1 267.00	1 295.00	1 323.00	1 351.00
		存量	1 170.00	2 377.00	3 591.00	4 812.00	6 079.00	7 374.00	8 697.00	10 048.00
		增量	67.00	37.00	7.00	7.00	46.00	28.00	28.00	28.00
固定资产投资总额/亿元	非常规能源	现值	2 757.50	2 729.35	2 855.76	2 541.24	2 772.90	2 289.10	2 042.13	1 753.00
		存量	2 757.50	5 486.85	8 342.60	10 883.84	13 656.74	15 945.84	17 987.96	19 740.96
		增量	225.60	−28.15	126.41	−314.52	231.66	−483.80	−246.97	−289.13
	常规能源	现值	1 133.32	1 002.48	1 016.18	1 144.90	1 163.33	1 119.28	857.71	777.00
		存量	1 133.32	2 135.80	3 151.97	4 296.87	5 460.20	6 579.48	7 437.19	8 214.19
		增量	−292.82	−130.85	13.70	128.72	18.44	−44.06	−261.57	−80.71
能源生产总量/万吨标准煤	非常规能源	现值	32 657.04	39 316.56	42 336.48	48 128.18	52 414.02	58 474.00	61 735.99	66 249.01
		存量	32 657.04	71 973.60	114 310.08	162 438.26	214 852.28	273 326.28	335 062.27	401 311.28
		增量	196.07	6 659.52	3 019.92	5 791.70	4 285.84	6 059.98	3 261.99	4 513.02
	常规能源	现值	120 614.99	119 939.03	127 646.65	129 430.99	126 068.42	128 105.89	133 657.27	142 277.59
		存量	120 614.99	240 554.02	368 200.66	497 631.66	623 700.08	751 805.96	885 463.24	1 027 740.83
		增量	13 733.03	−675.96	7 707.61	1 784.35	−3 362.57	2 037.47	5 551.39	8 620.32

续表

指标			2011年	2012年	2013年	2014年	2015年	2016年	2017年	2018年
平均要素成本/(元/千瓦)	非常规能源	现值	1 000.46	890.36	780.32	598.99	558.36	406.73	317.41	434.39
		存量	1 000.46	1 890.82	2 671.14	3 270.13	3 828.49	4 235.22	4 552.63	4 987.03
		增量	−55.45	−110.10	−110.03	−181.33	−40.63	−151.63	−89.32	116.99
	常规能源	现值	147.50	122.30	116.79	122.80	115.69	105.50	77.62	67.94
		存量	147.50	269.80	386.59	509.39	625.09	730.58	808.21	876.15
		增量	−53.46	−25.20	−5.51	6.01	−7.11	−10.19	−27.87	−9.69
资本生产率/(吨标准煤/千瓦)	非常规能源	现值	1.19	1.30	1.21	1.21	1.15	1.20	1.20	2.89
		存量	1.19	2.49	3.70	4.91	6.06	7.26	8.46	11.36
		增量	−0.16	0.10	−0.09	0.00	−0.05	0.05	0.00	1.69
	常规能源	现值	1.53	1.43	1.43	1.36	1.23	1.18	1.18	1.24
		存量	1.53	2.96	4.39	5.75	6.97	8.15	9.33	10.58
		增量	0.06	−0.11	0.00	−0.08	−0.13	−0.05	0.00	0.07
碳排放总量/吨	非常规能源	现值	4.10	5.23	5.49	6.52	6.96	7.41	7.66	8.28
		存量	4.10	9.33	14.82	21.34	28.31	35.72	43.38	51.66
		增量	−0.05	1.13	0.26	1.03	0.44	0.45	0.25	0.61
	常规能源	现值	33 737.93	33 955.87	36 516.59	37 220.67	36 595.19	37 431.29	39 407.32	42 584.82
		存量	33 737.93	67 693.80	104 210.39	141 431.05	178 026.24	215 457.53	254 864.86	297 449.67
		增量	4 184.10	217.93	2 560.72	704.08	−625.48	836.10	1 976.03	3 177.49

续表

指标			2011年	2012年	2013年	2014年	2015年	2016年	2017年	2018年
非计划停运次数/[次/(台·年)]	非常规能源	现值	0.54	0.61	0.64	0.70	0.77	0.49	0.43	0.47
		存量	0.54	1.15	1.79	2.49	3.26	3.75	4.18	4.65
		增量	−0.37	0.07	0.03	0.06	0.07	−0.28	−0.06	0.04
	常规能源	现值	0.71	0.60	0.54	0.48	0.34	0.35	0.65	0.40
		存量	0.71	1.31	1.85	2.33	2.67	3.02	3.67	4.07
		增量	0.06	−0.11	−0.06	−0.06	−0.14	0.01	0.30	−0.25
主营业务收入总和/万亿元	非常规能源	现值	1.27	1.41	1.51	1.66	1.79	1.82	2.05	2.02
		存量	2.39	3.80	5.31	6.97	8.76	10.57	12.63	14.64
		增量	1.27	1.41	1.51	1.66	1.79	1.82	2.05	2.02
	常规能源	现值	0.62	0.67	0.74	0.74	0.76	0.74	0.85	0.86
		存量	1.19	1.86	2.59	3.33	4.09	4.83	5.68	6.53
		增量	0.62	0.67	0.74	0.74	0.76	0.74	0.85	0.86
总产值增长率	非常规能源	现值	0.60%	20.39%	7.68%	13.68%	8.91%	11.56%	5.58%	7.31%
		存量	0.60%	20.99%	28.67%	42.35%	51.26%	62.82%	68.40%	75.71%
		增量	−15.18%	19.79%	−12.71%	6.00%	−4.77%	2.65%	−5.98%	1.73%
	常规能源	现值	12.85%	−0.56%	6.43%	1.40%	−2.60%	1.62%	4.33%	6.45%
		存量	12.85%	12.29%	18.72%	20.12%	17.52%	19.14%	23.47%	29.92%
		增量	1.95%	−13.41%	6.99%	−5.03%	−4.00%	4.22%	2.71%	2.12%

续表

指标			2011年	2012年	2013年	2014年	2015年	2016年	2017年	2018年
投资占全社会投资比重	非常规能源	现值	0.89%	0.73%	0.64%	0.50%	0.49%	0.38%	0.32%	0.27%
		存量	0.89%	1.61%	2.25%	2.75%	3.24%	3.62%	3.94%	4.21%
		增量	-0.12%	-0.16%	-0.09%	-0.14%	0	-0.12%	-0.06%	-0.05%
	常规能源	现值	0.36%	0.27%	0.23%	0.22%	0.21%	0.18%	0.13%	0.12%
		存量	0.36%	0.63%	0.86%	1.08%	1.29%	1.47%	1.61%	1.73%
		增量	-0.20%	-0.10%	-0.04%	0	-0.02%	-0.02%	-0.05%	-0.01%
上网电量市场化率	非常规能源	现值	3.89%	4.71%	6.53%	8.35%	10.15%	11.85%	14.15%	15.45%
		存量	3.89%	8.60%	15.13%	23.48%	33.63%	45.48%	59.63%	75.08%
		增量	0.82%	0.82%	1.82%	1.82%	1.80%	1.70%	2.30%	1.30%
	常规能源	现值	7.44%	7.78%	8.67%	9.13%	12.01%	14.72%	18.09%	21.48%
		存量	7.44%	15.22%	23.89%	33.02%	45.03%	59.75%	77.84%	99.32%
		增量	1.33%	0.33%	0.90%	0.46%	2.88%	2.71%	3.37%	3.39%

表 5-4 2011~2018 年常规能源与非常规能源总体有序协同水平及类型

年份	x_c^t	x_n^t	x_c^t/x_n^t	OS_{cn}^t	有序发展类型
2011	0.157	0.076	2.070	0.313	轻度无序失调衰退型
2012	0.098	0.114	0.861	0.397	轻度无序失调衰退型
2013	0.125	0.092	1.355	0.454	濒临无序失调发展型
2014	0.115	0.098	1.168	0.539	勉强有序协同发展型
2015	0.088	0.100	0.883	0.597	勉强有序协同发展型
2016	0.103	0.086	1.205	0.621	初级有序协同发展型
2017	0.144	0.077	1.866	0.709	中级有序协同发展型
2018	0.170	0.357	0.475	0.792	中级有序协同发展型

由表 5-4 可知，在 2011~2018 年中，2012 年和 2015 年较为特殊——非常规能源综合发展水平分别比常规能源高 0.016 和 0.012；但此外的其他年份，常规能源的综合发展水平均高于非常规能源。这表明 2011~2017 年，常规能源的综合开发仍领先于非常规能源；然而，2018 年非常规指数急剧上升至 0.357，常规指数仅稳步上升至 0.170，因此，常规能源落后于非常规能源，使得 2017~2018 年的波动明显。还有一个明显的波动，主要出现在 2011~2012 年；该波动出现的主要原因是 2012 年新增火电规模的下降、电网建设的不协调、常规能源总产量的减少及个别时期和局部地区的供给偏紧。因此，常规能源发展水平下降，比例波动较大。从 2012 年到 2017 年，该比率波动仍在稳定范围内。

（二）产业层面有序协同发展分析

1. 有序协同发展水平分析

"十二五"期间与"十三五"前期，在中国常规能源产业与非常规能源各部门间，相应的有序协同性呈现差异化特征，具体结果见表 5-5。

表 5-5 2011~2018 年常规能源与非常规能源有序协同度及各产业发展速度比值

指标	2011 年	2012 年	2013 年	2014 年	2015 年	2016 年	2017 年	2018 年
x_{hydro}	0.212	0.240	0.294	0.339	0.377	0.426	0.457	0.476
x_c/x_{hydro}	1.311	1.276	1.302	1.253	1.189	1.108	1.097	1.074
OS_{chydro}	0.379	0.454	0.496	0.544	0.582	0.647	0.706	0.768
$x_{nuclear}$	0.091	0.123	0.157	0.194	0.228	0.281	0.321	0.344
$x_c/x_{nuclear}$	1.329	1.341	1.377	1.264	1.279	1.251	1.226	1.217

续表

指标	2011年	2012年	2013年	2014年	2015年	2016年	2017年	2018年
$OS_{cnuclear}$	0.327	0.374	0.431	0.482	0.509	0.567	0.573	0.621
x_{wind}	0.110	0.131	0.161	0.190	0.229	0.266	0.293	0.346
x_c/x_{wind}	1.292	1.327	1.323	1.306	1.301	1.329	1.225	1.257
OS_{cwind}	0.341	0.382	0.437	0.458	0.511	0.551	0.677	0.708
x_{solar}	0.127	0.161	0.205	0.254	0.292	0.360	0.401	0.427
x_c/x_{solar}	1.049	1.059	1.042	1.037	1.021	0.983	0.970	0.969
OS_{csolar}	0.361	0.389	0.447	0.490	0.563	0.619	0.662	0.718

注：x_{hydro}为小水电的指标数值；$x_{nuclear}$为核电；x_{wind}为风电；x_{solar}为太阳能发电。OS_{ci}代表常规能源与新能源产业各部门的有序协同度，其中OS_{chydro}为常规能源与小水电的有序协同度；$OS_{cnuclear}$为常规能源与核电的有序协同度；OS_{cwind}为常规能源与风电的有序协同度；OS_{csolar}为常规能源与太阳能发电的有序协同度

非常规能源产业中各个子部门的整体发展水平均呈现逐年上升趋势，其中核电和小水电发展速度相对缓慢；相比其他非常规能源部门，二者每年增幅较小。同时，以小水电和太阳能发电为代表的非常规能源产业，均于2016年率先跨过了无序失调阶段、进入了初级有序协同发展阶段，随后其有序协同性一直呈上升趋势，最终小水电在2017年由初级有序协同阶段进入中级有序协同阶段，太阳能发电在2018年进入中级有序协同阶段。此外，风电与常规能源有序协同度的年均增长率最高为1.329，其有序协同度在2018年达到0.708，进入中级有序协同发展阶段。反观以核电为代表的非常规能源部门，仅于2018年进入了有序协同状态，其与常规能源的有序协同程度略逊于其他非常规能源部门。同时，表5-5也说明：随着技术、知识等密集型生产要素的投入，能源转型需求不同于以往常规能源产业占整个行业主导地位的情况，制度变迁和体制改革促使非常规能源技术的优势逐渐体现，不但表现在其价值传递过程正从产业链末端转移至前端，而且反映在其对常规能源的促进作用日益增强。

2. 有序协同发展模式分析

"十二五"期间与"十三五"前期，虽然常规能源产业与非常规能源产业的有序协同度逐步提升，能源转型的制度绩效显著，但非常规能源各部门与常规能源产业的有序协同水平增长幅度，以及产业发展速率却无法体现统筹规划的效果，而部分部门间发展速率的失衡也会导致产业间有序协同发展

类型在一定程度上存在差异。根据 2011~2018 年各部门间的有序协同发展规律，基于能源产业有序协同度及综合发展指数两个维度，通过表 5-5 中的测算数据，将常规能源产业与非常规能源产业各部门间的有序协同发展过程大体归纳为三个类型：第一类，波动同步发展型，如太阳能发电；第二类，衍化趋同发展型，如小水电；第三类，单部门主导型，如风电、核电。具体分类如图 5-1 所示。

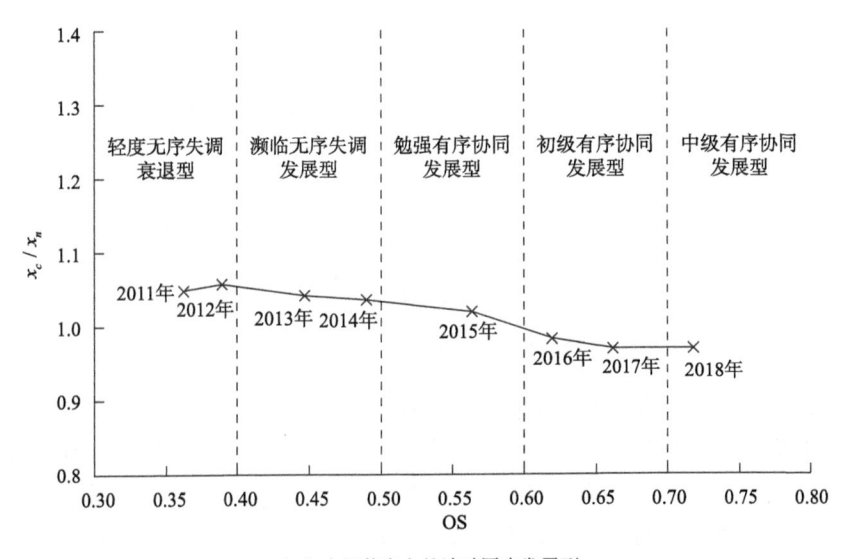

（a）太阳能发电的波动同步发展型

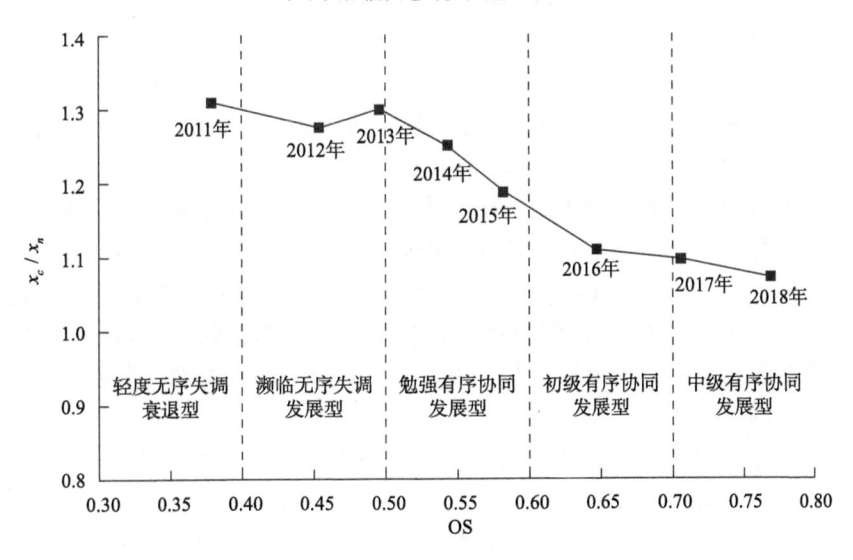

（b）小水电的衍化趋同发展型

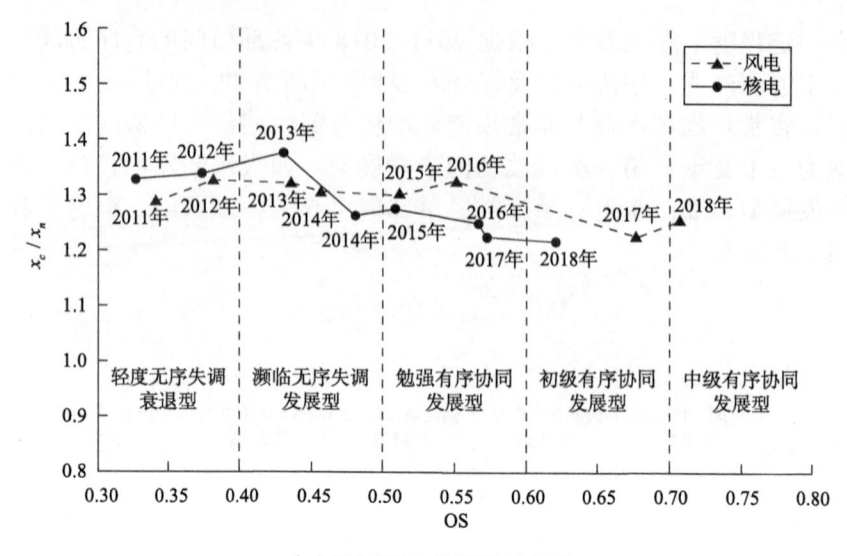

(c)风电与核电的单部门主导型

图 5-1 有序协同发展模式分类

由图 5-1 可知,第一类波动同步发展型中,太阳能发电于"十二五"期间的整体综合发展水平均稍滞后于常规能源产业;而在 2016~2018 年,其发展趋势出现小幅度的赶超,并最终在 2018 年仍保持发展速率优于常规能源产业,且发展水平相对均衡。同时由测算结果可知,除 2012 年外,能源部门间发展水平差距的波动幅度均保持在 5%以内,从统筹发展的角度看,部门间呈现出了符合预期的有序协同趋势;2018 年,随着新增光伏发电装机规模得到有效控制及电网企业加大光伏发电消纳工作力度,太阳能发电设备利用率提高和弃光率明显下降,导致太阳能发电在 2018 年的有序协同度大幅度提升步入中级有序协同发展阶段。

第二类衍化趋同发展型中,对于小水电部门而言,其发展前期会受制于发展水平处于优势的其他能源产业(部门),而后期随着与其存在有序协同关系的能源产业(部门)发展增速,其单部门主导优势逐步减弱。2011~2015 年常规能源发展水平明显高于小水电,常规能源对产业耦合提升贡献度较高,而在 2016~2018 年随着常规能源发展速率的逐渐放缓,以及 2016 年后小水电部门发展速率逐渐提高,其与常规能源的演进趋势趋于一致,充分体现统筹效果,并在产业增速同步期间部门有序协同优势逐渐显现,其与常规能源的产业有序协同度于 2017 年提升至中级协同发展阶段。2016 年之后虽然随着小水电的增速发展逐渐呈现出平和趋势,但是常规能源整体发展水平仍较高于小水电,两个子产业间的总体有序协同性一般。

第三类单部门主导型中，常规能源产业与风电、核电等部门的综合发展指数比值虽然分别在 2014 年和 2017 年有所降低并趋于平稳，但风电和核电等部门的发展水平仍滞后于常规能源产业，二者的有序协同类型依然属于常规能源主导类型。核电在 2018 年新增装机容量为 884 万千瓦，总装机容量规模增至 4 466 万千瓦，同比增长 24.7%，投资规模约为 437 亿元，连续三年下降。出于对安全性和经济性等因素的考虑，核电年度在建规模宜保持稳定。《能源发展"十三五"规划》中提出，2020 年在建核电装机达到 3 000 万千瓦以上。要达到这个目标，2019 年和 2020 年的年均核准开工的核电规模应在 900 万千瓦左右，对装备制造、设计、施工等各方面都会产生较大的压力（电力规划设计总院，2019）。产业间发展的不平衡不充分，致使核电在有序协同跨阶段的演进均落后于衍化趋同发展型与波动同步发展型，部门整体的有序协同性也弱于前两大类。据中国电力企业联合会 2019 年的数据，2018 年中国风电新增装机 2 026 万千瓦，装机总规模增至 1.84 亿千瓦，同比增长 12.4%；全年完成投资额 642 亿元，同比基本持平。风电行业在 2011~2014 年保持平稳发展趋势，并在 2015 年开始了新一轮有质量的增长，同时存在弃风限电严重的现象。随后受前期"跑马圈地"的影响，其装机容量在 2016~2017 年连续下降，但 2017 年降幅趋缓。由此可见，常规能源产业与核电、风电等部门发展的相对不平衡性使得核电、风电在能源转型过程中的驱动力不足，制约了中国能源部门间的可持续、高质量发展。

四、优化仿真

根据具备存量增量特征的发展评价模型及所得的常规能源产业与非常规能源产业综合发展水平，测算出存量与增量年综合发展水平，如表 5-6 所示；测算出现实中常规能源与非常规能源的存量资源与增量资源对两个子产业发展的贡献程度，如表 5-7 所示。

表 5-6　2011~2018 年常规能源与非常规能源存量与增量年综合发展水平

变量	2011 年	2012 年	2013 年	2014 年	2015 年	2016 年	2017 年	2018 年
$\dot{x}_c^t$	0.002	0.032	0.076	0.110	0.136	0.171	0.213	0.260
$\Delta\dot{x}_c^t$	0.152	0.063	0.123	0.093	0.112	0.130	0.161	0.166
$\dot{x}_n^t$	0.001	0.034	0.068	0.104	0.142	0.178	0.214	0.259
$\Delta\dot{x}_n^t$	0.039	0.125	0.087	0.116	0.133	0.096	0.120	0.284

表 5-7　2011~2018 年常规能源与非常规能源的存量与增量系数变化值

变量	2011年	2012年	2013年	2014年	2015年	2016年	2017年	2018年
γ_c^t	0.325	0.410	0.557	0.526	0.551	0.658	0.430	0.354
δ_c^t	0.675	0.590	0.443	0.474	0.449	0.342	0.570	0.646
γ_n^t	0.651	0.316	0.258	0.522	0.388	0.327	0.451	0.285
δ_n^t	0.349	0.684	0.742	0.478	0.612	0.673	0.549	0.715

由表 5-6 和表 5-7 可知，就能源转型效果而言，常规能源存量资源对能源产业可持续、高质量发展的贡献程度呈现"W"形波动趋势（弱→强→弱），而增量资源的贡献程度呈现"M"形波动趋势（强→弱→强）。"十二五"前期，能源产业整体发展水平逐步提高；从多能互补的方面看，非常规能源对常规能源的需求量快速增长，使得能源增量对传统能源产业的发展起到主导作用；而在随后的 2014~2016 年常规能源产业对非常规能源各部门的需求量趋之稳定，增量资源优势弱化存量资源处于优势的状态；2017~2018 年增量系数大于存量贡献系数，常规能源存量资源发展趋于平稳。非常规能源存量资源对产业发展的贡献程度呈现强→弱→强→弱的"N"形波动趋势，而增量资源对产业发展的贡献程度呈现弱→强→弱→强的"U"形波动趋势。"十二五"期间伊始，非常规能源存量资源的贡献系数大于增量系数，反映了前期过剩的产能正逐步被消纳；而 2012~2013 年，非常规能源存量资源对能源产业发展贡献程度逐渐减小，2014 年存量资源作为非常规能源部门演化发展的主要驱动力；从 2015 年起，非常规能源产业发展提速，增量资源的贡献优势随之显著增强，最终在 2015~2018 年呈现出了增量资源占优的新态势，处于战略新兴能源产业发展的经济增长期。

为进一步探析常规能源与非常规能源有序协同动态的演化过程，将 OS_{cn}^t 作为模拟函数值，将 γ_c^t 与 γ_n^t 作为模拟自变量。根据式（5-15）和式（5-16），对 γ_c^t 与 γ_n^t 分别赋值 0.001 作为变化率，模拟各个时间段内常规能源产业与非常规能源产业之间 OS_{cn}^t 的变化情况。由模拟结果分析可知，在函数关系 $OS_{cn}^t = f(\gamma_c^t, \gamma_n^t)$ 中，有序协同程度具有单调性，在各个时段内常规能源产业与非常规能源产业有序协同极值分别取得于点（0，0）和点（1，1），同时可测算得到其相应的有序协同边界如表 5-8 所示。从模拟测算结果中可知，在 2011~2013 年，当增量资源对常规能源产业与非常规能源产业的发展贡献占比越大时（即存量系数 γ_c^t 和 γ_n^t 越趋近于 0），其两子产业间的 OS_{cn}^t 越大；在 2014~2018 年，存量资源成为驱动常规能源产业与非常规能源产业进行有序协同演进的主要动力（即当存量系数 γ_c^t 与 γ_n^t 趋近于 1 时），两子产业间的 OS_{cn}^t 最大，且该优势性一直保持至 2018 年。

表 5-8 2011~2018 年常规能源产业与非常规能源产业的有序协同边界

年份	常规能源贡献程度系数 γ_c^t	δ_c^t	Max OS_{cn}^t	非常规能源贡献程度系数 γ_n^t	δ_n^t	Min OS_{cn}^t
2011	0	0	0.278	1	1	0.030
2012	0	0	0.298	1	1	0.181
2013	0	0	0.322	1	1	0.268
2014	1	0	0.336	0	1	0.313
2015	1	1	0.372	0	0	0.349
2016	1	1	0.418	0	0	0.334
2017	1	1	0.463	0	0	0.373
2018	1	0	0.521	0	1	0.456

对比分析表 5-7 与表 5-8 可知，就常规能源与非常规能源存增量系数的实际值（即 γ_c^t、γ_n^t 存量系数均未达到 1）而言，两个子产业的有序协同发展仍具有一定的提升空间。由此可见，优化现有存量、培育高质增量将有助于现阶段中国常规能源产业与非常规能源产业的有序协同发展。根据表 5-7 中对常规能源与非常规能源实际存增量系数的测算值可知，"新时代"中国常规能源产业处于增量转存量演进阶段，此种发展模式将有利于两个子产业有序协同性的提升，进而促进能源转型；而非常规能源产业则处于存量转增量演进阶段，此发展趋势将不利于两个子产业的可持续、高质量发展，能源转型存在阻碍。因此，由规范分析可知，现阶段中国常规能源产业应逐步从规模速度型向质量效率型转化，中国的常规能源产业发展模式是污染消耗较高、粗放式，利用效率低，因此应加快科技节能的进程，提高能源利用效率，平稳度过存量产能消化期；而非常规能源开发利用成本过高，能源密集度低且供应不稳定，未来产业部门演进应采取集约、优质、高效的发展方式，在增速发展的同时也要重视能源部门存量资源的优化配置。

第四节 有序协同转型的主要结论及政策建议

一、主要结论

本章以产业层面能源转型的有序协同为切入点，通过实证分析测算了 2011~2018 年中国常规能源产业与非常规能源产业间的综合发展水平及有序协同程度；为深入研究两个子产业间有序协同演化趋势，通过对存量增量系数进行调节，实现仿真模拟分析。研究结果主要为以下几个方面。

首先，随着能源转型深入推进，常规能源产业与非常规能源产业间的有序协同程度呈逐年递增的发展态势，表现出符合统筹预期的相互适应效果；但现阶段中国常规能源产业与非常规能源各部门间的相互作用效果不同，有序协同程度存在显著差异性，其中常规能源产业与风电和太阳能发电有序协同的关联紧密程度大于常规能源产业与小水电和核电。

其次，能源转型推动了能源产业的结构性升级，常规能源与非常规能源均呈现出由存量资源贡献优势向增量资源贡献优势转化的特点。其中，非常规能源更具备后发优势，成长潜力的增量资源系数更大；而常规能源存量发展态势更趋于平稳，作为多能互补的有效手段，常规能源更易于统筹规划，从而有利于与非常规能源的有序协同发展。

最后，常规能源与非常规能源存量增量系数的实际值均未达到产业绩效的发展预期，能源转型的结构性优化仍存在合理空间。在"新时代"发展背景下，两个子产业的有序协同发展仍具有一定的提升潜力，优化现有能源存量资源、培育高质能源增量资源将有助于未来中国常规能源产业与非常规能源产业的可持续、高质量、有序协同发展，进而提高能源转型的效率、促进能源转型的深化。

二、政策建议

本章基于以上研究结论提出以下四点政策建议。

第一，推进能源（电力）市场化改革，加快推动非常规能源产业消纳进程。通过资源高效优化配置，保障绿色能源合理消纳和可持续发展，在良性竞争的机制作用下，同时提升常规能源产业对非常规能源各部门的推动作用。运用市场机制改善电源结构，完善可再生能源补贴政策，加强两个子产业的关联性，引导非常规能源开发，不断提高常规能源利用效率，为产业内部进一步有序协同发展创造更大的空间。

第二，科学平稳地推动技术进步，充分发挥政府在常规能源产业与非常规能源产业有序协同发展中放松管制、加强监管的引导作用。通过完善能源体制、制定激励相容性政策，积极推进常规能源技术与非常规能源技术的产业化、规模化、商业化发展，培养并建立非常规能源技术创新体系，支持国内研究机构和企业对核心技术的研发，培养良好的自主创新能力。在面临新能源消纳困难、成本较高的问题上，利用法律+经济的长效机制引导能源产业不断提高关键技术开发应用能力和能源系统综合优化水平。

第三，加快创新机制体制改革，利用制度创新+技术创新+模式创新+行为优化的方式推进中国能源的可持续转型。完善能源技术标准体系，建立产业信息监测和评价体系，形成规范、公平的产业运营环境和行之有效的政策支持框架，保障常规能源产业与非常规能源产业的可持续、高质量发展。加强对处于幼稚期、成长期的非常规能源产业的政策倾斜，着重推进新能源产业的发展步伐，尽快消除产业发展不平衡不充分问题，使常规能源尽快从规模主导型向有序协同型转变。

第四，以资源存量为主要发展形式，充分利用增量资源的发展潜力。合理投资、科学调整常规能源产业与非常规能源产业的存量资源，推动高能耗行业节能减排，从能源价值链逆向传递的角度评估能源转型的意义。中国能源结构正逐渐向清洁低碳转变，此时应避免或减轻常规能源与非常规能源之间运营矛盾及能源系统运行低效率。利用增量资源发展潜力有效解决能源短缺问题，稳步推进新能源项目建设，促进能源部门高质量发展。

研究结果将为未来研究中国能源转型的路径选择、潜力评估、治理对策等问题奠定坚实的理论支持和实证基础。但是研究仍存在一些局限：囿于数据的不可得性，研究未对区域层面的能源转型有序协同发展问题进行讨论。未来的研究将通过实地调研的方式，主要针对此问题深入展开，以期为中国能源转型的制度建设、政策制定、监管实施等工作提供技术支持。

第五节 本章小结

本章构建了有序协同度评价模型，并从产业规模、经济效益、社会贡献、成长潜力四个维度选取了涵盖"十二五"全期和"十三五"部分期间（2011~2018年）的数据，测算了常规能源产业与新能源产业的综合发展水平及有序协同程度，分析了二者的关联性和协同性。同时，利用存量增量双重发展特征的评价模型系统衡量两个子产业之间的资源基础与增长速度，从而进一步分析增长驱动力的来源。结果表明：①两个子产业总体的有序协同度呈逐年增长的态势，但常规能源产业与新能源各部门间的有序协同度却存在显著的差异性；②能源转型推动了能源产业的结构性升级，常规能源与非常规能源均呈现出由存量资源贡献优势向增量资源贡献优势转化的特点；③常规能源与非常规能源存量增量系数的实际值均未达到产业绩效的发展预期，能源转型的结构性优化仍存在合理空间。

第六章 能源绿色低碳转型的市场设计①

第一节 市场导向能源转型的概述

20 世纪 90 年代伊始，针对各国能源电力领域的发展障碍问题，世界主要工业化国家陆续进行了富有成效的电力市场改革或电力市场自由化改革（Grubb and Newbery，2018；Letova et al.，2018）。2002 年至今，中国已经推行了两轮电力系统的改革，且将其定位为电力体制改革（杨宁，2015）；尤其是第二轮电力体制改革，其改革重点之一就是构建竞争性的市场环境（王丰，2019）。在探索适合中国电力资源高效配置方式的同时，中国却迎来了另一个深刻的变革——能源绿色低碳转型。能源绿色低碳转型是一个渐进和长期的过程（李俊江和王宁，2019）。截至 2018 年底，煤炭仍为中国能源结构中的主导能源，在一次能源消费总量中的比重为 59.0%，因此中国仍处于煤炭时代（张抗和焦扬，2018）。考虑到资源禀赋、经济社会发展阶段和清洁、高效、安全、可持续的能源绿色低碳转型目标，中国的能源绿色低碳转型无法像世界上多数国家那样，依次完成从煤炭时代到石油时代再到可再生能源时代的转换过程，而是要实现跨越式演进和迭代式发展，直接从煤炭时代迈向可再生能源时代。尤其是在能源安全和环境保护的压力下，如何推进能源可持续转型，成为中国甚至是世界各国所面临的热点问题（孙肖阳，2017；Yang et al.，2020）。随着全球能源安全问题和环境保护问题日益严峻，以可持续转型为核心的能源发展模式已经引起了各国政府、企业与学者的高度关注（史丹和王蕾，2015；Safari et al.，2019）。2014 年以来，"四个革命、一个合作"（能源消费革命、能源供给革命、能源技术革命、能源体制革命，全面加强国际合作）

---

① 主要内容已发表于 2021 年第 9 期 *Frontiers in Energy Research* 中的 "How to promote energy transition with market design: a review on China's electric power sector"。

的能源战略思想日臻完善，中国政府也高度重视能源绿色低碳转型问题；2015年中国提出了创新、协调、绿色、开放、共享的新发展理念，为化解能源资源和环境约束的世界性难题指明了方向。从制度变迁的角度看，市场设计与能源绿色低碳转型成为现阶段中国电力部门必须适应的两项平行制度；二者从不同的层面为中国电力产业发展既带来了机遇，又带来了挑战。

为了论证上述问题，本章利用 IETB 分析框架（Zhang and Andrews-Speed，2020；刘平阔和王志伟，2019）对中国能源绿色低碳转型在制度、经济、技术和行为四个方面的障碍展开分析，进而对目前国内外已经开展的电力市场交易机制展开研究，考虑电力现货市场、电力容量市场、电力期货市场、碳排放权（emissions trading，ET）市场、绿色证书市场五种市场交易机制的实施效果，分析五种市场设计能否解决中国能源绿色低碳转型过程中所遇到的障碍，以期为中国电力可持续发展提供方法和途径。

在世界范围内，促进清洁能源发展的机制较多，在各国电力市场设计中也均充分考虑清洁能源消纳的需求，力争通过电力市场促进清洁能源发展（史连军等，2017）。目前针对能源绿色低碳转型驱动因素的研究多集中于支持性政策方面（史丹，2017a；Munro and Cairney，2020；Matthew and Jennie，2017）。例如，基于投融资政策层面，Fan 和 Hao（2020）利用矢量纠错模型对投资与可再生能源发展之间关系进行研究，认为有针对性的直接投资将极大地推动中国的可再生能源发展。Will 和 Strachan（2012）利用两阶段随机能量系统模型对能源投资与能源服务需求关系进行研究，认为在未来的能源发展过程中，大量的能源投资才能满足不断增长的能源服务需求和新能源增长需要。基于补贴政策层面的研究，Yang 等（2019）利用面板阈值效应模型，以 2007~2016 年中国 92 家可再生能源上市企业为样本，探讨政府补贴类型和企业规模对门槛效应的影响和差异，认为政府补贴是支持可再生能源企业发展和中国能源绿色低碳转型的主要力量。Monasterolo 和 Raberto（2019）对与化石燃料补贴相关的负面社会经济和环境外部性进行了讨论，认为可再生能源补贴有助于促进能源低碳转型。基于税收政策层面的研究，Lin 和 Jia（2019）利用动态递归 CGE 模型从税率和税种（量税和价税）的角度分析能源税对能源、经济和环境的影响，认为能源生产部门的税收是一种有效的节能方法，其可以减少二氧化碳排放和促进清洁能源发展。Wang 等（2019a）利用差分博弈模型，对碳税是否影响企业间低碳技术共享的战略和绩效展开研究，认为碳税收政策是实现中国碳减排和能源清洁发展的关键。此外，还有部分学者讨论了价格支持政策对能源绿色低碳转型的影响，如 Fouquet（2016）总结了过去 30 年能源绿色低碳转型历史经验，认为能源服务价格在创造刺激能源绿色低碳转型的激励机制中起着至关重要的作用。Li 等（2018）以中国八个经济区为例，从空间和分位数的角度量化了能源价格对碳排放量的影响，认为能源价格可以通过经济发展、产业结构、能源效率、能源投资和能源消耗五个变量来抑制碳排放。

在着手解决问题之前，现阶段四个方面的问题必须得到正视：首先，转型旨在解决能源安全问题和环境保护问题（金乐琴，2016），以促进经济社会的高质量发展；其次，转型应促进新能源生产量和消费量在能源总产量和总消费量的比重稳步增加（谢志明等，2017）；再次，转型应体现可再生能源的成本优势和竞争优势理性增强（孙莉莉，2018）；最后，转型进程不但呈现出长期性、系统性、复杂性的特征（Solano-Rodríguez et al.，2018），而且应具有协同性、有序性、高质量的属性（Baležentis and Štreimikienė，2019）。即使可通过政策进行高效干预，中国仍面临电力消耗多、基础设施规模大、改革深化成本高等问题，使其难以在短期内加快步伐，加之中国能源绿色低碳转型处于重要的历史节点，能源结构不尽合理。因此，以市场为导向优化能源结构，减少无效供给、扩大有效供给，成为社会各界人士的共识。同时从中国制度变迁和社会经济发展的长期角度看，为了进一步高质量推进电力转型、引导电力行业有序协同发展，市场设计及其相关的制度安排成为推进能源绿色低碳转型的重要工具。

第二节　四维框架的能源转型障碍分析

一、总体架构

为系统性、维度化分析能源绿色低碳转型问题，刘平阔等（2019a）建立了一个 IETB 分析框架（图 6-1）。该分析框架认为制度保障是能源绿色低碳转型的驱动核心，主要体现在投资政策、发展规划等战略上；制度保障是连接技术支持、经济指导和行为协调的重要环节；技术支持和经济指导是能源绿色低碳转型的驱动基础，两者之间存在着显著的互动关系；行为协调作为能源绿色低碳转型的驱动方式，不仅可体现技术支持、经济指导和制度保障的作用，还可反馈三者的驱动维度。

基于该框架，以绿色低碳发展形势较好、可体现能源替代模式的电力部门为例，对中国能源绿色低碳转型的障碍与短板进行分析。

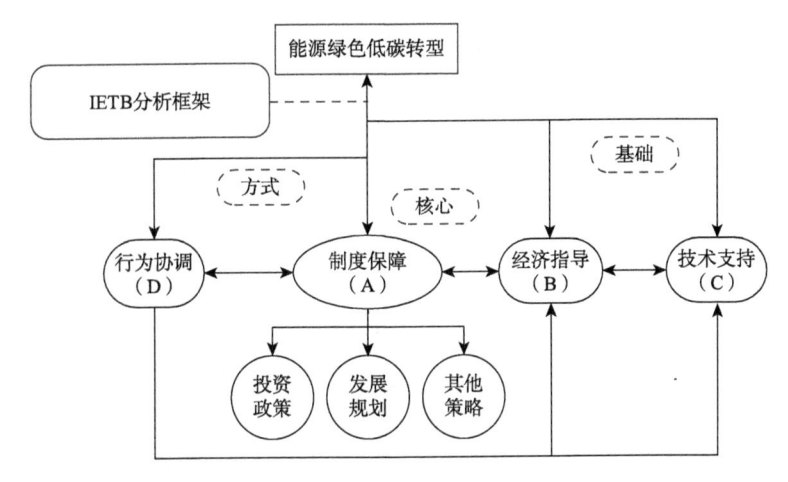

图 6-1 中国能源绿色低碳转型的 IETB 分析框架

二、维度化分析

（一）制度层面

（1）行业监管力度不足（丁仲礼，2019）。能源相关法律法规已规定了各级政府部门、相关企业的权利义务；但具体实施中由于相关责任主体不够明确、缺乏有力监管等，对执行不到位的企业或单位难以实施处罚。例如，《中华人民共和国可再生能源法》第二十八至三十一条规定了相关部门、电网企业、燃气和热力管网企业、石油销售企业的法律责任；但自颁布实施以来，尚未有因违反可再生能源法获得相关行政处罚的案例发生，法律责任条款并未有效落实。

（2）长效机制不健全（李俊峰和柴麒敏，2016）。在能源绿色低碳转型与再生能源发展初期，电价调整滞后于技术发展水平，部分可再生能源企业追求高投资回报使得非理性投资增加，"抢装机、抢上网"问题突出，部分地区未按照国家规划有效控制本地区发展规模，导致部分可再生能源企业在政府补贴不到位的情况下经营困难。

（3）统筹规划水平较低（曹莉萍和周冯琦，2017）。可再生能源发展目标和规划缺乏约束性，部分地区可再生能源开发利用中长期总量目标未严格依照全国总量目标确定，地方规划发展目标超过上级总体目标，建设规模、布局和速度也与上级规划不一致。

（4）省际壁垒高耸（吴静等，2019）。省际壁垒是体制或其他原因形成的阻碍电力资源跨地区流动的电力交易障碍，导致省间电力流动面临较大的困难，电力交易出现地方割据和市场封锁（周侠，2018）。例如，根据国家统计局 2019 年的数据，2018年国家电力市场交易电量约为2.1万亿千瓦时，其中省内市场交易电量合计16 885亿千瓦时，占全国市场交易电量的81.8%；省间（含跨区）市场交易电量合计3 471亿千瓦时，占全国市场交易电量的16.8%。由此可知，省际电力交易规模仍有较大增长空间。省际壁垒的存在造成各省电力市场的割据局面，极大地限制了电力市场的发展。

（二）经济层面

（1）政府财务负担较重（曹莉萍和周冯琦，2017）。作为绿色低碳的替代性能源，风电、光伏装机容量的快速增长已造成可再生能源发展基金的巨大缺口。根据中国电力企业联合会的数据，2016年中国可再生能源补贴缺口已超700亿元；2017年缺口达到1 000亿元；2018年缺口已超1 200亿元；2019年缺口进一步扩大；2020年可再生能源补贴缺口累计突破3 000亿元。由此可见，"十三五"期间，90%以上新增可再生能源发电项目补贴资金来源尚未落实。

（2）绿色低碳能源发展的投资不足（张粒子和唐成鹏，2016）。从电能替代的角度看，由于中国电力系统演变过程中不断摇摆于电力短缺与电力过剩，政策制定者和相关领域专家始终存在一定顾虑，即若迅速从公平调度转变为以经济调度为主的市场体系，会对系统中现有燃煤电厂造成很大压力，且或将导致未来电力投资不足，进而再次发生系统性电力短缺。根据《电力工业"十三五"规划研究报告》，"十二五"与"十三五"期间，电力投资额分别为5.3万亿元与5.8万亿元，其中"十三五"比"十二五"增加9.4%。如何在波动性可再生能源占比很高的电力系统中仍保持充足的投资，是保障中国能源绿色低碳转型可持续发展的一项重要任务。

（3）民营资本的盲目活跃（林芳萍，2016）。2009年以来，中国政府连续推出了一系列对清洁能源产业的支持政策，以此充分反映政府对发展新能源产业的决心；但也导致各地新能源民间投资迅速扩张，一定程度上造成了一些无序状态。例如，早期大部分新能源企业都将投资方向指向风电及太阳能等项目，只有部分选择投资垃圾发电和生物质能等新能源产业；在缺少统筹规划的情况下，致使已知的新型能源开发利用方面发展存在不平衡不充分的隐患（赵天宇，2016）。

（4）经济发展新模式的冲击（马千里和李倩，2019）。徐祎（2017）以1991~2015年数据为样本通过实证分析发现，新能源消费的增长与中国经济增长呈正向关系。当前中国经济进入新常态，经济发展方式已从规模速度型粗放增长转向质量效率型集约增长，经济增速放缓；而新能源产业在建设初期需要巨大的资金和劳动力投入，高成本（尤其是碳减排设备的相关费用）与收益的不确定性必然成为制约中国新能源产业发展的最大阻碍（陈航，2015）。

（三）技术层面

（1）系统接入和并网方面的挑战明显（孙元章等，2017）。当前中国的电价机制要求电网公司向并网的风电和光伏电力支付与当地燃煤标杆上网电价相同的上网电价（政府补贴风、光标杆电价和燃煤标杆电价之差），因此，主观上，电网公司无法通过消纳更多的可再生能源增加其盈利水平。此外，客观上，除了风、光发电与中国电力系统已有的计划体制存在冲突等因素，由于目前技术的限制，电网接入高比例的可再生能源还会影响电网运行的稳定性和安全性（殷桂梁等，2015）。因此，清洁能源发电具有较强的波动性和不可预见性。此外，电力需求和输电线路的约束性也较强。

（2）电网建设滞后于可再生能源发展（郭莉等，2020）。目前中国电网建设滞后于可再生能源发展，导致输电通道不足，且部分输电通道能力未达到设计水平，可再生能源电力输出受阻问题比较明显。例如，2018 年底中国"三北"（东北地区、华北地区、西北地区）地区新能源装机达到 2.3 亿千瓦，本地市场有限，跨区外送能力只有 4 200 万千瓦，仅占新能源装机的 18%。灵活性电源比例不尽合理，蓄能电站规划建设较为滞后，影响电网稳定性，不利于可再生能源消纳。

（3）弃能限电问题依旧突出（李俊江和王宁，2019）。绿色低碳转型的进程中存在一些明显但无法避免的"浪费"。国家统计局的数据显示：发电侧方面，2018 年中国弃风率达 8.7%，弃光率达 3.6%，弃水率达 5.2%，其中弃风弃光最为严重的是新疆和甘肃；弃水最为严重的是云南和四川，弃水率分别达 37.6%和 20.2%。全国性的弃风、弃光、弃水问题造成了能源资源的巨大浪费，也增加了新能源发电的成本，客观上阻碍了对新能源发电上网电价的进一步调整，阻碍了清洁能源的可持续发展。

（四）行为层面

（1）中央政府与地方政府的规划矛盾（周侠，2018）。在绿色低碳转型的过程中，由于缺少自上而下的统筹规划，各省份都在大力推动各自区域内火电项目建设，使得当前煤电产能严重过剩。新建的燃煤火电项目仍处于偿债期，因此大量火电项目短时间内无法被新能源发电项目替代。同时，政策激励制度的不合理与政府间利益分配不均是中央与地方能源制度出现较大偏差的主要原因，从而导致了政出多门，使全国能源规划、调度和定价，特别是新能源电价难以在地方得到有效实施（曹莉萍和周冯琦，2017）。

（2）企业与政府之间的利益冲突（谢旭轩等，2014）。绿色低碳转型的过程需要持续均衡传统化石能源与新型可再生能源之间的关系。煤炭价格大幅上涨压缩了煤电企业的营利空间，从而进一步增加了燃煤发电和可再生能源发电之间的矛盾（倪维斗，2018）。电网输配部门为减少投入而拒绝接纳新能源入网，导致非化石能源电力无法有效利用而造成浪费；部分可再生能源发电获得了补贴却未被消费，从而对国家政府的转移性支付也造成非必要损失，违背了补贴政策的初衷。

第三节　针对转型的市场设计与讨论

一、电力现货市场

在能源绿色低碳转型的过程中，电力现货市场是能源现货市场的典型代表，且具有其特殊性，因此，电力现货市场成为市场设计框架中的核心模块（图6-2）。现货是电力市场实现功能的载体；电力现货市场是电力批发市场的重要标准。在电力现货市场中，严格遵守着互利互惠、公平竞争的原则（Tang and Zhang，2020），隐含着两条"规矩"：①售电方应立即交电，且购电方应当场付钱，即一手交钱、一手交货；②电能交付时没有附加条件，买卖双方绝不能反悔，即买定离手、概不退换。电力现货市场运行体系主要由日前市场、实时（平衡）机制、市场监管、风险管控、系统管理等子系统组成，将电力系统电力资源的输电、配电及用电用户联系到一起，可提供辅助服务市场子系统，适用于调频、后备等辅助服务市场开发领域。

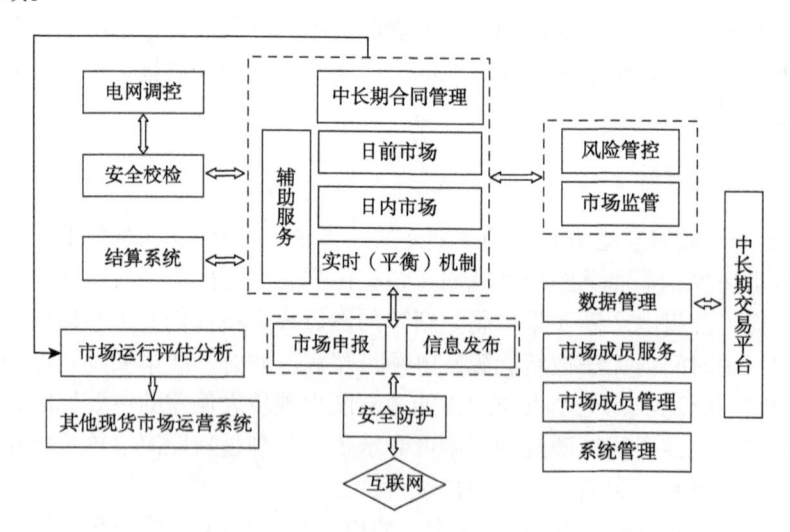

图6-2　电力现货市场运营系统图

对于能源绿色低碳转型的诉求，电力现货市场可在新能源消纳和能源结构调整两个方面进行保障。

（1）有利于打破省际交易壁垒、缓解新能源入网波动性。在电力现货市场中，日内市场主要为市场成员提供一个在日前市场关闭后对其发用电计划进行微调的交易平台，以应对日内的各种预测偏差及非计划状况，其交易规模往往较小（马辉等，2019）。随着更多间歇性新能源的大量接入，如风电、光电等，其在日内发电出力的不确定性会增强；日内市场则可为新能源参与市场竞争提供机制上的支持。Zhang 等（2018）证实电力现货市场可发挥市场配置资源的决定性作用，通过市场竞争的方式充分挖掘可再生能源的跨省区消纳空间，缓解愈加严重的弃风弃光弃水问题。例如，国家电网有限公司于 2017 年 8 月正式启动跨区域省间富余可再生能源电力现货交易试点，从而在 2017 年全年全国现货市场中交易了 60 亿千瓦时的可再生能源发电量；截至 2018 年底累计达成跨区现货交易电量超过 90 亿千瓦时。由此可见，电力现货市场不但可实现区域内的新能源消纳，而且能为新能源的跨省区流动提供商业平台。

（2）有利于调整能源结构。电力现货市场是构成完整的电力市场交易体系的重要组成部分，也是价格发现和资源优化配置的重要环节（龚国军，2018）。截至 2017 年底，国家发展和改革委员会公布光伏发电进行市场交易的上网电价为 0.65~0.85 元/千瓦时；风电在市场交易的上网电价为 0.40~0.57 元/千瓦时。同时，煤电价格一般保持在 0.31~0.52 元/千瓦时。在确保电力能通过现货市场销售后，发电企业光电和风电销售价格的信号作用明显高于煤电价格，由此激励发电企业"愿意"多发一些清洁电力。该现象与 Peng 和 Tao（2018）的研究结果相一致，即电力现货市场可通过价格引导下的市场参与主体进行互动，促进能源结构向绿色化清洁化发展。

二、电力容量市场

在能源绿色低碳转型的过程中，监管机构会预先设定一个发电充裕度目标，并给出满足规定目标所需要的发电容量数目。所有电能零售商与大用户（即可直接购电的组织）必须通过集中交易式的容量市场购买一定比例的容量份额。防止一旦出现输电能力和发电能力的不足，就会对社会稳定和国民经济发展造成困难的现象。因此，当发电容量充裕度低于一定水平时，就要建立一个电力容量市场。电力容量市场可优化电力发展的速度和质量，降低电力投资的成本和风险，杜绝电力项目的违规建设，为电力市场竞争奠定基础。在政府宏观控制之下，通过统一组织规划、统一开展项目可行性研究论证、统一竞争获取开发权、统一差别化获得容量电价和目标市场或电量消纳省市场成员资格许可，实现电力项目的可持续开发,降低投资风险,以保持电力供给和需求的合理比例,满足经济对电力发展的需要。市场设计中的电力容量市场是保证可用电力负载容量的辅助模块,通过向容量供应商提供稳定的合同支付以换取稳定可靠的电力供应承诺(Parmar and Darji,2020)。电力容量市场的结构设计包括容量定额、资格&拍卖、交易、交付和支付五个阶段(图6-3)。

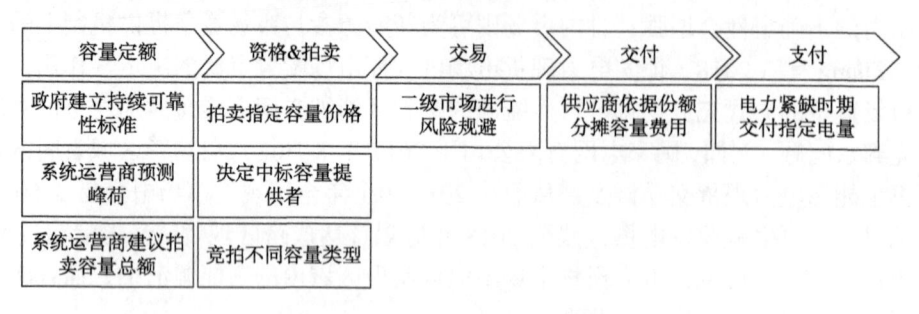

容量定额	资格&拍卖	交易	交付	支付
政府建立持续可靠性标准	拍卖指定容量价格	二级市场进行风险规避	供应商依据份额分摊容量费用	电力紧缺时期交付指定电量
系统运营商预测峰荷	决定中标容量提供者			
系统运营商建议拍卖容量总额	竞拍不同容量类型			

图 6-3 电力容量市场的结构设计

电力容量市场可从两个方面来促进中国能源可持续转型(陈雨果等,2020)。

(1)有助于满足电源投资激励需要。容量市场是以投资为变量,以长期均衡成本代替短期价格引导市场,可有效降低市场风险(李鹏等,2019;Lockwood et al.,2019)。Brown(2018)证实容量市场机制可根据发电企业的产量给予其一定补助和投资回收,此时的市场机制可引导充裕的发电容量投资,避免电源建设周期过长带来的投资不确定性风险,从而增加发电商的投资积极性。侯孚睿等(2015)也通过容量拍卖结果佐证了容量市场设计的优势,即提前签订新建容量协议、刺激新投资。

(2)有助于优化资源配置、解决波动性新能源入网所产生的电力安全问题。长期以来,中国发电资源分配主要依赖于电网的调度方式;即使在第二轮电力体制改革之后,由于发电上网价格普遍执行标杆电价或核准定价模式,发电产业出现了不顾需求和效益、盲目"跑马圈地"的现象,导致电力供应出现阶段性过剩的局面。通过建设电力容量市场、引入市场竞争,将有助于发现增量发电资源的真实成本;经由市场引导增量发电资源进行优化配置,最终实现节约社会整体用能成本的目标。此外,风电、光电等可再生能源的快速发展,对系统备用容量电源提出了更高的需求;通过科学合理规划容量需求总量及结构,同样可通过引导电力供给向绿色低碳转型方向发展。Parmar 和 Darji(2020)的研究也证实,在解决发电资源优化配置、促进波动性新能源在电源中占比等问题上,电力容量市场是一种主流的解决方法。

三、电力期货市场

标准的电力远期合同需通过二级市场进行买卖,但二级市场的参与者并不局限于发电企业或电力用户;某些无法交付电力商品的参与者有意愿参加市场,此时便会出现一些投机者心态:一方面,这些潜在的参与者希望购进一笔在未来进行交付的合同,等待日后以高价抛售出去;另一方面,这些潜在的参与者也可以先卖出一笔合同,并且期待在日后以更低的价格买入另一合同。上述合同无须进行实物交割,因此被称作电力期货合同;此类合同的交易市场即电力期货市场。过程实质是厌恶风险的电能交易主体为了规避风险而付钱给愿意承担风险的投机商。电力期货交易是二级市场,表示为一种可以交付特定数量和质量的电力商品标准合同的风险管理机制。在电力期货交易过程中,竞价交易是电力期货交易过程中的基本交易方式;在竞价过程中,交易平台上聚集了大量参与者;在交易所规章制度的指导下,对各类电力期货分别完成投标交易(Spodniak and Bertsch,2020)。电力期货市场交易流程如图6-4所示。

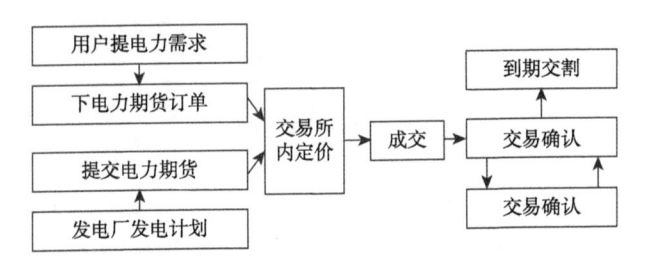

图 6-4 电力期货市场交易流程

先进的电力期货市场始终具有价格发现、资源优化配置和风险规避的综合功能(Kalantzis and Milonas, 2013),从而可在能源结构优化和市场风险控制等方面支持能源转型(Zhang and Farnoosh, 2019)。

(1)有利于控制风险、保障能源价格安全。电力期货市场是对现有批发和零售电力市场的有效补充(王鑫等,2019),可为电力市场交易中的价格波动管理和风险降低提供平台。Nakajima(2019)证实电力期货市场作为一种高级的电力市场形态,具有价格发现和规避风险的市场功能,可在引导电力市场投资、控制系统风险等方面提供帮助。此外,从电力期货交易规则可知,参与者能够签订长期的电力期货合约,使电力生产者和用电者能够对将来的生产、消费行为成本有比较准确的估计,因此降低了生产和消费的风险,从而有助于提高整个电力系统的安全性。

(2)有利于优化能源结构。单一的现货市场价格容易偏离其实际价值,且无法实现资源的优化配置或促进节能减排（Mosquera-Lopez and Nursimulu，2019）。Kallabis 等（2016）证实电网系统可通过市场价格对电力期货市场进行科学合理的预算和规划。在电力市场整体供大于求的大背景下，由于低效率机组依然可以获得部分计划电量，该电力生产模式会使高效率环保发电机组在总体用电量减少时无法得到高发电指标，最终造成高效燃煤机组利用率降低；而在电力期货市场中，高效率机组煤耗低，燃料成本低，报价上有优势，在集中竞价交易中会优先成交，低效率机组成交顺序靠后，成交量得不到保证，会逐渐退出市场竞争，最终实现通过市场化手段来节煤减排优化电源结构的目的（任梦祎，2019）。

四、碳排放权市场

在能源绿色低碳转型的过程中，碳排放权市场是实现低碳的重要工具。碳排放权是指用能主体能够排放温室气体的限度，可作为价值性资产和稀缺性商品在市场中交换流通（图6-5）。市场设计框架中的碳排放市场是一种辅助模块，碳排放权市场的本质是在环境管制目标的指导监督下，各用能主体通过市场化方式实现碳排放责任再分配的过程（Lin and Jia，2020）。

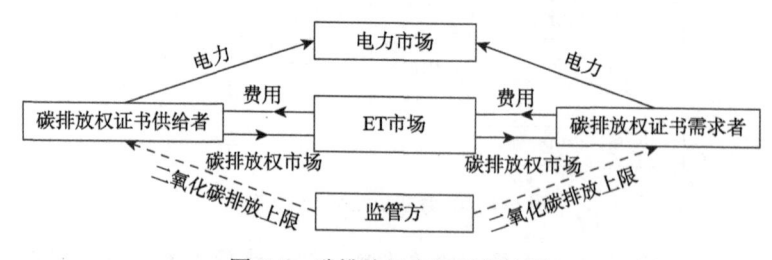

图 6-5　碳排放权市场运行流程

碳排放权市场对推进能源结构调整、促进新能源消纳具有重要意义（Weng and Xu，2018）。

（1）有助于调整能源结构。碳交易机制的建立，不仅有利于调动企业生产清洁电力的积极性，还可促进清洁能源发电份额的不断提高。朱敏（2019）从碳交易市场推动清洁能源快速发展、加快煤电产能退出进程、促进煤电企业转型三个方面分析了碳排放权市场对中国能源结构转型的影响，认为碳交易机制的建立将调动企业对清洁电力的积极性，推动清洁能源发电占比不断提升，最终实现清洁能源对传统能源的全面替代。Yi 等（2019）通过对中国七个试点省市和其他非试点省份的数据进行实证分析，证明碳交易的实施能够显著地促进高碳结构的能源市场实现结构转型，使得传统能源特别是煤炭能源的消费从总量上到比例上的逐渐降低，并且伴随着低效率的煤炭资源消费减少、清洁能源的广泛使用，能源使用效率将得到进一步提升，更有利于达成节能减排的目标。Weng 和 Xu（2018）指出碳排放权市场对中国新能源产业的影响较为显著，碳交易机制可促进新能源需求增加，促进能源市场化改革。

（2）有助于促进新能源消纳。在碳交易机制中，使用传统化石能源的企业需要缴纳碳排放税，从而可在一定程度上倒逼高耗能企业使用清洁能源。该强制性的碳排放税缴纳机制还可控制区域能源消费总量，将能源需求转化为清洁能源消费（Zhang et al., 2020）。上海证券交易所是中国最大的碳交易所；2012 年，上海证券交易所实现碳交易量超过 325 亿元。截至 2018 年底，中国累计碳排放交易量接近 8 亿吨，累计碳排放交易额超过 110 亿元。总之，碳排放权市场的成功实施将有助于传统化石能源消费者将能源需求转化为清洁能源（Wang et al., 2019b）。

五、绿色证书市场

在能源绿色低碳转型的过程中，绿色证书市场是实现绿色的重要工具。绿色证书市场又称可交易绿色证书（tradable green certificates，TGC）市场，是政府推进可再生能源配额制的一个核心模块，旨在按计划和预期实现可再生能源的生产和消费（Song et al., 2020）。通过 TGC 的自愿认购交易，电力企业可根据可再生能源配额完成其在绿色证书市场的义务（图 6-6）。

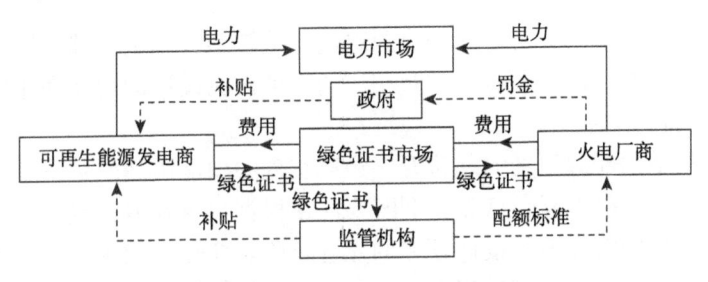

图 6-6 绿色证书市场运行流程

理论上，绿色证书市场将有助于通过减轻政府财政负担和优化资源配置来促进中国的能源绿色低碳转型（Finjord et al., 2018）。

（1）有利于减轻政府财务负担。Ciarreta 等（2017）研究结果表明，可再生能源配额制的实施和绿色证书市场的建立不但可实现可再生电力的目标，而且可降低监管成本和财政负担。引入市场化措施可使绿色证书市场实现自由交易，这意味着政府不再需要直接转移财政补贴来支持可再生能源产业。绿色证书市场是完善可再生能源支持政策，甚至构建可再生能源发展机制的重大举措（唐金平，2017），其不但促进清洁能源的高效利用、降低国家财政资金的直接补贴强度，而且对于凝聚社会共识、推动能源绿色低碳转型具有积极意义。截至2018年5月末，中国绿色证书累计发行2 200万份，累计认购27 190份；届时，直接帮助政府节省了可再生能源补贴460万元。

（2）有利于优化资源配置、缓解燃煤发电与可再生能源发电矛盾。Helgesen和Tomasgard（2018）通过实证分析表明建立绿色证书市场既可促进可再生能源消纳，又可显著提高发电商收益。绿色证书市场建立后，电力行业的外部成本将内部化，总成本变为生产成本和外部成本之和（刘敦楠，2017）。同时，电力市场的均衡价格能够真实反映电力商品的实际价值，可有效解决资源配置效率低下的问题。可再生能源发电量和绿色证书的互相转化，既鼓励了可再生能源优势企业生产的积极性，又使可再生能源劣势企业寻到一条成本更低的途径来完成配额任务，避免了强制配额导致市场规模过小而引起的资源利用不充分，甚至缓解了燃煤发电和可再生能源发电之间的矛盾（Jiang et al.，2014）。

第四节　市场设计的主要结论及政策建议

一、主要结论

本章综合分析了市场设计促进能源绿色低碳转型的理论基础，探讨了中国能源绿色低碳转型的目标和障碍，并对相应的五种市场设计的功能和作用进行了讨论。综上所述，本章结论如下：

第一，从中国能源发展的现状看，距离实现中国能源高质量发展目标仍然任重道远。中国推动能源绿色低碳转型既要注重根据自身发展特点进行创新，也要借鉴其他工业化国家在市场设计领域的先进经验。非化石能源占一次能源消费比重是中国能源绿色低碳转型过程中一个非常核心的指标，指标的实现主要取决于电力系统非化石能源发电量，因此，要实现中国能源绿色低碳转型的目标，首先要实现电力系统的可持续转型。

第二，市场设计与政策制定同等重要，因此能源绿色低碳转型只关注政策而忽视市场是不明智的。能源绿色低碳转型的特点是持久性、系统性和复杂性，中国政府对此已经陆续出台了一系列政策，由于能源禀赋分布不平衡，中国能源绿色低碳转型仍面临诸如缺乏必要的市场激励、财政补贴缺口大、新能源技术成本高、政策落实难等问题。许多学者和企业已经证明，市场设计的作用比政策的作用更稳定、更持久。值得注意的是，电力行业能源绿色低碳转型的市场设计不仅是为了促进新能源（电力现货市场、电力期货市场、绿色证书市场）的蓬勃发展，也是为了推进传统能源（电力容量市场和碳排放权市场）可持续清洁发展。

第三，市场设计要中肯、客观，因此，至少有五种市场可以促进电力部门的能源绿色低碳转型。中国能源绿色低碳转型的障碍主要有四个方面，其中制度壁垒一直是主要矛盾，经济壁垒和技术壁垒是核心问题，行为壁垒是重要环节。电力现货市场是解决新能源波动、同时实现可再生能源经济调度的有效途径，可通过市场竞争充分挖掘跨省容纳空间，缓解日益严峻的可再生能源弃电问题。电力容量市场可满足电力投资激励的需要，促进增量发电资源的优化配置。电力期货市场可优化能源结构、控制风险。碳排放权市场是科学安排能源结构，合理促进新能源适应的有效途径。绿色证书市场可减轻政府的财政负担，优化资源配置。

二、政策建议

基于以上分析，本章提出如下建议。

在市场设计中，中国首先要探索建立包括竞争性电力市场、跨地区跨省电力交易市场、配套服务市场在内的多元化市场结构。其次，要为新能源企业和传统能源企业的营利能力提供充足的市场选择和空间。最后，设计应该是以新能源准入率高为目标，推动电力行业能源绿色低碳转型。在具体市场规则的设计中，要充分考虑新能源发电的波动性、不确定性和边际成本。一方面，通过合理的投资保护机制，可以调动各类电力投资特别是灵活供电投资的积极性，确保电力系统长期安全可靠运行；另一方面，通过运营阶段的规则设计，可充分调动灵活资源的潜力。市场设计研究旨在为构建正规统一的电力市场交易体系提供管理、机制和政策保障，助力能源绿色低碳转型。

第五节　本章小结

能源绿色低碳转型特别是电力行业的绿色低碳转型，将极大地促进能源高质量发展。国内外许多重点研究都集中在政策对能源绿色低碳转型的影响上，很少有关于市场作用于绿色低碳转型的研究。本章将致力于市场设计的理论基础，并运用 IETB 分析框架从四个维度探讨制约中国能源绿色低碳转型的障碍。此外，本章还概述了一些与能源绿色低碳转型相关的可用市场设计研究结果，特别是重点讨论了电力现货市场、电力容量市场、电力期货市场、碳排放权市场和绿色证书市场，同时分析了构建每个市场对克服能源绿色低碳转型过程中障碍的影响。研究结果表明：市场设计与政策制定同等重要，因此，能源绿色低碳转型重政策轻市场是不明智的，此外构建市场设计时要有针对性和客观性。最后本章提出了一些关于促进中国能源绿色低碳转型政策组合与市场设计的建议。

第七章　能源绿色低碳转型的创新网络

第一节　能源转型创新网络的概述

随着全球能源安全问题和环境保护问题日益严峻，以可持续转型为核心的能源发展模式已经引起各国政府、企业与学者的高度关注（Safari et al., 2019；王江和张翔，2020）。中国能源电力部门正处于自主创新能力提升阶段（Herrerias et al., 2016；Huang et al., 2017；Lin and Zhu, 2019），并逐步推动能源技术创新体系的构建与完善（徐乐和赵领娣，2019）。在能源转型的战略契机下，未来中国能源自主创新能力和能源技术水平也将稳步提升（Liu and Liang, 2013；Huang et al., 2016），能源技术创新体系应与中国经济社会发展的国情相适应（Niu et al., 2017），以此支撑中国能源安全与生态环境保护的协调发展（He and Gu, 2019）。然而，电力产业中的较多企业主体在能源转型过程中处于观望状态的主要原因之一便是目前仍存在路径依赖与路径突破的两难困境（Zérah and Kohler, 2013；Dumas et al., 2016；Defeuilley, 2019；Yasmin and Grundmann, 2019）。为了克服转型障碍，中国在能源战略层面不断调整（杨卫东和庞昌伟，2018）。由此推知，以科技创新为核心驱动的能源部门高质量发展才是真正意义上的技术性能源转型。

是何影响着中国电力产业能源转型的路径依赖与路径突破？从技术层面看，技术创新的属性、速率、强度与新技术标准等因素影响着路径依赖、路径突破甚至是轨迹跃迁（Thrane et al., 2010；Kamuriwo et al., 2017；König et al., 2018；Shi et al., 2019；Schmitt and Muyoya, 2020）。技术创新过程日趋网络化（Majchrzak et al., 2014），创新网络又对技术创新有重要促进作用（冯科和曾德明，2016；Marra et al., 2017；Taalbi, 2020）——创新网络不但可以实现主体间的优势技术互补和高效信息共享，而且可促进风险均摊并提高系统效率（de Janvry et al., 2019），尤其是开放式创新网络也将逐渐成为主流范式（徐茜，2020）。由于环境的不确定性，创新网络也会制约内部主体的创新能力（Schilling，2015）；尤其是在中国电力产业发展和体制改革的过程中，能源转型加剧了创新网络系统的震荡（吕涛等，2015；Zhou et al.，2019），创新网络系统又同时反馈影响着更为深入的能源转型过程（Bhringer et al.，2020）。在现有研究成果中，虽然有些文献也曾强调识别并确定能源转型路径的关键因素是一项核心工作（Selvakkumaran and Ahlgren，2017），但电力产业领域能源转型路径选择影响因素的维度化分析工作尚无学者深入展开。

针对目前发展的现实需求，同时为补充现有研究的不足，拟从技术性转型的角度，针对电力产业能源转型路径选择的影响因素问题进行探索性研究。本章主要贡献及创新点如下：第一，通过社会网络理论和复杂系统理论，构建电力产业创新网络能源转型路径选择的理论框架；第二，识别电力产业社会网络-复杂系统中的三个主要影响因素，对其能源转型的内涵进行定义；第三，基于目前中国电力创新成果数据，构建技术层面能源转型的产业创新网络，并通过计量经济学方法量化分析主要影响因素对路径依赖与路径突破的作用机制。

第二节 转型创新网络分析的理论与方法

一、理论框架

刘平阔等（2019a）指出影响能源转型路径演化的驱动因素主要包括制度、经济、技术和行为四个维度，且各驱动因素间交互影响、相互作用（Bolwig et al.，2020）。从技术性转型层面进行分析，电力产业能源转型将产生依赖性变革和突破性变革（Garaus et al.，2019；Bell，2020；Villamor et al.，2020）：依赖性变革，即能源技术性转型的路径依赖性，是指推动创新网络内的各主体对现有技术进行改革升级，如促进传统化石能源（尤其是煤炭）清洁高效利用技术及储能技术的发展；突破性变革，即能源技术性转型的路径创造性，是指突破现有的以煤炭为主的能源技术，对可再生能源技术或新能源技术等进行探索性开发、渗透及扩散。中国电力产业创新网络属于一类较为特殊的社会网络和复杂系统，在能源转型的过程中可将其动态演进影响因素识别为两个主要类型：结果导向的因素（如网络密度）和过程导向的因素（如网络规模、小世界性）。结果导向的因素是社会网络-复杂系统周期性作用的结果，影响着能源转型的路径依赖；过程导向的因素是社会网络-复杂系统动态变化的过程，影响着能源转型的路径突破。因此，构建研究的理论框架如图7-1所示。

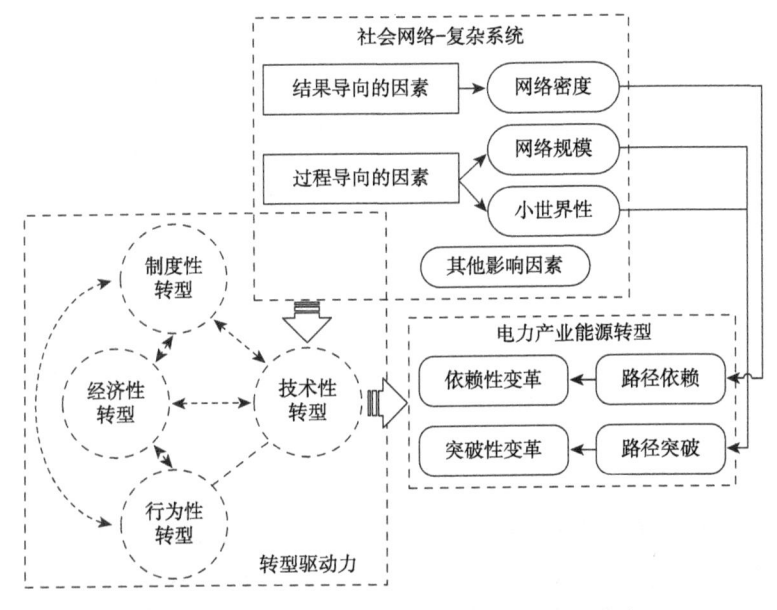

图 7-1　电力产业创新网络中能源转型的理论框架

二、定义及假设

（一）网络密度与路径依赖

网络密度是用以表征创新网络结构整体紧密度的高效指数，其范围为[0，1]，且取值越大，整体联系越紧密：

$$ND = \frac{2 \cdot l}{k \cdot (k-1)} \tag{7-1}$$

其中，l 为电力产业创新网络的实际连接边数；k 为电力产业创新网络节点的边数，则所连接的节点间最大概率存在的边数为 $k(k-1)/2$，即最大可能的合作数。电力产业创新网络密度是指网络中各创新主体之间的实际合作情况；在合理范围内，网络密度越高，各主体间的联系越密集，单个节点越能够接触其他节点及其所带来资源的机会越多。电力产业创新网络中信息交流的频繁流动，将有利于创新、协调、绿色、开放、共享的新发展理念的实现，从而增强自身创造力，进而提升整体创新能力[①]。网络密度的作用机制可体现为四个层面（表 7-1），因此提

---

① 但当网络密度越来越大而网络规模不变时，过高的连接程度将导致创新网络内各主体间所共享的信息趋于一致，且存在冗余。此外，主体为防止竞争者获知其核心技术，将减少网络内的信息交流，从而降低整体网络的创新产出水平，因此还需考虑其他影响因素。

出研究的第一个假设 H_1：电力产业创新网络密度与中国能源转型的路径依赖呈现正相关。

表 7-1　网络密度对能源转型作用机制的表现

序号	维度	表现
1	制度层面	网络主体间信任度的降低会导致更深入的制度安排，对主体创新行为进行约束和规范，从而影响电力产业创新网络主体间的合作
2	经济层面	各主体间过多的链接数量导致的单个主体冗余信息增多，从而增加信息处理成本，降低创新成果的产出效率，进而产生能源转型的路径依赖
3	技术层面	由于网络密度的提高会造成创新能力的下降，新能源相关的技术创新减少将无法改变目前对传统能源的依赖，从而导致能源转型的路径依赖
4	行为层面	网络密度的提高会增强主体间的不信任或信息歪曲披露，不利于信息交流与资源共享；同时会增加交易成本，不利于合作创新产出，从而导致路径依赖

（二）网络规模与路径突破

网络规模反映了产业创新网络中节点的数量；规模越大，形成集聚效应和规模经济越容易，节点之间交流和创新的机会越多。但当网络发展到一定的阶段，过大的网络规模容易导致搭便车等机会主义行为的发生，不利于创新效率的提升。网络规模可用网络中主体（节点）的数量进行测算：

$$\text{NS} = m_{\text{node}} \tag{7-2}$$

其中，m_{node} 表示节点数量。电力产业创新的网络规模是创新网络中现有主体的数量，即网络中的节点数量；网络规模的增大对中国能源转型的路径突破具有有效的促进作用。网络规模的作用机制可体现为四个层面（表 7-2），因此提出研究的第二个假设 H_2：电力产业创新网络规模与中国能源转型的路径突破呈现正相关。

表 7-2　网络规模对能源转型作用机制的表现

序号	维度	表现
1	制度层面	随着能源技术的成熟、装机规模的扩大及利用成本的降低，监管部门将对标杆电价及补贴政策做出调整，并逐步引入市场机制、提高行业准入标准、加速体制变革、促进产业升级
2	经济层面	电力产业创新网络规模的扩张，将导致主体间技术创新力度增强，从而推动新技术研发、应用与扩散
		突破与创新可降低新能源的开发成本，从而提高电力产业销售利润，促使企业加大对新经济领域的投入
3	技术层面	网络规模的增加将带来更多丰富的、异质的信息与资源，从而增加整体网络中的信息存量
		网络规模的增加也会使原有网络主体拥有更多合作选择与机会，增加建立直接联系的概率、增强创造性，从而突破技术瓶颈或促进新技术发展
4	行为层面	电力产业创新网络规模的扩大，会增加网络中节点的数量，即更多创新主体参与技术创新之中
		技术创新会促进客户导向型新能源产品的发展，增强主体对能源转型的认同感，从而通过市场传导机制对能源转型产生影响

（三）小世界性与路径突破

小世界网络（small-world networks）反映了不连接的节点由其他共同联结的节点而构成的集团现象。Watts（1999）利用两个理论概念定义了小世界网络：短的全局分离（short global separation）和高度的局部聚集（high local clustering）。用以全局分离的平均路径长度（characteristic path length，PL）是指所有节点间路径长度的平均值；用以局部分析的聚类系数（clustering coefficient，CC）是指相邻节点间所形成联系的重合度：

$$SW = \frac{ratio_{CC}}{ratio_{PL}} \quad (7-3)$$

$$ratio_{CC} = \frac{CC_{actualnetwork}}{CC_{randomgraph}} \quad (7-4)$$

$$ratio_{PL} = \frac{PL_{actualnetwork}}{PL_{randomgraph}} \quad (7-5)$$

其中，SW表示产业创新网络的小世界性，即聚类系数越高或路径长度越短，则小世界性越强；$ratio_{CC}$表示路径长度比率，其值越超过1，则小世界性越强；$ratio_{PL}$表示聚类系数比率，其值越接近1，则小世界性越强；$CC_{actualnetwork}$和$PL_{actualnetwork}$分别表示实际网络的聚类系数和路径长度；$CC_{randomgraph}$和$PL_{randomgraph}$分别表示同等规模随机网络的聚类系数和路径长度。电力产业创新网络中，可将小世界网络视为某些主体（组织）区域性的技术垄断集团，构成一种局部高度密集的小网络；垄断集团内各主体间均存在联系，且信息整合速度较快、彼此间信任度较高；但理性的技术垄断集团将设置系统信息共享壁垒。小世界性的作用机制可体现为四个层面（表7-3），因此提出研究的第三个假设H_3：电力产业创新网络小世界性与中国能源转型的路径突破呈现负相关。

表7-3 小世界性对能源转型作用机制的表现

序号	维度	表现
1	制度层面	小世界网络内部主体间的高信任度会减少约束不当行为的制度规范强度，使主体间的合作创新更为灵活自主，从而提高主体的创新能力；但内部主体与外部环境存在交流壁垒
2	经济层面	主体间出现共享型的专用性资产，虽然高价值资产成本均摊的方式可降低各主体所投入的创新成本、减少资源的消耗，但专用性资产的转换成本相对较高 小世界网络内部单个主体可从其他节点获取各类信息，易于进行信息判断与识别，从而提高信息的准确性，避免其他主体的歪曲披露或机会主义行为；但垄断性导致了较强的市场力，提高了交易成本
3	技术层面	高密度集群式的小世界网络可使得主体间拥有更稳固的合作关系与更高的信任度，提高内部信息流通的速度与质量、提升合作创新效率；但就技术的关联性而言，相对封闭的集团阻碍了技术成果产出和技术瓶颈突破

续表

序号	维度	表现
4	行为层面	内部主体间信息的高效流通和深度交流可规范主体自身的行为,减少机会主义行为的发生,使其更加专注于各自创新导向的合作 内部主体间的默契会降低高价值信息对外提供的主动性,不利于更广泛的合作生态圈形成,成为技术创新的壁垒,从而增加中国能源转型路径突破进程中的技术障碍

三、模型设计

基于三个假设中各变量之间的关系,分别将中国电力产业创新网络的网络密度、网络规模及小世界性作为自变量,将中国能源转型的路径依赖与路径突破作为因变量,设计两组分析模型:

模型 Ⅰ:

$$\ln \text{PDET}_t = \alpha_1 + \beta_1 \cdot \ln \text{TCP}_t + \beta_2 \cdot \ln \text{ND}_t + \varepsilon_t \quad (7\text{-}6)$$

模型 Ⅱ:

$$\ln \text{PBET}_t = \alpha_2 + \beta_3 \cdot \ln \text{TCP}_t + \beta_4 \cdot \ln \text{NS}_t + \beta_5 \cdot \ln \text{SW}_t + \mu_t \quad (7\text{-}7)$$

其中,变量定义与测度方法如表 7-4 所示;α_1 和 α_2 为待估参数;β_1、β_2、β_3、β_4 和 β_5 均为回归系数;ε_t 和 μ_t 均为误差项。

表 7-4 路径依赖与路径突破分析模型中各变量的定义

含义	符号	指标选取	数据来源
中国能源转型的路径依赖	PDET	中国每年新增火电装机总量	2009~2019 年《中国能源统计年鉴》公布的新增火电装机总量
中国能源转型的路径突破	PBET	中国每年新增新能源装机总量	2009~2019 年《中国能源统计年鉴》公布的新增新能源装机总量
电力产业创新网络的网络密度	ND	电力的发电、变电或配电领域合作专利创新网络的密度	《中国专利数据库》2009~2019 年电力的发电、变电或配电领域的发明专利
电力产业创新网络的网络规模	NS	电力的发电、变电或配电领域合作专利创新网络的规模	《中国专利数据库》2009~2019 年电力的发电、变电或配电领域的发明专利
电力产业创新网络的小世界性	SW	电力的发电、变电或配电领域合作专利创新网络的小世界性	《中国专利数据库》2009~2019 年电力的发电、变电或配电领域的发明专利
累计行业技术创新产出	TCP	电力的发电、变电或配电领域的累计合作发明专利总量	2009~2019 年《中国专利数据库》记录的新能源发电产业电力的发电、变电或配电领域累计授权合作发明专利总量

被解释变量以新增火电装机总量和新增新能源装机总量为基础数据:①新增新能源装机总量为水电、风电、光伏及核电等技术新增装机之和;②新增火电装机总量意味着电力行业对传统化石能源及技术的依赖程度,用以测度中国能源转型的路径依赖;③新增新能源装机总量则代表着新能源技术水平的提高

及新能源市场的扩大，是对新技术的投入使用，因此用以衡量中国能源转型的路径突破。

解释变量中还存在其他因素对中国能源转型的路径依赖与路径突破的影响，需在模型中加入电力行业发电、变电或配电领域的累计合作发明专利总量作为控制变量。电力产业创新网络的网络密度、网络规模和小世界性分别测算的是电力行业发电、变电或配电领域现有合作数与可能存在最大合作数之比、合作发明专利网络中不同申请人的总数量及聚类系数与平均路径长度之比。

针对分析模型，采用 ADF 方法对数据的平稳性进行检验，并通过 Engle-Granger 两步法进行协整分析，以此防止由各变量非同阶单整而造成的伪回归现象。协整分析后构建误差修正模型，用来观察变量长期和短期的均衡关系，并对短期偏离加以修正。

第三节　转型创新网络分析的检验与讨论

一、数据处理与描述

（一）数据来源

分析样本采用 2009~2019 年中国电力行业发电、配电或变电领域发明专利的合作专利数据构建产业创新网络，样本选取的原因如下。

（1）随着中国社会经济的不断发展，用电量的需求不断上升，电力行业已成为基础性支柱产业，因此电力产业的能源转型对中国整体能源部门高质量发展具有突出意义。

（2）从数据的可得性角度，中国知网专利数据库提供了自 1985 年以来的专利申请数据，数据齐全、质量高且方便获取专利名称及申请人信息，利于对所需数据进行检索并方便数据分析的开展。

（3）电力产业的专利主要分布于发电、配电或变电领域，且该领域的专利商业化、产业化程度较高。此外各类型专利中，发明专利的创新度及所包含的技术含量相对更易于转化和市场推广。

（4）组织的创新能力或产出水平一般体现于其申请的专利或研发的新产品。若专利的申请人含两个及以上的联合主体，则可视为合作专利，因此将主体间的合作专利情况定为构建创新网络的有效指标。

（5）鉴于 2020 年数据样本不足一年，设定截止日期为 2019 年 12 月 31 日，且 2009~2019 年共检索到 258 968 条搜索结果，数据量较为丰富，因此选择 2009~2019 年的合作专利数据构建创新网络。

（二）数据处理

数据采集与处理的步骤如下。

第一步，通过检索中国知网专利数据库，选取发明专利为数据检索类型。在发电、配电或变电国际专利分类中，使用关键词搜索（模糊）：新能源、可再生能源、清洁能源、低碳、绿色、环保、效率七个关键词。鉴于发明专利审查期通常为 18 个月，为保证搜索的全面性与整体性，检索时以公开日的时间作为年度分类的标准，分年度进行检索。基于上述检索方式，共获得 16 544 条专利数据。

第二步，对检索后的数据做进一步筛选处理，排查检索重复项，剔除单个组织或个人、国外和港澳台地区的专利数据，以及避雷器、线绳、线缆、配电网、耐张杆、装配车、滑轮、工艺、方法、平台、装置等与能源转型关联性小的专利数据，共得到 337 条合作专利数据。

第三步，利用邻接矩阵将数据进行形式保存。考虑到专利审查期长的特点及为控制主体间合作关系的连续性，研究采用三年窗口期滚动法，分别构建 2009~2011 年、2010~2012 年、2011~2013 年、2012~2014 年、2013~2015 年、2014~2016 年、2016~2018 年、2017~2019 年八个时间段的产业创新网络，并生成相应的网络关系矩阵，如图 7-2 所示。其中，图 7-2（a）~图 7-2（i）分别对应 2010~2018 年，1~230 分别对应不同的主体（申请人）节点。在 COOC 3.9 软件生成的网络关系矩阵中，主体间联合发表了一条专利，则在矩阵内的交叉处录入数字 1；同理，若主体间联合发表了 n 条专利，则在矩阵内的交叉处录入数字 n。该矩阵表明的是主体之间的一一对应关系，以此表明网络各主体间的创新合作关系。

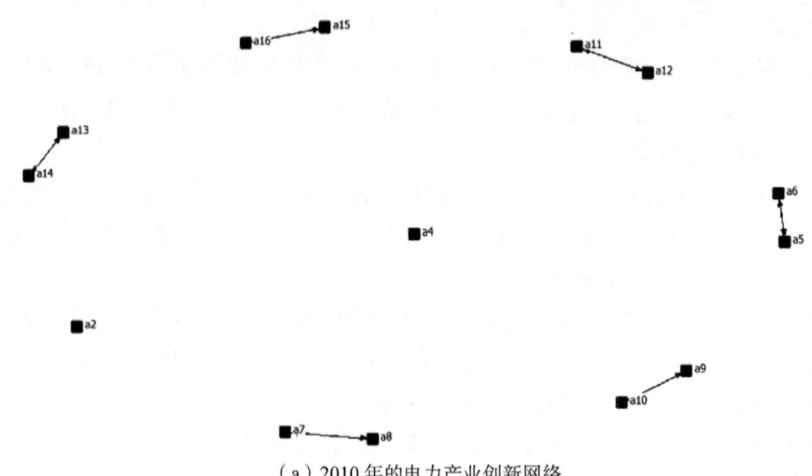

（a）2010 年的电力产业创新网络

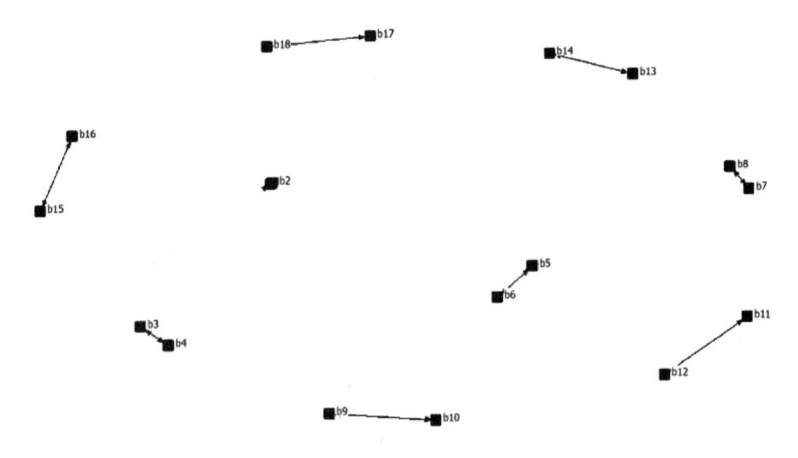

第七章　能源绿色低碳转型的创新网络　135

（b）2011 年的电力产业创新网络

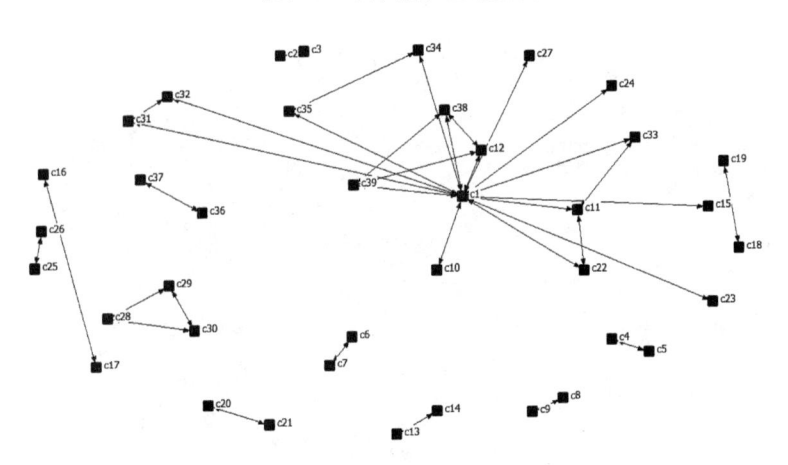

（c）2012 年的电力产业创新网络

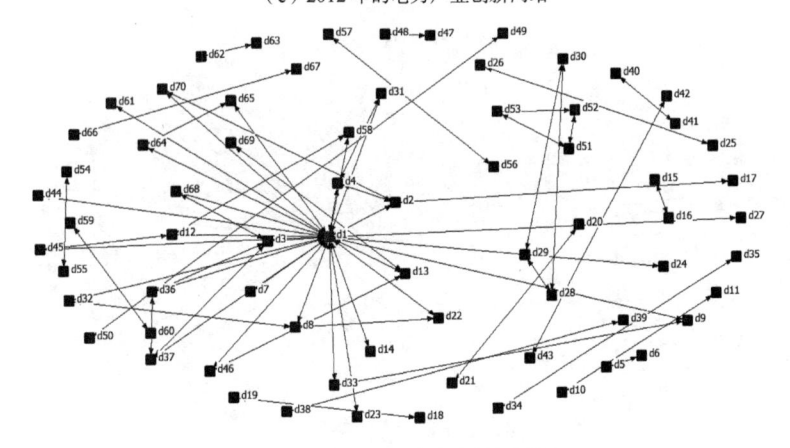

（d）2013 年的电力产业创新网络

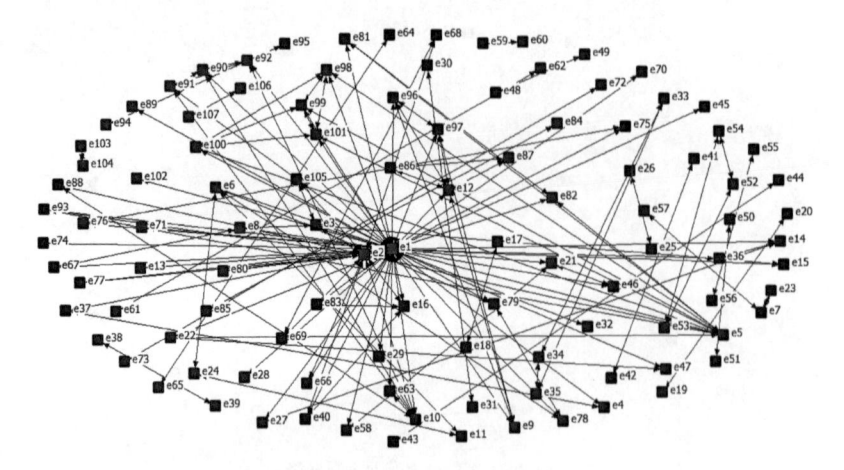

(e) 2014年的电力产业创新网络

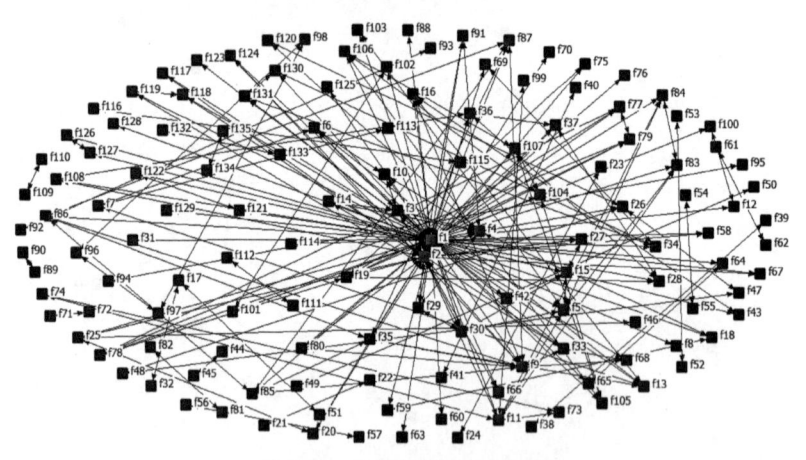

(f) 2015年的电力产业创新网络

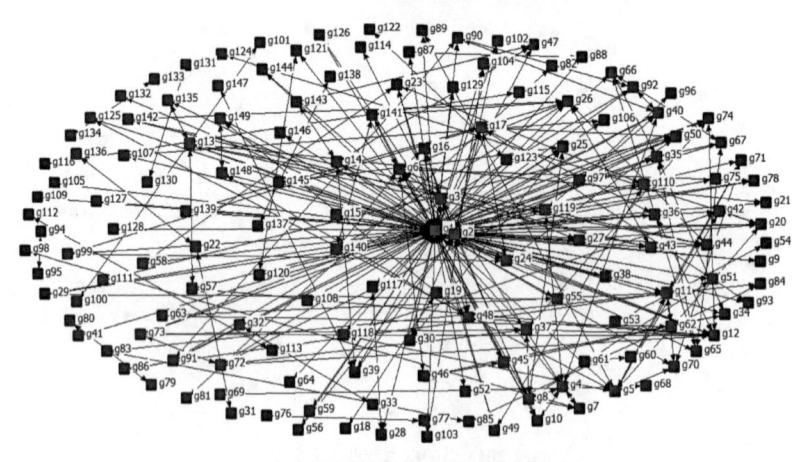

(g) 2016年的电力产业创新网络

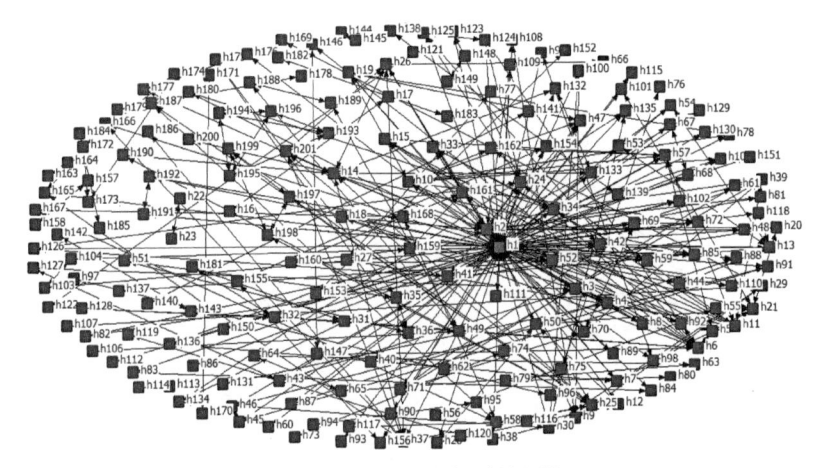

（h）2017 年的电力产业创新网络

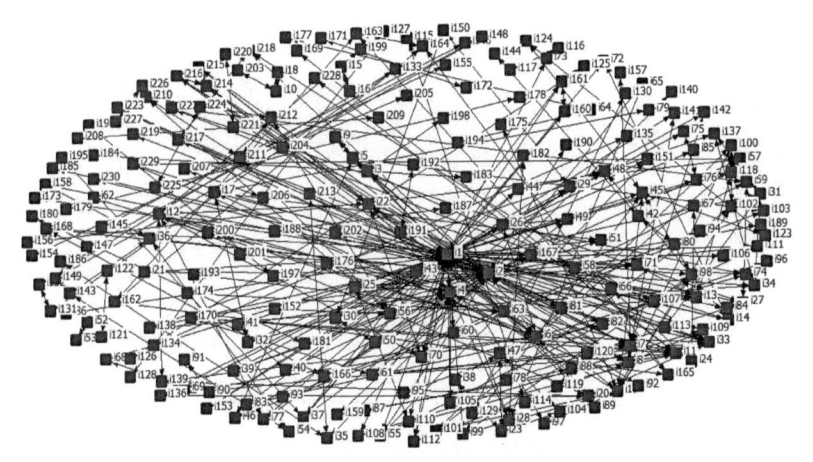

（i）2018 年的电力产业创新网络

图 7-2　电力产业创新网络的可视化数据分析结果

第四步，将各个网络关系矩阵分别导入 UCINET 6.0 软件中，并将合作关系矩阵转化为软件可以识别格式后，依次测算 2010~2018 年电力产业创新网络的网络密度、网络规模及小世界性，结果如图 7-3 所示。

（三）描述性统计

对模型中的各变量进行了描述性统计，如表 7-5 所示：①新增火电装机的均值及波动性低于新增新能源发电装机的均值及波动性；②标准偏差展现了各变量的离散程度，数据表明电力产业创新网络中网络规模的离散程度最高，小世界性与网络密度的离散程度相对较低。在回归分析中，为预防异方差现象，拟对变量取自然对数。

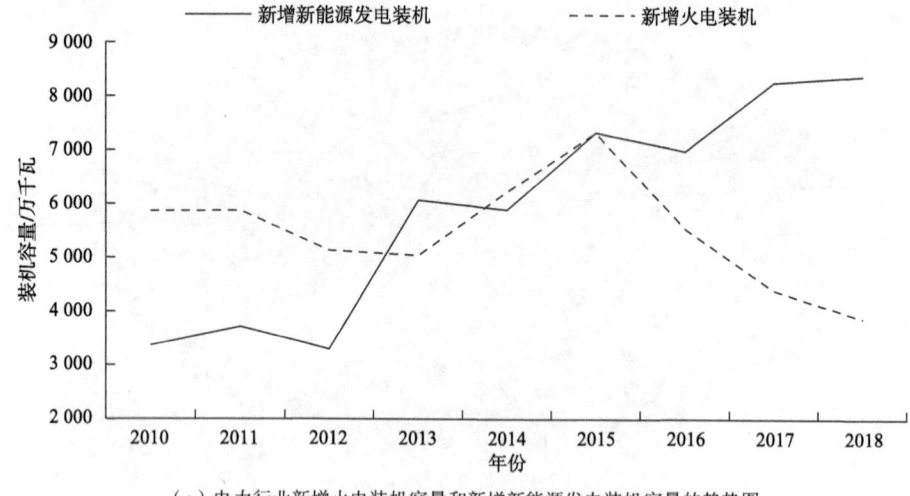

(a) 电力行业新增火电装机容量和新增新能源发电装机容量的趋势图

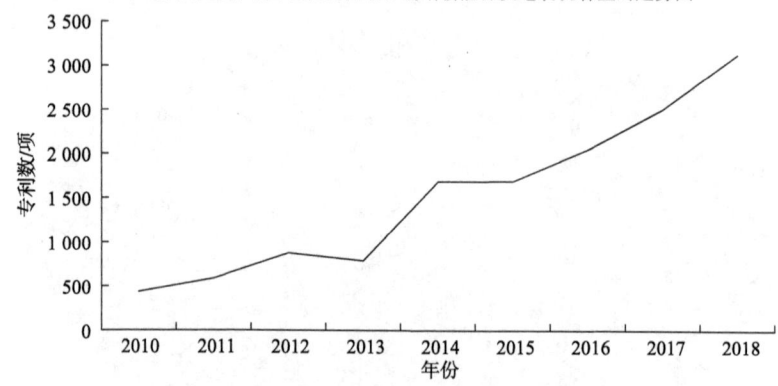

(b) 电力行业的累计合作发明专利总量趋势图

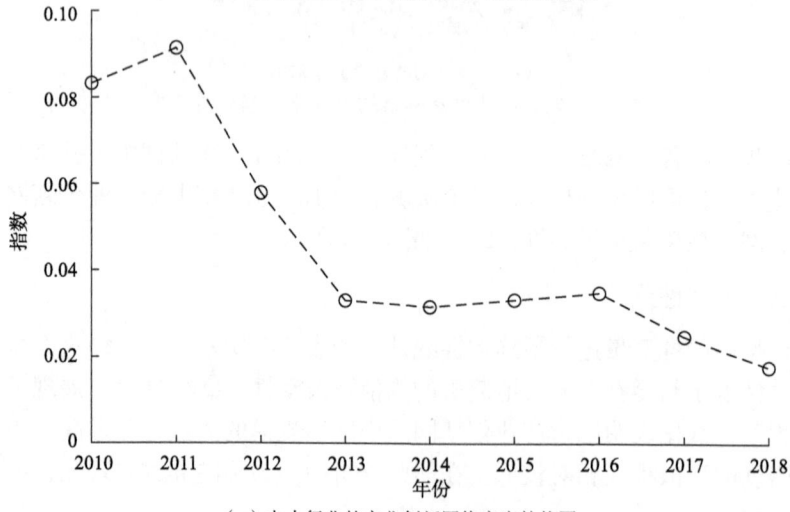

(c) 电力行业的产业创新网络密度趋势图

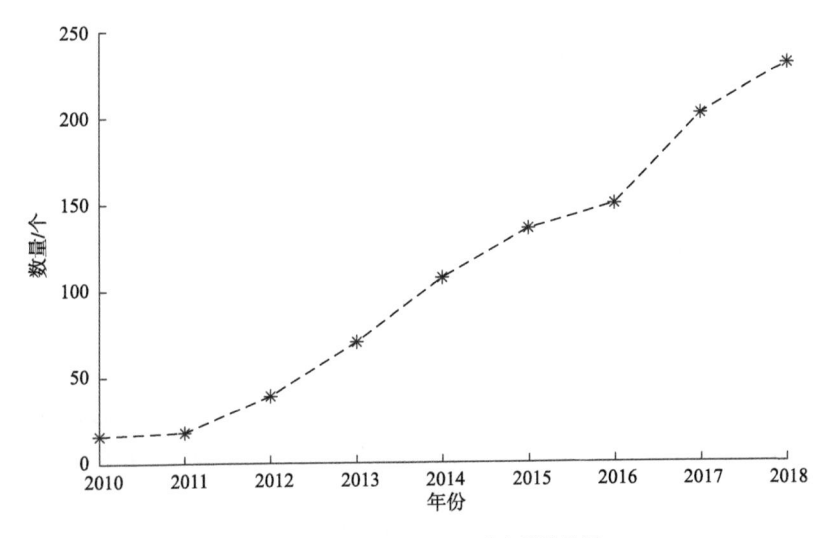

第七章 能源绿色低碳转型的创新网络　139

（d）电力行业的产业创新网络规模趋势图

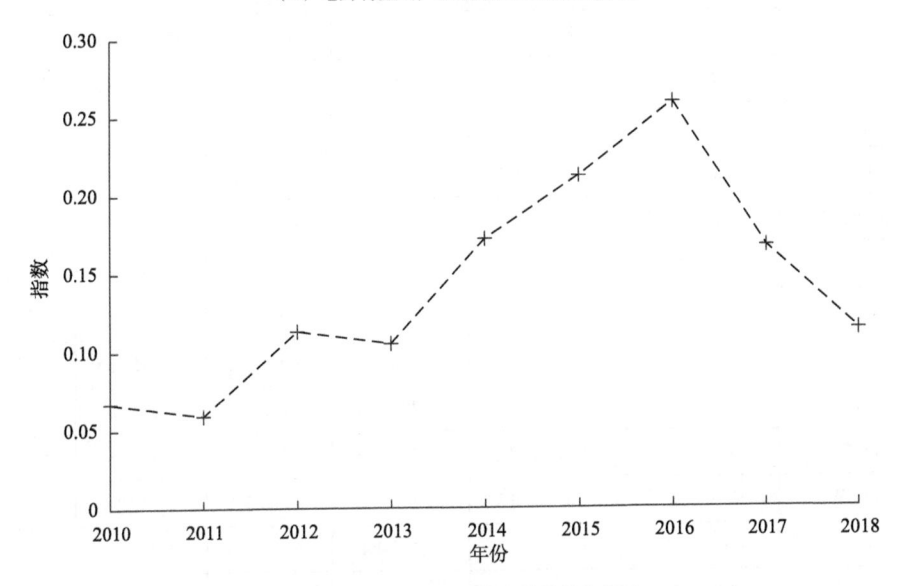

（e）电力行业的创新网络小世界性趋势图

图 7-3　电力产业创新网络的能源转型路径分析基础数据

表 7-5　变量的描述性统计

变量	单位	均值	标准差	最小值	最大值
PDET	万千瓦	5 473.222	960.552 6	3 872	7 322
PBET	万千瓦	5 920.111	1 910.356	3 297	8 373
ND	1	0.453 667	0.024 738	0.017 7	0.091 5
NS	个	107.222 2	73.565 96	16	230

续表

变量	单位	均值	标准差	最小值	最大值
SW	1	0.140 889	0.062 903	0.059	0.259
TCP	项	1 530	877.314 6	435	3 133

二、检验与回归分析

在 EViews 10.0 软件中，利用 OLS 对模型 I 和模型 II 进行多元线性回归。首先，对各变量进行 ADF 检验，结果如表 7-6 所示。在检验结果中，累计合作发明专利总量通过了平稳性检验；网络密度、网络规模及小世界性均未通过 ADF 检验，为非平稳序列；但在对其一阶差分后其均成为平稳序列，满足同阶单整，因此存在长期稳定均衡关系并可进行协整分析。

表 7-6 模型中各变量的 ADF 检验结果

变量	ADF 检验值	检验形式	10%临界值	5%临界值	1%临界值	结论
lnPDET	−0.890 507	(c, t, 0)	−3.590 496	−4.346 503	−5.835 186	不平稳
ΔlnPDET	−4.326 687**	(c, 0, 2)	−2.982 813	−3.694 851	−5.604 618	平稳
lnPBET	−2.800 857	(c, t, 0)	−3.590 496	−4.246 503	−5.835 186	不平稳
ΔlnPBET	−4.247 888**	(c, t, 0)	−3.701 534	−4.450 425	−6.292 057	平稳
lnND	−1.630 240	(c, t, 0)	−3.590 496	−4.246 503	−5.835 186	不平稳
ΔlnND	−4.436 625**	(c, 0, 2)	−2.982 813	−3.694 851	−5.604 618	平稳
lnNS	−0.718 388	(c, t, 0)	−3.590 496	−4.246 503	−5.835 186	不平稳
ΔlnNS	−4.927 883**	(c, t, 0)	−3.701 534	−4.450 425	−6.292 057	平稳
lnSW	−0.448 706	(c, t, 0)	−3.590 496	−4.246 503	−5.835 186	不平稳
ΔlnSW	−2.164 483**	(c, t, 0)	−1.598 068	−2.006 292	−2.937 216	平稳
lnTCP	−3.746 330	(c, t, 0)	−3.590 496	−4.246 503	−5.835 186	平稳
ΔlnTCP	−5.150 798**	(c, t, 0)	−3.701 534	−4.450 425	−6.292 057	平稳

**表示 5%的显著性水平显著

注：Δ 表示一阶差分；检验形式中第一位表示是否含常数项（c 为是，0 为否），第二位表示是否含趋势项（t 为是，0 为否），第三位为阿拉伯数字，表示滞后的阶数

表 7-7 展示了模型 I 和模型 II 中各变量的回归参数及协整分析结果；两组模型的 R^2 值均接近于 1，表明两个模型的拟合度均较好。模型 I 用以解释电力产业创新网络中网络密度对中国能源转型路径依赖性的影响；网络密度的回归系数估计值为正，表明网络密度对电力产业能源转型的路径依赖性具有巩固作用，H_1 得

到验证。此外，累计合作发明专利总量与中国能源转型的路径依赖正相关，说明产业技术创新的历史性会造成中国能源转型的路径依赖。模型Ⅱ则用以解释电力产业创新网络中网络规模及小世界性对中国能源转型路径突破的影响；网络规模的回归系数为正，说明随着网络规模与能源转型的路径突破呈现正相关关系，由此验证了H_2的科学合理性；同理，小世界性的系数估计结果为负，H_3得到验证。

表 7-7 协整分析的参数估计及检验

变量及统计量	模型Ⅰ	模型Ⅱ
	lnPDET	lnPBET
lnND	0.255 161	
lnNS		0.583 886**
lnSW		−0.151 687
lnTCP	0.077 930	−0.249 704
C	8.859 657***	7.572 696***
R^2	0.246 750	0.918 660
调整后的 R^2	−0.004 334	0.869 856
F 统计值	0.982 741	18.823 41
Durbin-Watson 统计量	0.894 306	2.353 697
样本区间	2010~2018 年	2010~2018 年

***表示 1%的显著性水平显著，**表示 5%的显著性水平显著

在对两组模型进行回归分析后，分别提取其各自的残差序列。若一个模型的残差序列平稳，即零阶单整，则说明该模型通过了协整检验，各变量间存在协整关系。表 7-8 为模型残差序列 ADF 检验的结果：残差序列均通过了 ADF 检验，因此两组模型内的各变量之间存在长期稳定的相互关系。

表 7-8 各模型残差序列的 ADF 检验结果

模型	ADF 检验值	检验形式	10%临界值	5%临界值	1%临界值	结论
模型Ⅰ	−2.493 237***	（c, 0, 1）	−1.598 068	−2.006 292	−2.937 216	平稳
模型Ⅱ	−3.224 833***	（c, 0, 0）	−1.599 088	−1.995 865	−2.886 101	平稳

***表示 1%的显著性水平显著

注：检验形式中第一位表示是否含常数项（c 为是，0 为否）

模型中的各变量之间存在暂时性的短期偏离，即非均衡关系，可通过构建误差修正模型来进行修正。据此，分别建立相对应的误差修正模型。

模型Ⅲ：
$$\Delta(\ln \text{PDET}_t) = \beta_6 \cdot \Delta(\ln \text{TCP}_t) + \beta_7 \cdot \Delta(\ln \text{ND}_t) + \lambda \cdot \text{ECM}_{t-1} + \varepsilon_t \quad (7\text{-}8)$$

模型Ⅳ：
$$\Delta(\ln \text{PBET}_t) = \beta_8 \cdot \Delta(\ln \text{TCP}_t) + \beta_9 \cdot \Delta(\ln \text{NS}_t) \\ + \beta_{10} \cdot \Delta(\ln \text{SW}_t) + \lambda \cdot \text{ECM}_{t-1} + \mu_t \quad (7\text{-}9)$$

其中，β_6、β_7、β_8、β_9 和 β_{10} 均为待估的回归系数。运用 EViews 10.0 软件分别对上述两组误差修正模型进行回归分析，结果如表 7-9 所示。

表 7-9 误差修正模型的参数估计及检验

变量及统计量	模型Ⅲ Δ（lnPDET）	模型Ⅳ Δ（lnPBET）
Δ（lnND）	0.379 522	
Δ（lnNS）		0.405 846**
Δ（lnSW）		−0.257 396
ECM（lnPBET$_{t-1}$）		−1.359 325**
ECM（lnPDET$_{t-1}$）	−0.550 709	
Δ（lnTCP）	0.099 274	−0.103 762
R^2	0.298 567	0.870 912
调整后的 R^2	0.017 994	0.774 095
Durbin-Watson 统计量	1.218 165	1.470 755
样本区间	2010~2018 年	2010~2018 年

**表示 5%的显著性水平显著

模型中将误差修正项 ECM（lnPDET$_{t-1}$）和 ECM（lnPBET$_{t-1}$）分别作为两组模型中的解释变量，体现中国能源转型路径依赖因变量与路径突破因变量在前一期产生的非均衡偏离是如何影响当期同一变量的。两个误差修正项的回归系数都显著为负，说明模型中的两个被解释变量虽然都暂时偏离了预期轨迹，但反向修正机制会以 0.55 和 1.40 的调整力度对该短期偏离加以修正，使其能够从短期的非均衡状态重新回到长期均衡状态。同时，分析结果也进一步验证了所提出三条假设的科学合理性。

第四节 能源转型创新网络的主要结论及研究展望

一、主要结论

研究重点论证了电力产业创新网络影响中国能源转型路径依赖与路径突破的

机理。基于复杂系统理论和社会网络分析法，选用2010~2019年发电、变电或配电领域的合作发明专利数据，通过计量经济分析方法，对电力创新网络与能源转型的关系进行理论检验与实证分析，结论如下。

其一，现有的创新网络密度巩固了电力产业能源转型的路径依赖性。适度提高中国电力产业创新网络的网络密度可使原网络内的各主体联系日趋密集，网络内的资源机会与信息流动更为程式化，从而提升产业创新网络内各主体的创新能力，并推动可再生能源相关的技术创新。但当网络密度日趋增大而网络规模保持不变时，过度的主体连接度将会导致创新网络内的信息同质化，且会出现较多冗余信息，反而会降低创新网络整体的产出水平，不利于弱化对传统化石能源的依赖程度，从而巩固并增强能源转型的路径依赖。

其二，就路径突破而言，目前的中国电力产业创新网络规模可以起到较明显的促进作用。从技术研发与信息共享的角度看，中国电力产业创新网络规模的适度扩张，意味着更多企业或相关组织进入产业创新网络之中，不但有利于对丰富的异质性信息进行挖掘、扩散与共享，而且使原网络主体拥有更多的合作机会与选择，并成为网络密度合理化的一大诱因。在电力产业中，适度的网络规模可促进原有技术瓶颈的突破且催生新技术的出现，从而对中国能源转型的路径突破产生推动作用。

其三，电力产业创新网络小世界性与能源转型的路径突破呈负相关性。中国电力产业创新网络的小世界性意味着局部网络中主体间拥有更加稳固牢靠的合作关系及更高的相互信任度，虽然强化了战略联盟，但形成了技术壁垒。小世界网络内部主体间进行更为有效的技术交流和深层次沟通，提高集团内信息流通的速度和质量；但就能源转型而言，技术转型具有系统性和连续性，小世界性的存在增加了更广泛合作的交易成本、降低了联合技术的成果产出效率，进而阻碍了中国能源转型的路径突破。

二、研究展望

本章研究仍存在以下两个方面的不足：一方面，研究中选取的样本数据有限。囿于2009年以前发电、配电或变电领域的合作专利数据有限性，研究样本只选取了11年的可得数据，在三年窗口期滚动法的限制下，仅生成了创新网络9年数据，因此降低了回归模型的解释力。另一方面，影响中国能源转型的因素较多，仅从技术性转型的角度选取了科技创新这一关键因素作为重点研究对象，未对制度性转型、经济性转型或行为性转型等其他相关因素进行分析，虽然保证了研究的针对性，但丧失了全面性。因此在未来的研究中，将扩大样本的数量，选择较为完备的数据，增强回归结果的准确性，同时综合考虑多方面因素进行系统分析。

第五节 本章小结

　　以技术创新为核心驱动的能源部门高质量发展才能有效地推动技术层面的能源转型。本章基于电力产业创新网络中能源转型的分析框架，从制度、经济、技术及行为四个层面对社会网络-复杂系统中的网络密度、网络规模及小世界性等概念进行界定，由此提出能源转型路径演化的三条假设。选取 2010~2019 年电力产业创新网络的相关数据，采用 ADF 检验和协整检验等时间序列分析法，构建误差修正模型，研究中国能源转型的路径依赖与路径突破。结果表明：①就中国能源转型而言，现有的创新网络密度巩固了电力产业的路径依赖性；②就路径突破而言，目前的中国电力产业创新网络规模可以起到较明显的促进作用，但电力产业创新网络小世界性与之呈负相关关系。

第八章 能源绿色低碳转型的路径选择[①]

第一节 能源转型路径选择的概述

随着全球能源安全问题和环境保护问题日益严峻,以可持续转型为核心的能源发展模式已经引起了各国政府、企业与学者的高度关注(Safari et al., 2019; 王江和张翔, 2020)。然而,中国能源产业也正经历着体制改革阵痛期、能源转型加速期、环境保护关键期及经济发展换挡期的四期并轨阶段(郎丽华和周明生, 2014; 韩建国, 2016; 林伯强等, 2017; 徐斌等, 2019),致使供需结构尚待优化、产能过剩依然突出的能源产业面临重重困难(张伟等, 2016; 范林凯等, 2019)。尤其在高质量发展趋势下,加之决战决胜脱贫攻坚任务、疫情防控常态化要求及国际贸易摩擦不断升级等问题的出现,中国能源平稳、有序、可持续的升级转型已然成为供给侧结构性改革及能源生产与消费革命等任务的重中之重。

尽管中国能源转型的目标明确,但转型过程中仍面临诸多损失与不确定性,如传统化石能源行业超低排放改造问题、新能源设备利用小时不足问题、可再生能源平均成本过高问题、弃风弃光弃水等严重限电问题、电网变电站容载比过高问题、电能替代与多能互补矛盾问题等损失,制约了转型的效率、弱化了转型的成效。此外,值得注意的是,中国的能源转型具有一定的制度优势,但与世界主要工业化国家相似:转型过程仍处于量变的阶段,可持续的质变拐点仍未可期。因此,保证能源转型路径选择的科学性、实用性和高效性,成为实现高质量发展和现代化强国目标、解决中国能源产业不平衡不充分等主要矛盾的当务之急。基

[①] 主要内容已发表于 2022 年 6 月的《中国软科学》中的《是何影响着中国能源转型的路径选择?:基于面板数据的理论检验与实证分析》。

于此，本章溯源能源转型的基础性问题——路径选择的影响因素，并构建分析框架及采用实证分析对因素的影响机理进行系统性研究，以期在丰富学科理论的基础上为政府施政和企业决策提供必要支持。

Grübler（2004）提出了能源转型的三个特征，即数量（能源利用量的增长）、结构（终端消费者可利用的能源形式）及质量（能源的能量特征和环境特征）；基于此，Binder 等（2017）将能源转型过程定义为沿着特定（能源发展）路径的一系列破坏性变化过程和渐进性适应过程。自此，路径问题逐渐成为能源转型领域的核心问题之一。但何谓能源转型的路径？早年间，有些学者研究过传统化石能源效率与新型化石能源开发（胡秋阳，2014；Yu，2015），有些学者分析过集中式可再生能源与分布式能源（林伯强和李江龙，2014；Zeng et al., 2015），还有些学者讨论过综合能源系统与服务（Amusat et al., 2016；Gaspari et al., 2017）。随着研究的不断深入，人们逐渐对转型路径与转型模式之间的差别有了更为清晰的认知（Israel and Herrera, 2020；Takao, 2020）；进而对于能源转型路径的探讨，又回到了一些根源问题上。就能源转型定位而言，从短期看是目的（Ise et al., 2020），从长期看是手段（de la Esperanza Mata Pérez et al., 2019）；从系统看是目的（Shayesteh et al., 2018），从战略看是手段（刘平阔和王志伟，2019）。因此，必须正确认识能源转型质变的四个问题：首先，旨在解决能源安全与环境保护问题（Nkoana, 2018；陈诗一和林伯强，2019），以促进经济社会的高质量发展；其次，旨在促进清洁能源生产量和消费量在能源总产量和总消费量的比重稳步增加（Knuth, 2018；Carley and Konisky, 2020），实现存量积累；再次，旨在增强新能源的竞争优势（成本优势和能效优势）（Reinaud et al., 2017；冯烽，2018），实现规模经济；最后，在过程中（韩建国，2016；Solano-Rodríguez et al., 2018），体现有序性、协同性及可持续的特征（Baležentis and Štreimikienė, 2019）。

那么，问题重现了——如何推动能源转型？目前，对于该问题的研究多集中于转型系统模式（Rubio-Varas and Munoz-Delgado, 2019；Baležentis and Štreimikienė, 2019）、能源-环境政策（黎江峰等，2017；Markard et al., 2016；Stokes and Breetz, 2018）、区域发展（dos Santos Carstens and da-Cunha, 2019）及可持续性（Edens and Lavrijssen, 2019；Banacloche et al., 2020）等领域。技术路线上，能源转型路径的量化分析存在两套并行方案：一套是涉及能源转型的社会-技术分析（Geels et al., 2016；Sovacool, 2016），主要侧重于转型主体（Guerrero et al., 2019）及技术创新（Soete, 2019）等；另一套是宏观层面能源系统的量化分析，主要包括综合评估模型（Bersano et al., 2020）、复杂系统建模（李兰冰，2015；Blumberga et al., 2018）及系统优化模型（Prina et al., 2019）。其中，基于技术经济视角的量化建模重点在于通过能源市场协调能源流

动、转换和消费,定义能源系统(Carvalho et al., 2019);基于地球科学和工程视角的量化建模重点为参与者的行为、惯性和创新,以及转型空间(Cherp et al., 2018)。

值得注意的是,实际情况远比理论判断更为复杂;尤其是国外学者所研究的相关问题并非中国能源转型过程中的主要矛盾。中国能源转型有其特殊性:根源上,世界范围内取得一定能源转型成果的国家或地区,要么早已完成了工业化转型(Amri, 2019),要么是其经济社会结构相对简单(Bolwig et al., 2020);进程中,富煤、贫油、少气伴随较高的对外依存度(Liu and Tan, 2016;Hou et al., 2019)、"产能过剩"突出但能源消费体量仍处于上升阶段(张言方等,2016)、技术成本仍有约束且消纳问题尚未解决的新能源并网(Liu et al., 2018a)、城市化进程加快但能源贫困依然存在(廖华等,2015;Wu et al., 2019)、新型经济增长模式转变与生态环境文明建设并存(孟望生,2019;Gu et al., 2020)、统筹性强但激励性弱的政监一体能源管理体系(金碚,2019;Wang et al., 2020)、稳定性有余但灵活性不足的产业政策组合(Zhang et al., 2020)、大型国有企业的固有优势地位(Zhu et al., 2019)及工业企业的观望心态(Kostka et al., 2013)等问题,才是中国能源转型所面临的有别于其他国家与地区的现实,而此恰恰警示着中国能源转型的路径选择无法生搬硬套国外的现成经验。因此对于中国而言,如何推动能源转型的本质即能源转型的路径选择机制,且科学、合理、客观、高效的能源转型的路径选择机制必须以转型路径选择的影响因素识别为基础。在广泛的研究中,虽然Selvakkumaran和Ahlgren(2017)也曾强调识别并确定能源转型路径的关键因素是一项核心工作,但不难发现,能源转型路径选择影响因素的系统性分析工作尚无学者深入展开,尤其是量化分析方面的成果更为匮乏。

针对目前发展的现实需求,同时为补充现有研究的不足,本章将针对能源转型路径选择的影响因素及作用机理问题进行科学系统的研究。主要贡献如下:第一,理论层面,基于经典经济学理论并利用交叉学科先进理论,构建能源转型路径选择的理论框架和概念模型,用以检验转型广联性与选择合理性;第二,方法层面,实现定量与定性相结合,将对转型路径的影响具化为对转型路径选择属性的影响,进而从因素的传导过程与驱动过程来说明影响机制,并总结中国能源转型路径选择的特点与趋势;第三,应用层面,针对八大综合经济区,从内生和外源两个层面识别不同类型的影响因素,并总结不同转型阶段路径选择的一般性规律,为决策与监管提供支持。

第二节 转型路径选择分析的理论与方法

一、概念模型

（一）概念界定

西方经济学经典的理论认为有效需求是指既具有购买意愿又具有支付能力的需求，因此通过类比，可大胆假设：保证能源转型有效性的直接因素，既有转型能力因素又有转型意愿因素（图 8-1）。为证明上述假设，需依据路径依赖理论和路径创新理论锚定两类转型能力——锁定型与解锁型；需依据可持续转型理论锚定两类意愿——渐进式与突进式。此外，基于复杂适应性系统（complex adaptive systems，CAS）理论，从系统的角度看，能源转型路径选择的影响因素可分为内生因素和外源因素；从演化的角度看，无论内生抑或外源，均为动态变化因子。无论如何选择，在能源转型的过程中，一方面属性才是判断行为合理性的重要依据；另一方面各因素会同时表现出对路径依赖性、脆弱性及创新性的协同发力。本章主要针对转型能力进行评估，对路径属性进行定义。

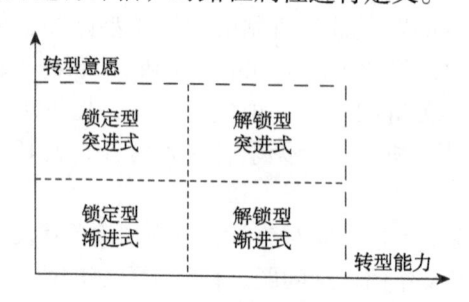

图 8-1 能源转型路径选择的二维分类

（1）路径依赖性与锁定能力：在能源转型的路径选择过程中，存在一种发展惯性；观察期内，制度变迁、经济升级、技术进步及行为优化等驱动力未能改变能源演进的轨迹（无论"好"与"坏"），从而产生了选择行为的路径依赖性与主体决策的锁定能力（Lee and Gloaguen，2015；Rosenbloom et al.，2019）。

（2）路径脆弱性与恢复能力：路径脆弱性是指在受到内部和（或）外部不确定性干扰时，能源转型系统因受阻而振荡的概率；恢复能力是指能源转型系统处于不利环境或受到消极影响时，可实现功能性复原的程度或弹性（Laldjebaev et al.，2018；Zou et al.，2018）。

（3）路径创新性与突破能力：能源转型的路径选择可通过有意识的行为偏移，对既定演化路径进行解锁，以应对外部事件的冲击或实现内部渐进式的优化发展；且通过选择行为的路径创新性与主体决策的突破能力，实现能源转型的轨迹跃迁（Hansen et al.，2017；Suitner and Ecker，2020）。

（二）理论框架

在转型过程中，区别于侧重偶然性和自发性的路径依赖理论，路径创新理论更强调偏离既定轨迹的转型主体自主性有意识行为，且该行为应服从于有限理性。因此，在外源因素的作用下，能源转型路径选择的演化过程会通过内生因素产生质变，并形成不同程度的报酬规模递增效应和路径自我强化效应，进而打破原路径、形成新路径，不但要求内生因素的提高与突破，而且要求外源因素的改进与适应（图 8-2）。

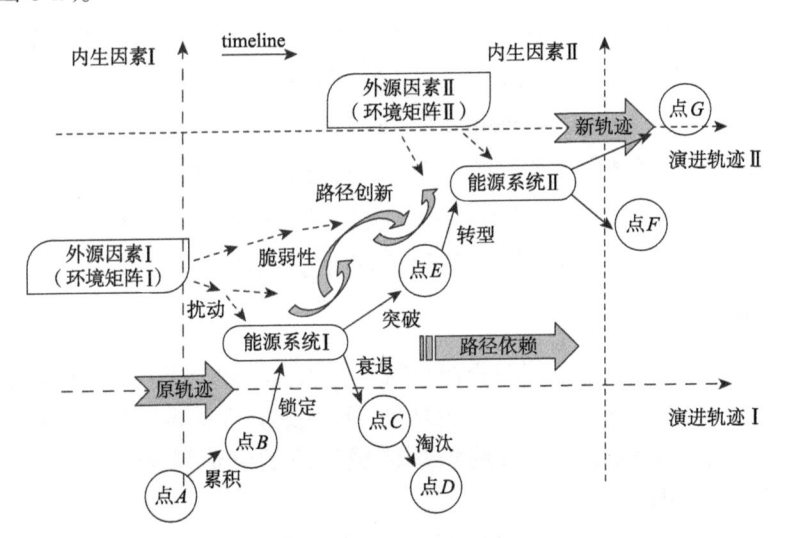

图 8-2 能源转型路径选择与轨迹跃迁的演化概念模型

理论上，具有依赖性强、脆弱性小、创新能力低等特点的能源系统最难转型；具有依赖性弱、脆弱性大、创新能力强等特点的能源系统，在推进能源转型的过程中所受阻力较小[①]。但实际中，转型主体的博弈过程具有不确定性，导致路径依赖与路径创新并非简单的替代关系，还可能存在复杂的互补关系，尤其脆弱性的影响仍需根据现实情况进行判断。因此，能源转型路径选择的演化过程，不但受到系统内自身作用的制约，而且也受到系统外环境的影响。外源因素（环境矩

[①] 当轨迹跃迁发生时，能源系统内的各转型主体将面临两种策略选择——越轨突破性创新与顺轨渐进性创新。

阵）可分为简单和复杂两种情况：①在简单环境中，影响因素较少、变化较小，因此选择路径依赖的概率更大；②在复杂环境中，影响因素较多且处于动态变化之中，因此选择路径创新的概率更大。

二、测算模型

（一）属性测算模型

为研究区域内生因素和外源因素对能源转型路径选择的影响，若 i 表示区域、En 表示能源部门、SubEn 表示细分的能源部门（主要包括煤炭、石油与天然气、电力、其他能源）。

1. 路径依赖性

相对于工业产值、投资和就业等指标，人均能源投资可从能源规模的发展角度更为直接地反映区域性能源系统演进的路径依赖程度（Fadly，2019），即

$$\text{PathDe}_i^{\text{En}} = \text{Inv}_i^{\text{En}}/\text{Pop}_i \tag{8-1}$$

其中，$\text{PathDe}_i^{\text{En}}$ 为区域内人均能源投资，其标准化后的纯量可表示区域性能源系统演进的路径依赖程度；Inv_i^{En} 为区域内能源产业投资总量；Pop_i 为区域内总人口。$\text{PathDe}_i^{\text{En}}$ 越高，则区域 i 内能源系统演进的路径依赖程度越高；反之则越低。

2. 路径脆弱性

当区域经济过度依赖于能源资源禀赋（能源供给侧）以及高耗能产业（能源需求侧）时，则表现出其经济结构相对单一而缺乏弹性；该区域在面对内部波动和外部冲击时，能源系统演进将增加区域经济的衰退风险（Mahalingam and Orman，2018）。因此设定：

$$\text{PathVu}_i^{\text{En}} = \text{Cons}_i^{\text{En}}/\text{GDP}_i \tag{8-2}$$

其中，$\text{PathVu}_i^{\text{En}}$ 为区域内单位 GDP 的能源消耗，其标准化后的纯量可表示区域性能源系统演进的路径脆弱程度；$\text{Cons}_i^{\text{En}}$ 为区域内所有行业的能源消费总量；GDP_i 为区域经济生产总值。$\text{PathVu}_i^{\text{En}}$ 越高，则区域 i 内能源系统演进的路径越脆弱；反之则越低。

3. 路径创新性

能源转型是能源供给侧与能源需求侧共同作用的结果，因此，区域内的能源转型路径创新可用能源产业多样性水平来衡量。在测度上，采用熵指数法对多样性进行测算（Demetrius and Legendre，2013；Steiner and Tuljapurkar，2020），公

式如下：

$$\text{PathCr}_i^{En} = \sum_{SubEn \in En} \left[\left(\text{Inv}_i^{SubEn} / \text{Inv}_i^{En} \right) \cdot \ln \left(\text{Inv}_i^{SubEn} / \text{Inv}_i^{En} \right) \right] \quad (8\text{-}3)$$

其中，PathCr_i^{En} 为区域内能源产业的多样化水平，其标准化后的纯量可表示能源转型的路径创新程度；Inv_i^{SubEn} 为区域内能源类细分部门的投资；Inv_i^{En} 为区域内能源产业的总投资。PathCr_i^{En} 越大，则区域内能源转型的路径创新水平越高；反之则越低。

（二）多元回归模型

回归模型构建的目的是分析路径依赖性、脆弱性及创新性的主要内生与外源因素及其影响程度。基于现有研究成果（刘平阔等，2019b），构建多元线性关系：

$$\text{obj} = \alpha + \sum_m \beta_m \cdot x_m + \varepsilon \quad (8\text{-}4)$$

其中，obj 表示能源转型路径选择的属性，即路径依赖性（PathDe_i^{En}）、路径脆弱性（PathVu_i^{En}）及路径创新性（PathCr_i^{En}）；x_m 表示内生、外源的主要影响因素；m 表示主要影响因素的数量；α 和 β_m 均表示待估的经济参数；ε 表示随机干扰项。

由于多变量的原始数据之间存在着较大的量纲差别，舍入误差的存在会导致估算结果不理想，为消除特征之间的差异性，提高模型的收敛速度和测算精度，同时不影响拟合过程中变量的变化趋势，采用离差标准化方法进行归一化处理：

$$\text{Variable}^* = \frac{\text{Variable} - \text{Variable}^{min}}{\text{Variable}^{max} - \text{Variable}^{min}} \quad (8\text{-}5)$$

其中，Variable^* 表示变量标准化后所得的纯量，Variable 即指代 obj 和 x；Variable^{max} 和 Variable^{min} 分别表示相对数值样本数据的最大值和最小值。

第三节 转型路径选择的实证分析

一、数据基础

（一）变量选取

为保证变量所形成的指标体系不失研究的一般性和科学性，变量选取的依据有两方面的考量：一方面，从复杂适应系统理论的角度看，能源系统内部所形成因果闭合回路的状态变量为内生因素，边界以外作用于闭合回路节点的状态变量为外源因素；另一方面，从能源转型驱动力的角度看，能源转型包括制度转型、经济转型、技术转型及行为转型（Bolwig et al., 2020），因此内生因素可根据 IETB 四维框架进行分解（刘平阔等，2019a），且可从时空二维结构析出区域能源发展所处环境的相应外源因素（刘平阔等，2018）。确定具有统计学意义的可量化相对指标作为拟合的数据基础，相应的因变量和自变量如表 8-1 所示。

表 8-1 能源转型路径选择的变量含义

	符号		名称	含义	类型	
被解释变量	obj	$PathDe^{En}$	路径依赖性	区域内人均能源投资，反映能源转型路径选择的锁定能力	路径选择属性	
		$PathVu^{En}$	路径脆弱性	区域内单位生产总值能耗，反映能源转型路径选择的恢复能力		
		$PathCr^{En}$	路径创新性	区域内产业多样化水平，反映能源转型路径选择的突破能力		
解释变量		x_1	体制锁定	区域内国有企业数量占全部企业比例，体现能源转型的制度保障能力	制度性因素	内生因素
		x_2	产业结构	区域内能源产业总产值与第二产业总产值的比值，体现产业制度绩效	制度性因素	
		x_3	经济水平	区域内人均生产总值，体现能源转型的经济支持能力	经济性因素	
		x_4	价格水平	区域内新能源成本的平均价格指数，体现竞争优势	经济性因素	
		x_5	技术扩散	区域内新能源装机占区域能源总装机的比重，体现技术驱动	技术性因素	
		x_6	资产投资	区域内能源固定资产投资占区域生产总值的比重，体现行为理性约束	行为性因素	
		x_7	资源禀赋	区域内新能源总产量占全部能源总产量的比重，体现能源安全		外源因素
		x_8	地区区位	区域内是否沿海作为虚拟变量（1，0），体现协同性		
		x_9	对外开放	区域内 FDI 与区域内固定资产总投资的比值，体现有序性		

注：FDI，foreign direct investment，外商直接投资

（二）数据描述

为分析"十五"至"十三五"阶段能源发展平稳期（2000~2005 年）、能源转型换挡期（2006~2013 年）及能源转型加速期（2014~2019 年）中国能源转型的区域性特征，将截面数据分为八大综合经济区（包含除港、澳、台的 31 个省级行政区划单位）[①]，用以进行面板回归分析。选择八大综合经济区主要有两个方面的考量：一方面，考虑到能源发展的关联性、区位优势的共情性，按照省区市进

[①] 包括东北综合经济区、北部沿海综合经济区、东部沿海综合经济区、南部沿海经济区、黄河中游综合经济区、长江中游综合经济区、大西南综合经济区及大西北综合经济区。

行划分会将奇异个案突出，且不易于一般性规律的总结；另一方面，考虑到发达地区与欠发达地区、产能中心与能耗中心的差异，按原有的东、中、西部进行划分会将差异模糊化、笼统化，因此在东、中、西、东北部四大板块的基础上进一步切分为八个区域。因此，在经济-社会系统中，能源领域的数据分析以八大综合经济区为截面，既不保守、也不激进，相对科学合理。

数据来源包括：提供投资建设、生产、消费、供需平衡、行业与企业分析等相关数据的《中国统计年鉴》（2000~2019 年）；提供中国能源细分行业相关数据的《中国能源统计年鉴 2019》《中国工业统计年鉴》（2000~2019 年）；校对技术、规模、产值等相关数据的国家电网《能源与电力分析年度报告系列》（2010~2019 年）、《中国电力系统转型报告》（2019 年）。为获得因变量和自变量的数据，需对原始统计数据进行处理，其步骤如下：①根据区域划分将省区市数据的原始绝对数值进行加总，并根据各区域的相关原始数据进行统计性描述（表 8-2）；②根据式（8-1）~式（8-3）计算八大综合经济区能源转型路径的依赖性、脆弱性和创新性，再通过标准化处理形成因变量序列；③对求解自变量的原始数据进行收集整理，根据表 8-1 定义进行测算，并对自变量原始数据进行统计性描述（表 8-3）；④对自变量原始数据进行标准化处理，所得纯量用以进行拟合回归分析。

表 8-2　能源转型路径选择属性测算的变量统计性描述

指标统计	能源工业投资/亿元	常住人口/万人	能源消费总量/万吨标准煤	GDP/亿元	煤炭行业总投资/亿元	石油和天然气行业总投资/亿元	电力行业总投资/亿元	其他能源行业总投资/亿元
容量	160	160	160	160	160	160	160	160
均值	606.66	4 292.44	11 242.77	14 736.90	84.62	60.35	398.11	90.85
中位数	461.08	3 798.76	9 137.50	9 329.10	22.58	10.62	289.93	48.31
最大值	3 383.00	11 521.00	38 899.00	104 644.75	1 352.22	605.64	2 592.49	664.89
最小值	6.58	258.00	480.00	117.80	0	0	5.78	0
标准差	573.80	2 723.44	7 952.64	16 480.94	166.58	102.71	386.11	111.69

注：保留小数点后 2 位有效数字

表 8-3　因变量测算数据原始值的统计性描述

指标统计	体制锁定 x_1（1）	产业结构 x_2（1）	经济水平 x_3 亿元/万人	价格水平 x_4（1）	技术扩散 x_5（1）	资产投资 x_6（1）	资源禀赋 x_7（1）	地区区位 x_8（1）	对外开放 x_9（1）
容量	160	160	160	160	160	160	160	160	160
均值	0.141 4	0.246 3	3.403 7	103.425 5	0.076 6	0.055 8	0.078 3	0.625 0	0.056 6
中位数	0.086 6	0.208 8	2.981 6	101.433 3	0.045 4	0.040 1	0.052 8	1.000 0	0.039 3

续表

指标统计	体制锁定 x_1 (1)	产业结构 x_2 (1)	经济水平 x_3 亿元/万人	价格水平 x_4 (1)	技术扩散 x_5 (1)	资产投资 x_6 (1)	资源禀赋 x_7 (1)	地区区位 x_8 (1)	对外开放 x_9 (1)
最大值	0.539 3	0.735 5	11.905 5	336.525 0	0.426 1	0.244 6	0.316 6	1.000 0	0.306 0
最小值	0.017 7	0.052 9	0.443 5	89.880 0	0	0.013 4	0	0	0.001 5
标准差	0.128 6	0.157 4	2.399 6	19.158 8	0.092 1	0.045 1	0.079 5	0.484 1	0.054 8

注：由于量级较小，此处保留小数点后 4 位有效数字以进行对比

（三）数据检验

首先，需考察变量的平稳性。利用同根检验法[LLC（Levin-Lin-Chu）和 Breitung]和异根检验法[IPS（Im Pesaran and Shin）、Fisher-ADF（Fisher-Augmented-Dickey-Fuller）和 Fisher-PP（Fisher-Phillips-Perron）]进行 ADF 检验，结果如表 8-4 所示：①除体制锁定 x_1、产业结构 x_2 和价格水平 x_4 外，其余 3 个因变量和 5 个自变量（其中虚拟变量地区区位 x_8 无须进行 ADF 检验）均存在单位根；②利用各变量一阶差分进行检验，由 P 值判断，表明 3 个因变量和 8 个自变量的一阶差分为平稳过程，即各变量存在一阶单整。

表 8-4 面板数据 ADF 检验的结果

变量		检验方法					结论
		LLC	Breitung	IPS	Fisher-ADF	Fisher-PP	
因变量	$PathDe^{En}$	2.389 41 [0.991 6]	0.920 28 [0.821 3]	1.320 8 [0.906 7]	15.038 8 [0.521 8]	5.894 91 [0.989 2]	不平稳
	$\Delta PathDe^{En}$	-4.204 2 [0.000 0]	-0.811 75 [0.208 5]	-3.124 15 [0.000 9]	39.468 [0.000 9]	52.416 9 [0.000 0]	平稳
	$PathVu^{En}$	0.823 76 [0.795 0]	1.083 71 [0.860 8]	0.431 49 [0.666 9]	13.982 [0.600 1]	9.810 22 [0.876 3]	不平稳
	$\Delta PathVu^{En}$	-7.067 79 [0.000 0]	-5.460 74 [0.000 0]	-3.771 34 [0.000 1]	39.564 1 [0.000 9]	39.092 4 [0.001 1]	平稳
	$PathCr^{En}$	-2.378 25 [0.008 7]	-1.067 09 [0.143 0]	-0.709 24 [0.239 1]	20.335 3 [0.205 5]	17.132 3 [0.377 1]	不平稳
	$\Delta PathCr^{En}$	-7.735 47 [0.000 0]	-4.540 21 [0.000 0]	-7.341 01 [0.000 0]	76.825 5 [0.000 0]	92.902 8 [0.000 0]	平稳
自变量	x_1	-12.017 7 [0.000 0]	3.615 07 [0.999 8]	-7.234 78 [0.000 0]	55.719 8 [0.000 0]	61.317 9 [0.000 0]	平稳
	Δx_1	-4.055 9 [0.000 0]	-0.723 91 [0.234 6]	-2.213 39 [0.013 4]	29.997 6 [0.018 0]	35.713 8 [0.003 2]	平稳
	x_2	-10.937 5 [0.000 0]	0.146 85 [0.558 4]	-9.559 61 [0.000 0]	69.902 8 [0.000 0]	102.321 [0.000 0]	平稳
	Δx_2	-7.607 05 [0.000 0]	-2.471 37 [0.006 7]	-9.721 02 [0.000 0]	86.368 6 [0.000 0]	119.78 [0.000 0]	平稳

续表

变量		检验方法					结论
		LLC	Breitung	IPS	Fisher-ADF	Fisher-PP	
自变量	x_3	−4.556 45 [0.000 0]	3.991 09 [1.000 0]	−2.029 27 [0.021 2]	26.417 1 [0.048 4]	37.172 3 [0.002 0]	不平稳
	Δx_3	−5.388 18 [0.000 0]	−2.941 72 [0.001 6]	−2.503 97 [0.006 1]	31.064 4 [0.013 2]	43.932 [0.000 2]	平稳
	x_4	−8.574 61 [0.000 0]	−7.803 68 [0.000 0]	−5.317 28 [0.000 0]	52.669 8 [0.000 0]	52.360 1 [0.000 0]	平稳
	Δx_4	−11.333 9 [0.000 0]	−5.209 93 [0.000 0]	−9.667 85 [0.000 0]	96.166 7 [0.000 0]	176.078 [0.000 0]	平稳
	x_5	0.864 71 [0.806 4]	7.523 81 [1.000 0]	5.418 97 [1.000 0]	2.012 5 3 [1.000 0]	1.760 62 [1.000 0]	不平稳
	Δx_5	−4.477 9 [0.000 0]	−4.326 08 [0.000 0]	−3.544 51 [0.000 2]	38.397 8 [0.001 3]	40.590 2 [0.000 6]	平稳
	x_6	−1.488 64 [0.068 3]	−1.509 82 [0.065 5]	−0.426 93 [0.334 7]	19.389 5 [0.249 0]	20.133 1 [0.214 3]	不平稳
	Δx_6	−10.004 [0.000 0]	−8.286 73 [0.000 0]	−9.931 3 [0.000 0]	97.702 7 [0.000 0]	136.794 [0.000 0]	平稳
	x_7	2.303 45 [0.989 4]	5.262 15 [1.000 0]	4.403 14 [1.000 0]	7.789 1 [0.954 9]	7.004 98 [0.973 2]	不平稳
	Δx_7	−9.367 74 [0.000 0]	−1.481 72 [0.069 2]	−7.911 08 [0.000 0]	79.058 8 [0.000 0]	89.108 4 [0.000 0]	平稳
	x_9	2.905 21 [0.998 2]	−3.522 26 [0.000 2]	1.784 23 [0.962 8]	12.426 9 [0.714 1]	17.693 8 [0.342 1]	不平稳
	Δx_9	−7.655 94 [0.000 0]	−3.027 12 [0.001 2]	−7.651 12 [0.000 0]	75.618 9 [0.000 0]	102.334 [0.000 0]	平稳

注：检验形式设定为含截距和趋势项；Δ 表示变量的一阶差分；方括号内为统计量的 P 值

其次，为防止出现伪回归，在通过截面相关性检验的情况下（表 8-5），需利用协整检验考察各变量之间是否存在长期均衡关系。采用 Kao 检验方法，对 3 组模型中残差的平稳性进行检验，结果如表 8-6 所示：①路径依赖性回归模型中，在 5%的显著性水平下，变量之间存在协整关系；②路径脆弱性回归模型和路径创新性回归模型中，均在 1%的显著性水平下，变量之间存在协整关系。因此，可对 3 组模型进行回归分析。

表 8-5　面板数据截面相关性检验的结果

变量		检验方法				df.	结论
		Breusch-Pagan LM	Pesaran scaled LM	Bias-corrected scaled LM	Pesaran CD		
因变量	PathDe[En]	449.338 [0.000 0]	56.303 66 [0.000 0]	56.093 14 [0.000 0]	21.084 73 [0.000 0]	28	不相关
	PathVu[En]	542.854 7 [0.000 0]	68.800 36 [0.000 0]	68.589 83 [0.000 0]	23.297 06 [0.000 0]	28	不相关
	PathCr[En]	121.691 8 [0.000 0]	12.520 1 [0.000 0]	12.309 57 [0.000 0]	8.482 498 [0.000 0]	28	不相关

续表

变量		检验方法				df.	结论
		Breusch-Pagan LM	Pesaran scaled LM	Bias-corrected scaled LM	Pesaran CD		
自变量	x_1	526.472 7 [0.000 0]	66.611 22 [0.000 0]	66.400 69 [0.000 0]	22.935 19 [0.000 0]	28	不相关
	x_2	450.537 6 [0.000 0]	56.463 96 [0.000 0]	56.253 43 [0.000 0]	21.192 85 [0.000 0]	28	不相关
	x_3	546.879 1 [0.000 0]	69.338 14 [0.000 0]	69.127 62 [0.000 0]	23.382 66 [0.000 0]	28	不相关
	x_4	346.506 2 [0.000 0]	42.562 19 [0.000 0]	42.351 66 [0.000 0]	16.950 86 [0.000 0]	28	不相关
	x_5	502.224 3 [0.000 0]	63.370 88 [0.000 0]	63.160 36 [0.000 0]	22.391 92 [0.000 0]	28	不相关
	x_6	146.311 3 [0.000 0]	15.810 01 [0.000 0]	15.599 48 [0.000 0]	8.803 179 [0.000 0]	28	不相关
	x_7	284.911 4 [0.000 0]	34.331 23 [0.000 0]	34.120 71 [0.000 0]	9.979 688 [0.000 0]	28	不相关
	x_9	366.104 9 [0.000 0]	45.181 17 [0.000 0]	44.970 65 [0.000 0]	18.766 81 [0.000 0]	28	不相关

注：方括号内为统计量的 P 值

表 8-6 面板数据协整分析 Kao 检验

模型		ADF		结果
类型	因变量	统计量值	P 值	
路径依赖性	PathDe^{En}	−2.059 689	0.019 7	拒绝原假设
路径脆弱性	PathVu^{En}	−3.448 693	0.000 3	拒绝原假设
路径创新性	PathCr^{En}	−4.228 729	0.000 0	拒绝原假设

二、结果分析

（一）时空特征分析

利用表 8-1 所描述的原始数据进行计算，得到图 8-3 的能源转型路径选择属性测算结果。属性测算结果是面板数据拟合回归分析中重要的因变量集合，其测算的精确性直接影响着全国层面能源转型路径选择影响机理分析的有效性。

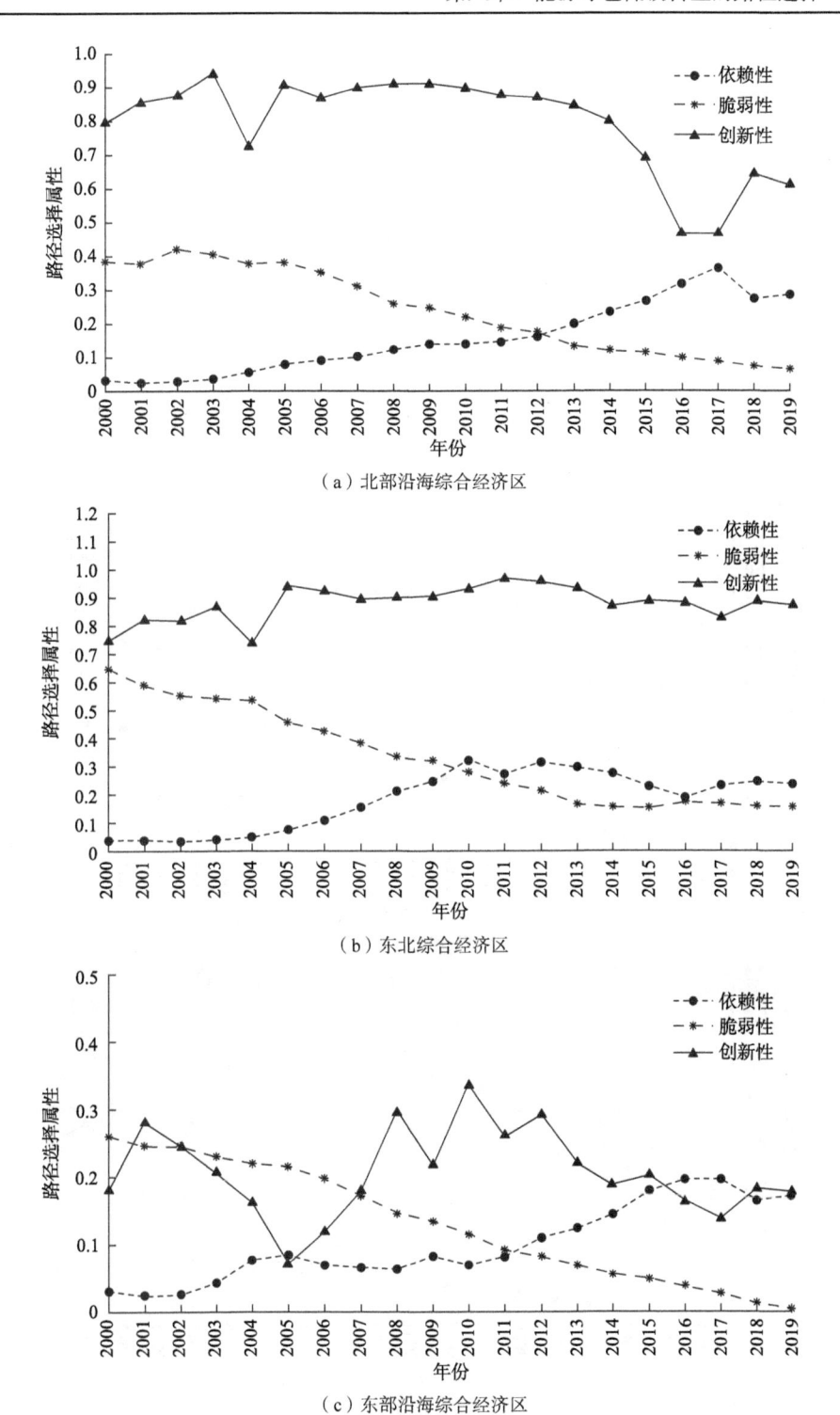

(a)北部沿海综合经济区

(b)东北综合经济区

(c)东部沿海综合经济区

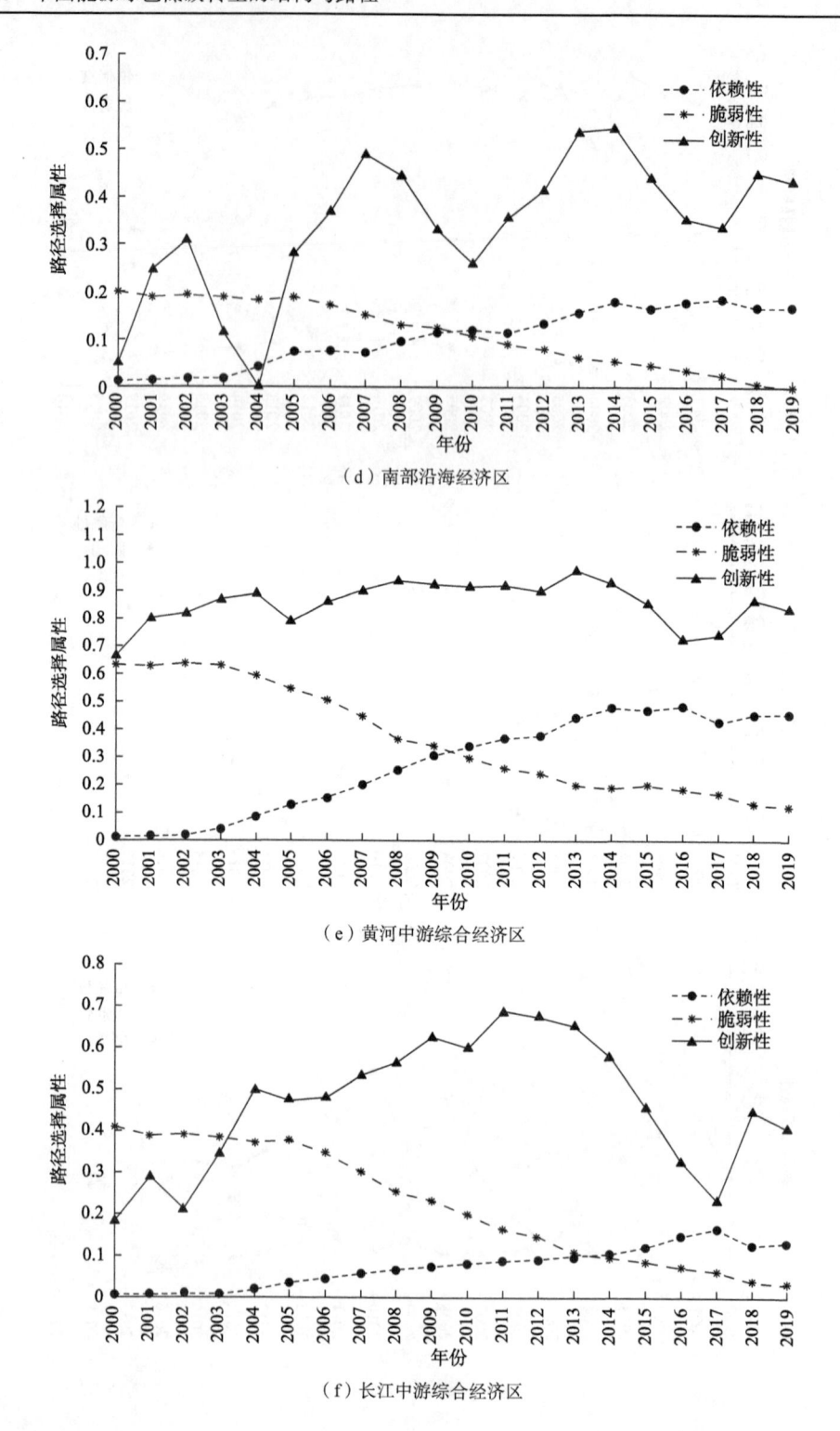

158 中国能源绿色低碳转型的结构与路径

(d) 南部沿海经济区

(e) 黄河中游综合经济区

(f) 长江中游综合经济区

(g）大西南综合经济区

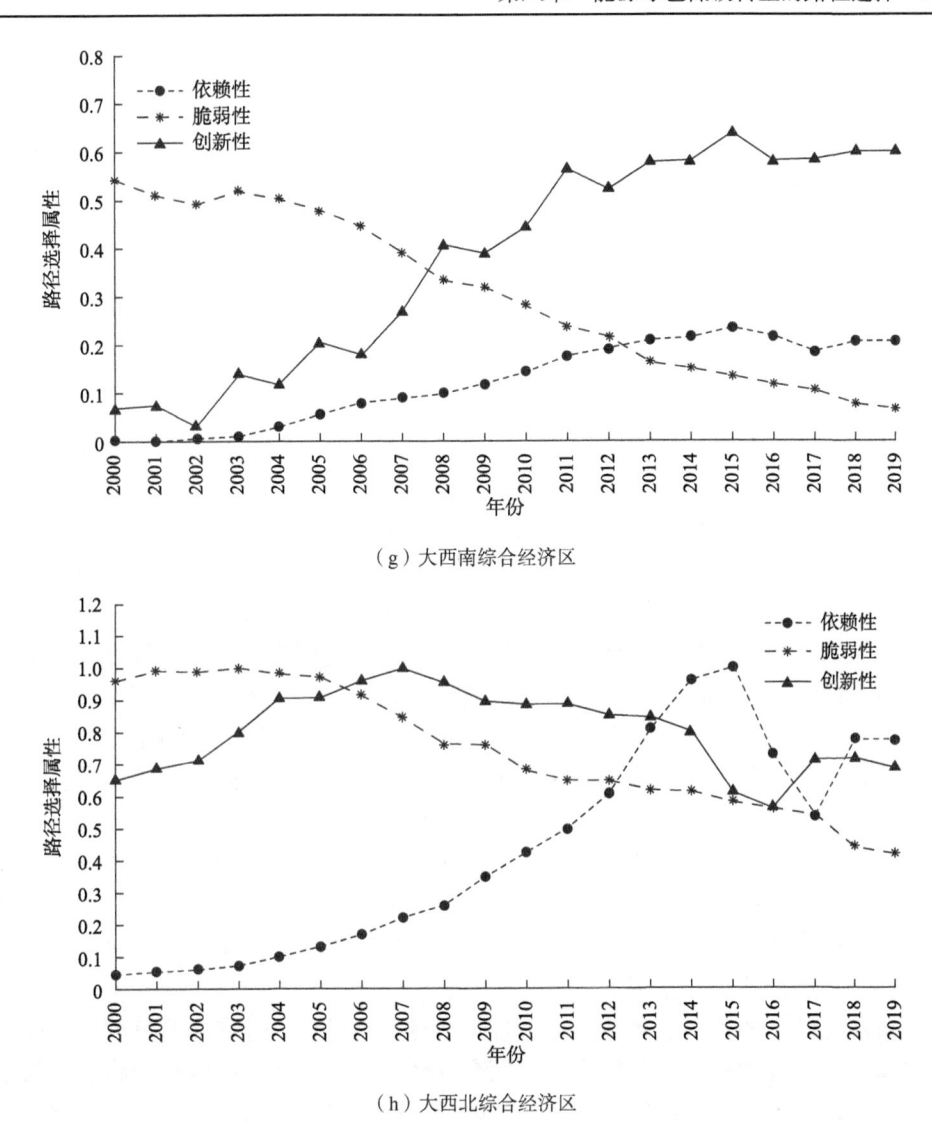

(h）大西北综合经济区

图 8-3 中国八大综合经济区能源转型路径选择发展趋势

从路径选择的初衷看，三个属性既不存在越大越好或越小越好的价值判断标准，又没有此消彼长的充要条件。

由图 8-3 可知，就能源转型的路径依赖性而言，整体呈现逐渐增强的发展趋势，具体如下：①大西北综合经济区对能源转型的路径依赖程度最高、路径锁定能力最强，呈现出较为陡峭的"S 形+W 形"演进趋势，在能源转型换挡期的发展速率最快，且峰值出现在 2015 年，并在能源转型加速期出现幅度较大的震荡。②长江中游综合经济区对能源转型的路径依赖程度最低，呈现出较为平缓的"S

形+W 形"演进趋势,在能源转型换挡期和能源转型加速期内,路径锁定能力最弱。③东北综合经济区对能源转型的路径依赖程度较为适中,但路径依赖性呈现出异于其他区域的"倒 U 形"演进趋势,其峰值出现在能源转型加速期的 2010 年,并在能源转型加速期内背离演进初衷而呈现逐渐递减的趋势。④黄河中游综合经济区、北部沿海综合经济区、大西南综合经济区、东部沿海综合经济区及南部沿海经济区等对能源转型路径依赖程度依次排名,且除北部沿海综合经济区(该区域的依赖性波动较为明显)外,其余四大区域的路径依赖性均呈现出"S 形"演进趋势,较为适度的路径锁定能力保证了该五大区域的依赖性峰值均出现在能源转型加速期。

就能源转型的路径脆弱性而言,整体呈现逐渐减弱的变化趋势,抗冲击能力和抗风险能力逐渐增强,且各个区域路径脆弱性最大的情况均出现在换挡期之前的能源发展平稳期。大西北综合经济区的能源转型路径脆弱性最明显,呈现出"凹向原点"的递减趋势,表明该区域在不确定性因素干扰下,能源转型受阻震荡的概率最大,且虽在能源转型换挡期和加速期的脆弱程度下降速率最快,但仍高于其他区域的路径脆弱程度。南部沿海经济区的能源转型路径脆弱性最小,且呈现出接近于线性的递减趋势,表明该区域能源转型路径受到风险冲击而出现衰退的概率最小。东北综合经济区的能源转型路径脆弱性较为特殊,呈现出平缓的"L 形"演进趋势,且脆弱性降速最快出现在能源转型换挡期、降速趋于平缓且弹性缓冲效果最佳出现在能源转型加速期。黄河中游综合经济区、大西南综合经济区、北部沿海综合经济区、长江中游综合经济区及东部沿海综合经济区等的能源转型路径脆弱性依次排名,且均呈现出平缓的"反 S 形"演进趋势,表明能源转型换挡期的发展有利于提高上述区域的抗冲击与抗风险能力,能源转型加速期内路径脆弱性降至最低且保持稳定。

就能源转型的路径创新性而言,各个区域的路径创新性存在明显差异,曲线形状呈现出四种类型,但总体可分为两个梯队。第一梯队的能源转型路径创新水平较高,此类区域的能源转型路径的"触感"较为敏锐,行为偏移能力和突破能力较强,且路径创新性的峰值均出现在能源转型换挡期、震荡过程均出现在能源发展平稳期末至能源转型加速期初,包括平缓"倒 U 形"趋势的大西北综合经济区、平缓"M 形"波动的东北综合经济区和黄河中游综合经济区及"M 形"凹向原点的北部沿海综合经济区,从产业链的角度看,该四个区域主要为能源供给区域。第二梯队的能源转型路径创新水平较低,对既定的能源发展路径进行解锁的能力相对较弱,行为突破能力有待提高,导致此类区域能源转型轨迹跃迁的概率较低,且显著波动的情况均出现在能源转型换挡期,包括陡峭"倒 U 形"趋势的长江中游综合经济区、"S 形"增长的大西南综合经济区、"S 形+W 形"波动增长的南部沿海经济区及平缓"M 形"波动的东部沿海综合经济区,从产业链的角度看，该四个区域主要为能源需求区域。

根据 2000~2019 年中国八大综合经济区能源转型路径依赖性、脆弱性及创新性的程度增减特征，可对中国能源转型的演化路径进行分异，其主要类型包括三种，如表 8-7 所示。

表 8-7　2000~2019 年中国八大综合经济区能源转型路径的演化分异

类型	演化路径	特征	区域
Ⅰ	锁定趋向型	转型路径的依赖性增强、脆弱性明显、创新性降低，主要体现锁定能力	北部沿海综合经济区、大西北综合经济区
Ⅱ	解锁趋向型	转型路径的依赖性降低、脆弱性下降、创新性增强，主要体现突破能力	大西南综合经济区
Ⅲ	随机转化型	转型路径的依赖性与创新性无显著逆向关系，脆弱性增减规律复杂，锁定趋向或解锁趋向均不显著	东北综合经济区、东部沿海综合经济区、南部沿海综合经济区、黄河中游综合经济区、长江中游综合经济区

（二）影响机理分析

将图 8-3 中的测算结果作为面板数据回归分析的因变量组进行影响机理分析。能源发展先后经历了平稳期、换挡期及加速期，因此将样本数据分段处理，进行面板数据拟合回归分析，以考察不同类型属性的指标变量对能源转型路径选择的作用方向和影响程度；选择混合估计模型，采用 OLS 进行估计（表 8-8）。为分析参数不稳定是否会对模型产生影响，采用递归残差的 CUSUMSQ 检验判断模型的稳健性，如图 8-4 所示：在 5%置信区间内，观测样本区间内残差累积和的平方基本分布于边界区间以内，因此，模型的稳健性处于可接受范围。

由表 8-8 可知，属性之间并非互斥关系，因此影响因素的作用机制并无机理层面的矛盾。例如，体制锁定因素短期内虽削弱了依赖性，但也未对创新性具有明显的促进作用，同时长期来看，其对依赖性具有显著的巩固作用，具体如下。

当处于能源发展平稳期时，影响区域能源转型路径依赖性的主要因素共 7 个，具有巩固作用的有经济水平 x_3（0.530 706）、价格水平 x_4（0.392 876）、资产投资 x_6（0.139 637）和产业结构 x_2（0.045 298），此时的经济性因素成为依赖性的决定性因素；具有削弱作用的有体制锁定 x_1（−0.050 516）、对外开放 x_9（−0.029 799）和资源禀赋 x_7（−0.025 429），尤其值得注意的是，在该阶段制度性因素对原轨迹的解锁过程起到了关键作用。影响区域能源转型路径脆弱性的主要因素共 3 个，包括具有催化作用的价格水平 x_4（1.550 339）和资产投资 x_6（0.936 660），以及具有抑制作用的对外开放 x_9（−0.176 296），虽然证明了模型对该时期能源转型路径脆弱性的科学合理性和良好解释力，但由于市场导向的改革效果逐渐凸显，经济性因素和技术性因素明显成为中国能源发展平稳期中最敏感的"抓手"。影响区域能源转型路径创新性的主要因素共 6 个，其中具有促进

表 8-8 能源转型路径选择演化特征的拟合回归分析结果

变量	能源发展平稳期（2000~2005 年）			能源转型换挡期（2006~2013 年）			能源转型加速期（2014~2019 年）			2000~2019 年样本期间		
	PathDe^{En}	PathVu^{En}	PathCr^{En}	PathDe^{En}	PathVu^{En}	PathCr^{En}	PathDe^{En}	PathVu^{En}	PathCr^{En}	PathDe^{En}	PathVu^{En}	PathCr^{En}
x_1	-0.050 516** (-2.038 777)	0.212 667 (1.064 059)	0.059 682 (0.133 373)	-0.222 567*** (-3.139 015)	1.199 236*** (8.547 245)	0.438 505 (0.736 233)	-0.408 337** (-2.258 650)	0.824 099*** (4.782 549)	-1.316 156* (-1.759 793)	0.006 197 (0.148 457)	0.368 738*** (4.848 291)	-0.273 872 (-1.303 013)
x_2	0.045 298** (2.026 548)	0.152 545 (0.846 057)	0.127 009 (0.314 628)	-0.246 017*** (-4.385 301)	-0.065 427 (-0.589 360)	-0.710 461* (-1.507 592)	0.176 940 (1.065 422)	0.192 647 (1.217 051)	0.718 279 (1.045 475)	-0.210 070*** (-4.084 208)	0.269 899*** (2.879 885)	0.073 017 (0.281 923)
x_3	0.530 706*** (5.383 300)	0.090 155 (0.113 372)	5.761 796*** (3.236 193)	0.160 788 (2.308 422)	-0.138 817 (-1.007 152)	0.838 442 (1.432 992)	0.222 990*** (3.644 109)	-0.033 479 (-0.574 031)	-1.263 227*** (-4.990 137)	0.109 890*** (2.845 434)	-0.173 362** (-2.463 630)	-0.221 764 (-1.140 358)
x_4	0.392 876*** (2.739 688)	1.550 339* (1.340 276)	1.185 764 (0.457 852)	0.004 981 (0.170 507)	0.001 226 (0.021 209)	-0.128 588 (-0.523 984)	0.015 934 (0.043 758)	-0.445 525 (-1.283 699)	-1.164 902 (-0.773 312)	-0.044 163 (-0.868 312)	0.112 729 (1.216 404)	-0.087 071 (-0.339 975)
x_5	-0.039 198 (-0.621 205)	-0.001 328 (-0.002 610)	-4.981 994*** (-4.371 743)	0.431 554*** (6.583 712)	-0.258 063* (-1.989 533)	0.079 008 (0.143 489)	0.241 572*** (4.531 427)	0.031 937 (0.628 532)	0.874 502*** (3.965 272)	0.349 083*** (10.844 540)	-0.249 448*** (-4.252 984)	0.228 088 (1.407 167)
x_6	0.139 637*** (4.659 240)	0.936 660*** (3.874 537)	1.012 485* (1.870 621)	0.838 579*** (12.116 030)	0.391 631*** (2.859 447)	1.006 812* (1.731 699)	0.863 615*** (7.282 056)	0.178 717* (1.581 068)	-0.184 792 (-0.376 652)	0.775 023*** (17.950 230)	0.413 192*** (5.252 152)	0.395 670* (1.819 901)
x_7	-0.025 429** (-2.035 365)	0.020 618 (0.204 591)	-0.594 849*** (-2.636 383)	-0.093 182*** (-2.690 504)	0.079 684 (1.162 684)	-0.928 372*** (-3.191 042)	-0.095 265** (-2.060 166)	-0.035 627 (-0.808 340)	-0.262 581 (-1.372 634)	-0.070 230*** (-2.912 234)	0.146 829*** (3.341 556)	-0.337 267*** (-2.777 403)
x_8	-0.002 751 (-0.465 473)	-0.017 413 (-0.365 223)	-0.186 377* (-1.745 973)	0.004 976 (0.520 792)	0.014 015 (0.741 251)	-0.039 516 (-0.492 345)	-0.002 776 (-0.165 320)	-0.004 842 (-0.302 525)	0.145 478** (2.094 289)	0.010 978 (1.040 055)	-0.009 020 (-0.468 993)	0.013 932 (0.262 116)
x_9	-0.029 799** (-2.019 967)	-0.176 296* (-1.481 509)	0.593 927** (2.229 231)	0.000 648 (0.010 782)	0.274 460** (2.308 903)	0.434 421 (0.860 907)	-0.388 125 (-1.496 935)	0.462 899* (1.873 128)	0.904 876 (0.843 616)	0.045 457 (1.427 089)	-0.126 069** (-2.172 140)	-0.268 172* (-1.671 951)
c	-0.008 417 (-0.535 901)	0.161 221 (1.272 496)	0.075 714 (0.266 912)	0.024 320 (1.006 766)	0.059 726 (1.249 462)	0.492 786** (2.428 513)	0.030 451 (0.991 177)	-0.016 248 (-0.554 864)	0.860 269*** (6.768 752)	0.010 648 (0.583 867)	0.142 696*** (4.294 367)	0.705 595*** (7.683 717)
R^2	0.855 048	0.830 482	0.557 541	0.972 968	0.944 568	0.474 766	0.977 054	0.959 401	0.650 172	0.933 640	0.869 667	0.311 471
调整后的 R^2	0.820 718	0.790 333	0.452 748	0.968 463	0.935 329	0.387 227	0.971 620	0.949 785	0.567 319	0.929 659	0.861 847	0.270 160
F 值	24.906 270	20.684 940	5.320 398	215.960 500	102.240 800	5.423 485	179.787 500	99.774 790	7.847 215	234.489 300	111.210 900	7.539 544
F-统计量的 P 值	0.000 000	0.000 000	0.000 106	0.000 000	0.000 000	0.000 028	0.000 000	0.000 000	0.000 002	0.000 000	0.000 000	0.000 000

***表示 1%显著性水平显著，**表示 5%显著性水平显著，*表示 10%显著性水平显著

注：小括号内为 t 值

(a）依赖性模型

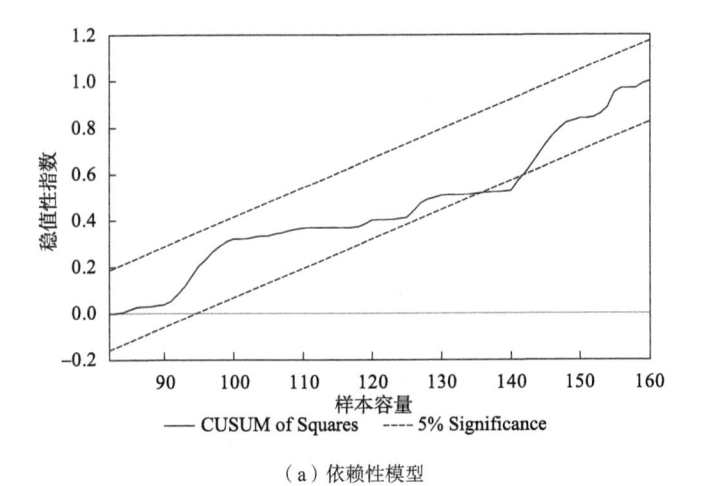

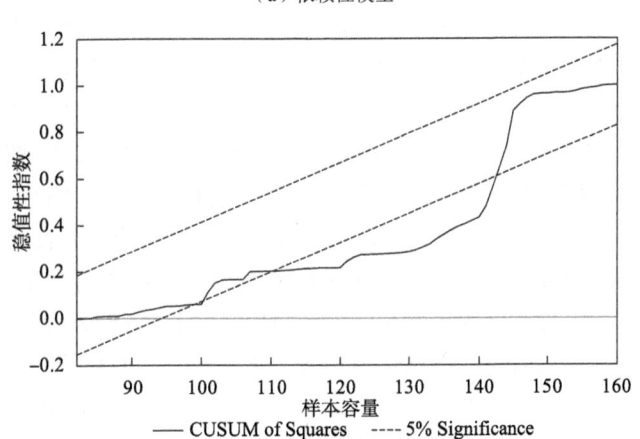

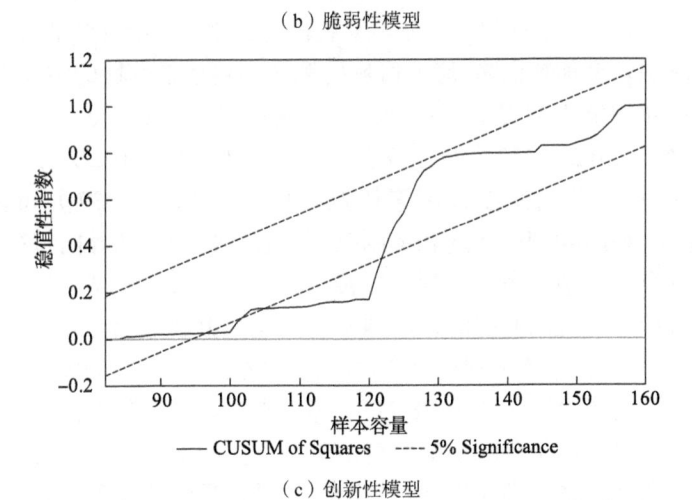

(b）脆弱性模型

(c）创新性模型

图 8-4 中国能源转型路径属性影响机制模型的稳健性检验结果

作用的经济水平 x_3（5.761 796）、资产投资 x_6（1.012 485）和对外开放 x_9（0.593 927）主导着能源转型突破能力的变化趋势，并进一步决定着转型轨迹跃迁的方式和方向；在具有抑制作用的三个因素中，技术扩散 x_5（-4.981 994）并未与路径创新的演进方向保持一致，反而未能实现规模经济，导致突破能力降低，同时资源禀赋 x_7（-0.594 849）和地区区位 x_8（-0.186 377）也未能发挥预期优势，使得该阶段的能源转型路径创新受到掣肘。

当处于能源转型换挡期时，影响区域能源转型路径依赖性的主要因素共 6 个，其中资产投资 x_6（0.838 579）、技术扩散 x_5（0.431 554）和经济水平 x_3（0.160 788）具有一定的巩固作用偏向，且该阶段的行为性因素超越技术性因素和经济性因素，成为锁定原轨迹的根本力量；但换挡期体制改革的成效逐步显现，使得产业结构 x_2（-0.246 017）和体制锁定 x_1（-0.222 567）等制度性因素的作用日趋显著，在资源禀赋 x_7（-0.093 182）发挥作用的情况下，二者成为解锁原轨迹的决定性因素。影响区域能源转型路径脆弱性的主要因素共 4 个，包括具有催化作用的体制锁定 x_1（1.199 236）、资产投资 x_6（0.391 631）和对外开放 x_9（0.274 460），以及具有抑制作用的技术扩散 x_5（-0.258 063），虽然现有因素对该时期能源转型路径脆弱性的解释力较好，但不难发现，该时期的制度性因素和行为性因素已然成为能源转型路径选择的最大风险源，具有市场导向的技术性因素已让能源转型主体意识到路径选择过程的重要性和紧迫性。影响区域能源转型路径创新性的主要因素共 4 个，其中两个具有促进作用的因素中，资产投资 x_6（1.006 812）依然是转型轨迹倾向于跃迁的主要原因，但随着不确定性增加，能源转型的原轨迹锁定将逐步侧重于对其他影响因素 c（0.492 786）的偏向。同时，资源禀赋 x_7（-0.928 372）和产业结构 x_2（-0.710 461）等因素也替代了原有的体制锁定因素，从而导致该时期能源转型路径突破能力被逐步抑制，且能源发展轨迹跃迁的作用效果难以凸显。

当处于能源转型加速期时，影响区域能源转型路径依赖性的主要因素共 5 个，其中具有巩固锁定能力的因素包括行为性因素资产投资 x_6（0.863 615）、技术性因素技术扩散 x_5（0.241 572）及经济性因素经济水平 x_3（0.222 990），具有削弱锁定能力的因素主要为制度性因素体制锁定 x_1（-0.408 337）和资源禀赋 x_7（-0.095 265）。该时期制度变迁和体制改革具有明显的市场导向特征，使得中国能源产业发展思路逐渐清晰——制度性转型应先于经济性转型、技术性转型及行为性转型，且应逐步规制原有的粗放型发展模式。影响区域能源转型路径脆弱性的主要因素共 3 个，包括起到促进作用的体制锁定 x_1（0.824 099）、对外开放 x_9（0.462 899）及资产投资 x_6（0.178 717）等因素，尤其是制度性因素，虽然在打破锁定，但同时也增加了该时期能源转型路径选择的不确定性，这也解释了能源体制改革的复杂性、系统性与长期性等问题。尽管目前的改革成效方面仍存在争议，但就因素本身的作用效果而言，中国能源转型的程度实际仍在不断深化，在保障性方面均取得了较明显的进步。影响区域能源转型路径创新性的主要因素共 5 个，其中具有促进作用的不但包括技术扩散 x_5（0.874 502）和地区区位 x_8（0.145 478），而且有其他影响因素 c（0.860 269）的驱动表现，且该时期其他影响因素对于能源转型路径突破能力的作用效果明显大于能源发展平稳期和换挡期该因素的作用效果，究其原因主要在于随着能源转型环境的不确定性逐渐增加，原有的内生因素和外源因素正逐渐失去确定性的主导地位，尤其在经历了前两期的过渡，轨迹跃迁的方向也出现了一定的探索性。此外，值得警惕的是具有抑制作用的体制锁定 x_1（-1.316 156）和经济水平 x_3（-1.263 227），并未与预期的效果保持一致。

就"十五"至"十三五"期间的能源转型而言，影响区域能源转型路径依赖性的主要因素共 5 个，包括具有巩固作用的资产投资 x_6（0.775 023）、技术扩散 x_5（0.349 083）及经济水平 x_3（0.109 890），具有削弱效果的产业结构 x_2（-0.210 070）和资源禀赋 x_7（-0.070 230），出现反常的是体制锁定 x_1 失去了主导地位，甚至从长期的角度看，曾经饱受争议的制度性因素并不是中国能源产业存在发展惰性的根源。影响区域能源转型路径脆弱性的主要因素共 8 个，包括具有催化作用的资产投资 x_6（0.413 192）、体制锁定 x_1（0.368 738）、产业结构 x_2（0.269 899）、资源禀赋 x_7（0.146 829）和其他影响因素 c（0.142 696），具有抑制作用的技术扩散 x_5（-0.249 448）、经济水平 x_3（-0.173 362）和对外开放 x_9（-0.126 069）。结合现实情况看，路径脆弱性是对原有发展模式提出了质疑，在不确定环境中，原有发展模式难以为继，且前 5 个增大脆弱性的因素可有力地解释能源转型渐进式路径的偏好原因，而后 3 个减小脆弱性的因素则偏向于构成能源转型突进式路径偏好的基础。影响区域能源转型路径创新性的主要因素共 4 个，虽然具有促进作用的资产投资 x_6（0.395 670）及具有抑制作用的资源禀赋 x_7（-0.337 267）和对外开放 x_9（-0.268 172）仍在发挥影响效果，但就观察期（长期）而言，其他影响因素 c（0.705 595）对能源转型路径突破能力和轨迹跃迁所带来的作用已远超预期，这也解释了现有因素（内生因素和外源因素）对能源转型路径创新性解释力较差的原因。

第四节　转型路径选择的主要结论及政策建议

一、主要结论

为分析中国能源转型路径选择的影响因素，在概念模型的基础上对能源转型路径选择的属性进行表述，基于路径依赖性、脆弱性和创新性，从转型能力的角度，构建用以分析因素影响效果的多元回归模型，通过对八大综合经济区、三大发展阶段的九大主要影响因素进行实证研究，得出以下结论。

第一，从空间维度看，中国八大综合经济区能源转型路径选择虽有区域性差异，但均呈现出较为明显的依赖性增强、脆弱性减小、创新性震荡特征。造成该特征的原因主要在于各区域的能源投资效率、能源生产效率及能源消费效率存在较大不同。北部沿海综合经济区属于能源消费中心，大西北综合经济区属于能源供给中心，两个区域内的人均能源投资逐年增加，导致了能源系统发展模式的"套牢"，虽然锁定能力较强，但抗风险能力和突破能力较弱，表现为锁定趋向型。大西南综合经济区作为主要的能源供给中心，区域内能源产业多样化发展水平较高，在电能替代和多能互补的实现上具有较为明显区域优势，抗风险能力和突破能力较强，且无须依赖单一发展模式，表现为解锁趋向型。其余五大区域为能源供需不均衡甚至长期失衡的地区，由于其能源转型路径的依赖性与创新性无显著的负相关性，能效增减规律复杂，均表现为随机转化型。因此，锁定趋向型区域推进转型的阻力较大；解锁趋向型区域可因势利导地平稳推进渐进式转型；随机转化型区域的情况相对复杂，或可适时尝试突进式转型。

第二，从时间维度看，中国八大综合经济区能源转型路径选择呈现出平稳期依赖性突出、换挡期脆弱性明显、加速期创新性增强的特点，且各阶段的主要影响因素类型存在明显差异。能源发展平稳期的能源部门处于相对确定性的演进环境之中，发展模式存在一定的惯性，制度性、经济性、技术性及行为性等内生因素协同交互，共同主导能源转型，如大西北综合经济区和东北综合经济区等。能源转型换挡期，演进环境的不确定性逐渐加剧，惯性发展模式被打破，但各个区域的抗风险能力和恢复能力存在差异，导致转型路径脆弱性的降低幅度和递减速率出现明确的层次，制度性、技术性及行为性等内生因素起主导作用，但资源禀赋及地区区位等外源因素也逐渐发挥驱动作用，如大西北综合经济区和黄河中游综合经济区等。能源转型加速期的能源转型轨迹跃迁充满不确定性，中国能源转型的突破能力仍不稳定，转型模式仍处于探索阶段，制度性、技术性及行为性等内生因素的影响效果逐渐减弱，且不确定性因素的影响效果逐渐凸显，如大西北综合经济区和北部沿海综合经济区等。

第三，从因素维度看，在复杂环境中的影响因素作用过程在不同阶段呈现不同的作用方向，部分因素的影响效果具有连续性、部分具有互斥性、部分具有随机性，但内生因素仍是能源转型的决定性因素。首先，对中国能源转型路径选择具有普遍性影响的因素，按照其权重进行排序分别为制度性因素（体制锁定和产业结构）、行为性因素（资产投资）、经济性因素（经济水平和价格水平）、技术性因素（技术扩散）及外源因素（资源禀赋、对外开放和地区区位），因此可断言，在资源存量增量、国际合作直接投资及地理区位分布既定的情况下，中国能源领域的制度转型、行为转型和经济转型均滞后于技术转型，技术问题已不再是制约中国能源转型的主要矛盾。其次，分属性观测，对路径锁定能力而言，经济水平和资产投资等因素在短期内和长期内均具有强化效应；资源禀赋因素在短期内和长期内均具有弱化效应；体制锁定因素在短期内具有弱化效应，在长期内具有强化效应；价格水平因素在短期内具有强化效应，但在长期内具有弱化效应。对路径脆弱性而言，体制锁定、资产投资等因素在短期内和长期内均具有刺激效应。对路径突破能力而言，资源禀赋因素在短期内和长期内均具有弱化效应；对外开放因素在短期内是强化效应，但在长期内具有弱化效应；其余各因素在短期内的作用相对随机，且在长期内不存在效果的连续性。

二、政策建议

根据结论，总结政策含义：首先，从过程及目标看，路径选择的锁定能力和恢复能力相对明显，但现有能源系统内生因素和现有环境外源因素对路径创新的影响较小，这就要求中国能源部门在未来的发展过程中应不断探索新的转型"抓手"。其次，由于区域间存在能效差异，在统筹规划的基础上，应做到因地制宜、因势利导，避免"一刀切"的经验主义思维方式。最后，应掌握不同影响因素的作用方式、方向及周期，善于利用组合工具实现高效、有序、协同、可持续且高质量的演进，既要避免短期有益、长期有害的操作，又要避免目光短浅、畏首畏尾的格局。同时，本章尚有不足之处：一方面，囿于数据限制，在考察其他影响因素方面也未深入，并未对其进行细化分解，如农村脱贫及贸易摩擦等重要问题，以及灾害风险和公共卫生安全等方面，都需要进一步深入研究。因此，在数据缺失的情况下，目前的影响因素体系与拟合回归模型在能源转型路径选择的解释力方面做出了较大的牺牲。另一方面，路径创新才是能源转型轨迹跃迁的直接激励，但从回归模型的多重相关性看，现有因素并非都是创新性的"原因"。通过其他属性与各因素的关系可以大胆预判：本章讨论的部分因素可能为路径创新的"结果"。但囿于本章的研究目的，并未对其进行展开，以后的工作将在能源转型效果分析与绩效评价中深入探讨。

第五节　本　章　小　结

中国能源转型正处于四期并轨的关键阶段，识别转型路径选择的影响因素并测算其作用效果具有重要理论价值和现实意义。首先，通过文献梳理，明确能源转型的新定位，并构建能源转型路径选择与轨迹跃迁的理论架构；其次，定义能源转型的路径依赖性、脆弱性和创新性，并进行时空特征分析；最后，建立用以分析因素影响效果的多元回归模型，进而对八大综合经济区、三个发展阶段的九类主要影响因素进行影响机理分析。实证研究表明：①空间维度，中国八大综合经济区能源转型路径选择虽有区域性差异，但均呈现出较为明显的依赖性增强、脆弱性减小、创新性震荡特征；②时间维度，中国能源转型路径选择呈现出平稳期依赖性突出、换挡期脆弱性明显、加速期创新性增强的特点，且各阶段的主要影响因素类型存在明显差异；③因素维度，影响因素作用过程在不同阶段呈现不同的作用方向，部分因素的影响效果具有连续性、部分具有互斥性、部分具有随机性，由此给出政策建议并进行展望。

第九章 能源绿色低碳转型的产业升级[①]

第一节 转型期内能源产业升级的概述

随着全球能源安全问题和环境保护问题日益严峻，以可持续转型为核心的能源发展模式已经引起了各国政府、企业与学者的高度关注（史丹和王蕾，2015；Safari et al.，2019）。党的十八大以来，"四个革命、一个合作"的能源战略思想日臻完善，党中央、国务院也高度重视能源转型问题。党的十八届五中全会上提出了创新、协调、绿色、开放、共享的新发展理念，为化解能源资源和环境约束的世界性难题提出了"中国方案"。然而，中国能源产业发展也正在经历经济增速换挡、能源转型升级和能源体制改革的阵痛期，能源工业效益指标下滑、产能过剩问题依然存在，能源转型和产业升级面临重重困难。尤其是在高质量发展的要求下，中国能源产业平稳有序的升级转型已然成为供给侧结构性改革及能源生产与消费革命等任务的重中之重。因此，如何在转型期内推进中国能源产业的升级，已然成为当今经济社会发展过程迫在眉睫的问题之一。

主流经济管理领域讨论产业升级问题多依赖于产业组织经济学的一般范式，通常关注于生产要素投入（Nadeem et al.，2018）、技术创新扩散（吴艳等，2019；Tabrizian，2019）、价值链模式（Hamilton-Hart and Stringer，2016；魏龙和王磊，2017）、经济结构变化（Zhang，2018）、产业高级化（张文彬等，2019）、制度安排（沈琼和王少朋，2019；Elango and Dhandapani，2020）及政策影响（陈思等，2018；Shorena，2020）等方面。能源产业基础性、保障性与支柱性的角色定位（艾明晔等，2017；王欢芳等，2018；Edomah，2019），加之能源可持续转型过程具

[①] 主要内容已发表于 2021 年第 11 期《技术经济》中的《转型期内中国能源产业如何升级？：基于面板数据的实证研究》。

有长期性、多维性和不可逆性等特征（Fischer-Kowalski et al., 2019），使得能源转型更侧重于系统模式和业务功能的量变（Moallemi and Malekpour, 2018），且高效的转型不仅限于能源基础设施的转变，还会影响到围绕能源生产和消费所建立的更广泛社会经济组合的转变（Miller et al., 2013）。因此从本质上看，能源产业升级过程更为复杂（李勇和梁琳，2015；Haakonsson and Slepniov, 2018），虽然对于能源产业升级问题的权衡兼顾了先进产能优先发展（贺玲等，2019）、清洁能源消纳持续推进（Krishnan et al., 2019）、普遍服务水平着力提升（郑新业和吴悠，2018）及节能减排技术推广应用（Habib et al., 2016）等问题，但是各国（地区）的能源产业升级的条件、方向及侧重仍存在明显差异（Yamaguchi, 2018；Zheng and Wang, 2019）。尤其是在中国能源可持续转型的过程中，能源结构性失衡问题突出（宋辉等，2019）、行为与制度之间矛盾依然存在（俞萍萍，2018）、安全保障力度有待提高（刘建和方荷琴，2019）、替代能源发展相对缓慢（刘平阔和王志伟，2019）及监管与治理能力仍需强化（金碚，2019）等，使得有序、协同、可持续的能源产业升级问题成为当前中国经济社会高质量发展过程不可回避且亟待解决的任务之一（刘平阔等，2018）。

在产业升级的量化分析问题上，学者们已探索性地选用了计量经济模型（袁航和朱承亮，2019）、空间优化模型（Zhou et al., 2017）、模拟仿真模型（丁莹莹和李铮，2019）及量化评价模型（Marouani and Marshalian, 2019）等方法。例如，从产业发展的"雁行"模式角度，Kiyota（2014）利用多锥赫克歇尔-俄林模型（multiple-cone version of the Heckscher-Ohlin model）检验了产业出现—繁荣—衰落—消失的过程，并解释了产业升级的一个重要原因——资本积累。钱颜文和顾元勋（2019）从动态竞争力的角度，构建了产业升级元区域模型，对空间优化、规模变化及要素升级的影响效果进行了重点分析。Wiese 和 Baldini（2018）在评估了替代性和依赖性的基础上，构建了一个自下而上的能源产业系统模型，并通过能源部门变化分析，提出了一套运营方法。但值得注意的是，现有模型针对较为复杂的能源产业升级路径选择问题仍未给出科学合理的解释（刘平阔等，2019a，2019b）。于是 Liu 等（2018b）从空间结构和产业强度的角度进行了扩展和建模，提出了能源产业升级的未来方向和发展路径，并关注到了区域能源产业的比较优势问题。刘守英和杨继东（2019）也基于产品空间理论（theory of product space）对产业升级的演进展开了实证分析。

分析目前已有的相关研究，国内外的学者都提出了富有洞见的论断，但依然存在一些不足：首先，针对较为特殊的能源产业升级问题，目前仍存在较为广阔的研究空间；尤其是在高质量发展的可持续转型过程中，能源产业升级存在诸多不确定性。其次，目前对于产业升级的研究理论依据较为单一；甚至在缺少必要理论支撑的情况下，并未提炼分析结果或总结产业升级一般性规律，从而导致部分探索性建模过程失去了理论意义和应用价值。最后，已有的研究并未严格区分产业升级的影响因素和产业升级路径选择的影响因素，分析过程存在盲目性，导致所提政策建议出现难以落地或短期有效、长期失效的问题。与已有文献相比，本章的主要贡献和创新如下：①首次聚焦可持续转型过程中的能源产业升级问题；②通过交叉学科构建能源产业升级的理论框架，并利用实证分析检验理论的适用性；③建模过程将区别能源产业升级主要影响因素和能源产业升级路径选择主要影响因素，并从区域和全国两个层面分别进行论证，以期为政府决策和企业实践提供技术支持和决策参考。

第二节 转型期内产业升级的理论与方法

一、理论框架

如何升级即升级路径选择的问题；基于此，以能源产品消费量作为参考系，构建转型期内中国能源产业的理论框架如图 9-1 所示，涉及三个领域相关理论的交叉互补。

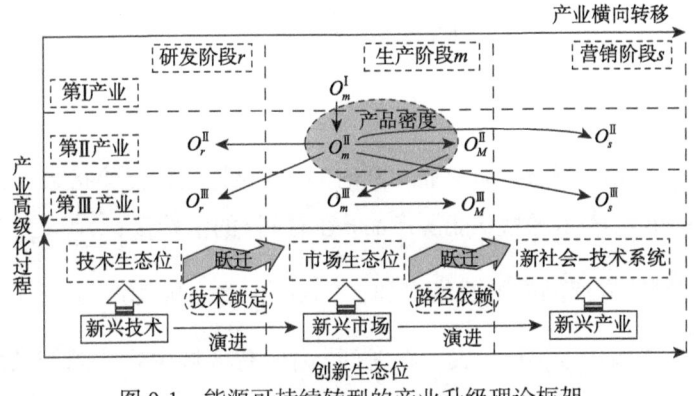

图 9-1 能源可持续转型的产业升级理论框架

（1）运用可持续转型理论，通过对技术生态位、市场生态位及战略生态位进行量化分析，侧重分析能源技术的激进性与颠覆性。在打破传统能源技术锁定和克服传统能源发展路径依赖的情况下，培育新兴能源子产业（子部门），并促进能源驱动下的社会技术系统转型。制度层面，该理论体现转型期内中国能源产业的供给侧结构性优化调整。

（2）运用产业转型升级理论（industrial transformation and upgrading theory），将能源产业组织结构的纵向调整称为转型，将能源产业局部技术的横向转移称为升级;对于产业间转型($O_m^I \to O_m^{II} \to O_m^{III}$)、产业内转型($O_m^{II} \to O_M^{II}$)、产业组织升级($O_m^{II} \to O_r^{II}$ 或 O_s^{II})及产业间转型升级($O_m^{II} \to O_r^{III}$ 或 O_s^{III})的特征进行描述,将一般性能源产业升级的路径分为渐进式和突进式。组织层面,该理论体现转型期内中国能源产业的有序演进与协同发展。

(3)运用产品空间理论,强调在异质性和离散性的能源产品空间内,通过能源产品密度与能源产业升级状态变化之间的关系进行分析;基于能源产品网络中产品位置及结构的分析,对区域经济发展和能源产业升级路径进行研究。产品层面,该理论体现转型期内中国能源产业的能源替代-互补关系。

二、概念界定

(一)能源产业比较优势

根据 Balassa(1977)产出导向的衡量方式,定义能源产业可持续转型的比较优势,用区域内能源产业的显性比较优势指数(revealed comparative advantage index,RCA)衡量(French,2017):

$$\text{RCA}_{a,e,t} = \frac{\dfrac{\text{co}_{a,e,t}}{\sum\limits_{e}\text{co}_{a,e,t}}}{\dfrac{\sum\limits_{a}\text{co}_{a,e,t}}{\sum\limits_{a,e}\text{co}_{a,e,t}}} \tag{9-1}$$

其中,$\text{RCA}_{a,e,t}$ 表示区域 a 能源产品 e 在时间 t 的显性比较优势指数;co 表示能源产品消费量;$\text{co}_{a,e,t}$ 表示区域 a 能源产品 e 在时间 t 的消费量;$\sum\limits_{e}\text{co}_{a,e,t}$ 表示区域 a 在时间 t 内主要能源产品的消费量之和;$\sum\limits_{a}\text{co}_{a,e,t}$ 表示能源产品 e 在时间 t 内所有区域的消费量之和;$\sum\limits_{a,e}\text{co}_{a,e,t}$ 表示在时间 t 内所有区域主要能源产品的消费量之和。通常:①将 $\text{RCA}_{a,e,t}=1$ 定义为能源产品 e 所属产业在区域 a、时间 t 中是否具有较显性比较优势的临界点;②将 $\text{RCA}_{a,e,t}>1$ 定义为存在显性比较优势;③将 $\text{RCA}_{a,e,t}<1$ 定义为不存在显性比较优势。$\text{RCA}_{a,e,t}$ 越大,则在区域 a 时间 t 中的能源产品 e 相较于所有区域所有时期各主要能源产品的比较优势越明显。

(二)能源产业优势演进

根据 Hausmann 和 Klinger(2007)的理论模型,定义能源产业可持续转型的

升级衡量标准,得到

$$\text{sta}_{a,e,t} = \begin{cases} 1, & \text{RCA}_{a,e,t} > 1 \\ 0, & \text{RCA}_{a,e,t} \leqslant 1 \end{cases} \quad (9\text{-}2)$$

其中,$\text{sta}_{a,e,t}$表示区域a能源产品e在时间t的产业优势演进过程中所体现的升级状态,即能源产业升级衡量指标。状态指标$\text{sta}_{a,e,t}$为虚拟变量:①当$\text{RCA}_{a,e,t}$大于1,即与其他能源相比,在区域a时间t的能源产品e具有显性比较优势时,则$\text{sta}_{a,e,t}$取1;②反之,当$\text{RCA}_{a,e,t}$不大于1,则$\text{sta}_{a,e,t}$取0。

结合邓向荣和曹红(2016)的产业升级动态变化分类研究成果,将能源产业升级分为:升级未成功Ⅰ、升级成功Ⅱ、失去比较优势Ⅲ及保持比较优势Ⅳ(表9-1)。

表9-1 可持续转型中能源产业升级状态分类

类别	$t-1$期	t期	状态
Ⅰ	$\text{sta}_{a,e,t-1} = 0$	$\text{sta}_{a,e,t} = 0$	升级未成功
Ⅱ	$\text{sta}_{a,e,t-1} = 0$	$\text{sta}_{a,e,t} = 1$	升级成功
Ⅲ	$\text{sta}_{a,e,t-1} = 1$	$\text{sta}_{a,e,t} = 0$	失去比较优势
Ⅳ	$\text{sta}_{a,e,t-1} = 1$	$\text{sta}_{a,e,t} = 1$	保持比较优势

(三)能源产业升级MAO

参考Mohsen和Eng(2016)的研究成果,定义能源产业可持续转型的MAO;用产业升级MAO表示组织演进过程中,能源产品所属产业的升级潜力(王斌等,2016;Yildiz et al.,2019)。MAO越大,则表示能源产业升级动力越强劲、能力越突出、机会越明显。同时,随着MAO的增多,能源产业升级的成本也会减小,即转型升级过程中,在某个子产业(子部门)进行大规模、高成本投资的概率会降低:

$$\alpha_{a,e,t} = \frac{\sum_{f}\left(\text{sta}_{a,e,t} \cdot \theta_{a,e,t}^{f}\right)}{\sum_{f}\theta_{a,e,t}^{f}} \quad (9\text{-}3)$$

其中,$\alpha_{a,e,t}$为区域a时间t的能源产品e的产品密度,表示能源产业升级MAO的观测指标;$\theta_{a,e,t}^{f}$为能源产品临近度,表示所有区域在时间t内能源产品e与能源产品f之间所具生产能力的相似程度。临近度的数学含义为:一类产品(A或B)存在比较优势的前提下,另一类产品(B或A)也存在比较优势的条件概率最小值。条件概率最小值反映了条件概率中,理论上$p(A|B)$与$p(B|A)$不相等,其关系为$p(A|B)p(B) = p(B|A)p(A)$;但AB与BA之间的临近度是固定且对称的,

且同时生产 A 和 B 两种产品而获得范围经济的条件较难满足，因此利用条件概率最小值得出临近度。此时：

$$\theta_{a,e,t}^{f} = \min\left[p\left(\text{sta}_{a,f,t} \mid \text{sta}_{a,e,t}\right), p\left(\text{sta}_{a,e,t} \mid \text{sta}_{a,f,t}\right)\right] \quad (9-4)$$

其中，$p\left(\text{sta}_{a,f,t} \mid \text{sta}_{a,e,t}\right)$ 表示区域 a 时间 t 在能源产品 e 存在比较优势的条件下，能源产品 f 也存在比较优势的条件概率；同理解释 $p\left(\text{sta}_{a,e,t} \mid \text{sta}_{a,f,t}\right)$。min[*] 可说明能源产品 e 和 f 同时存在显性比较优势的可能性。当 e = f 时，则 $\theta_{a,e,t}^{f} = 1$；临近度越大，说明：①产业中能源产品 e 和 f 的生产能力相似程度越高；②能源产品 e 和 f 的置换成本较低，产业 "$e \to f$" 或 "$f \to e$" 进行升级的可能性就越大。

在能源可持续转型的产业升级过程中：①当能源产品密度 $\alpha_{a,e,t}$ 给能源产业 e 升级带来的影响越大，则区域 a 时间 t 内能源可持续转型的产业升级越依赖于比较优势；②反之，当能源产品密度 $\alpha_{a,e,t}$ 的影响越小时，则产业升级过程中对比较优势的依赖性越少。

三、模型构建

根据产品空间理论，参考刘晓静等（2017）的研究成果，设定用以检验产业升级 MAO 与产业升级观测指标之间关系的表达式：

$$y_{a,e,t} = g\left(\alpha_{a,e,t}\right) \quad (9-5)$$

其中，$y_{a,e,t}$ 表示区域 a 时间 t 的能源产品 e 所属产业的升级状态可观测指标。能源产业升级的影响因素包括：①累积性因素，能源产品 e 自身不断发展导致所属产业演进，即考虑滞后期 $(t-1)$ 的能源产业升级指标；②禀赋性因素，主要指产业显性比较优势所带来的影响。

$$\text{sta}_{a,e,t} = k + v \cdot \text{sta}_{a,e,(t-1)} + \mu \cdot \alpha_{a,e,(t-1)} + \delta \cdot \text{STA} + \varepsilon \quad (9-6)$$

其中，k 为截距；STA 为虚拟变量，表示不随时间变化的能源产业属性控制变量，即体现固定效应的非实验因素；ε 为随机误差值；v 为累积效应的经济参数，表示区域 a 时间 $(t-1)$ 的能源产品 e 存在显性比较优势时，对时间 t 的能源产品 e 也存在着较显性比较优势的影响程度；μ 为禀赋优势的经济参数，表示在可持续转型过程中能源产品 e 所属产业所具有的升级 MAO 对其继续保持显性比较优势或转变产业升级状态的作用大小；δ 为待估系数。

根据产业转型升级理论，渐进式产业升级路径选择遵循比较优势的一般原理，表现为产业升级的幅度越大，则产品密度越大；突进式的产业升级路径选择则是偏离比较优势的一般性原理（罗金龙，2018）。借鉴 Hausman 和 Klinger（2007）的思路，检验能源产业升级路径过程中的比较优势，式（9-6）变形为

$$\begin{aligned}\text{sta}_{a,e,t} = & k + v \cdot \text{sta}_{a,e,(t-1)} + \mu_1 \cdot \text{sta}_{a,e,(t-1)} \cdot \alpha_{a,e,(t-1)} \\ & + \mu_2 \cdot \left(1 - \text{sta}_{a,e,(t-1)}\right) \cdot \alpha_{a,e,(t-1)} + \delta \cdot \text{STA} + \varepsilon\end{aligned} \quad (9\text{-}7)$$

由式（9-2）可知，$\text{sta}_{a,e,t}$ 为 0~1 变量，因此在式（9-7）中有如下两种情况。

（1）当 $\text{sta}_{a,e,(t-1)} = 0$ 时，则在时间 $(t-1)$ 的能源产品 e 不存在显性比较优势，且 $\left(\mu_1 \cdot \text{sta}_{a,e,(t-1)} \cdot \alpha_{a,e,(t-1)}\right)$ 为 0、$\left[\mu_2 \cdot \left(1 - \text{sta}_{a,e,(t-1)}\right) \cdot \alpha_{a,e,(t-1)}\right]$ 不为 0，此时能源产品 e 产业升级的影响因素依赖于时间 $(t-1)$ 的能源产品密度 $\alpha_{a,e,(t-1)}$ 与 μ_2 的影响，其中 μ_2 表示能源产品密度在能源产业升级中的作用大小与其他能源产业升级 MAO 的大小关系。当 $\mu_2 > 0$ 时，则其他能源产业升级 MAO 驱动了能源产品 e 所属产业的升级；若 μ_2 显著为正，则表示能源产品 e 产业升级路径遵循着比较优势，且 μ_2 越大，产业升级对显性比较优势与能源产业升级 MAO 的依附性越强、能源产品 e 可持续转型的跳跃幅度相对越小。

（2）当 $\text{sta}_{a,e,(t-1)} = 1$ 时，则时间 $(t-1)$ 能源产品 e 存在显性比较优势，且 $\left(\mu_1 \cdot \text{sta}_{a,e,(t-1)} \cdot \alpha_{a,e,(t-1)}\right)$ 不为 0、$\left[\mu_2 \cdot \left(1 - \text{sta}_{a,e,(t-1)}\right) \cdot \alpha_{a,e,(t-1)}\right]$ 为 0，即 μ_1 表示能源产品密度 $\alpha_{a,e,(t-1)}$ 阻止能源产品 e 失去比较优势或保持已有比较优势的作用。当 $\mu_1 > 0$ 且相关性显著时，则在区域 a 的能源产品 e 的累积潜力对其失去比较优势具有抑制作用，或是对其已有的比较优势状态具有维持作用；当 $\mu_1 < 0$ 或统计上相关性不显著时，则能源产品 e 的累积潜力与其失去比较优势或保持已有比较优势之间的相关性较小。

第三节　转型期内产业升级的实证分析

一、数据来源

根据中国国家统计局公开数据（2020 年）、《中国能源统计年鉴 2018》及各省区市统计年鉴中的能源产业相关数据，将能源划分为 9 类：煤炭、焦炭、原油、汽油、煤油、柴油、燃料油、天然气及电力。为提高测算的精确性，根据《中国能源统计年鉴 2018》中各能源的标准煤折标系数进行单位换算。由于数据筛选需体现能源产业发展水平及显性比较优势，为分析中国能源可持续转型过程中的产业升级路径选择问题，本章选取 2009~2019 年（主要集中于"十二五"和"十三五"期间）中国 30 个省区市（除港、澳、台地区及西藏自治区①）主要能源消费量作为基础数据，构建中国八大综合经济区 9×9 产业空间结构，对折算后的数据指标进行统计性描述，如表 9-2 所示。

表 9-2　2009~2019 年中国 30 个省区市主要能源消费量的数据特征描述（单位：万吨标准煤）

指标	煤炭	焦炭	原油	汽油	煤油	柴油	燃料油	天然气	电力
均值	14 024.45	1 274.71	2 435.52	613.81	134.27	857.12	283.30	79.98	225.29
中位数	11 611.91	831.13	1 504.18	481.81	69.29	778.87	53.27	60.84	175.25
最大值	45 333.90	8 161.97	17 856.23	2 251.11	1 129.15	2 643.67	7 514.80	376.02	803.16
最小值	276.11	0.02	0	29.49	0	126.93	0.04	1.61	16.44
标准差	10 338.60	1 501.94	2 856.39	441.47	200.32	510.20	870.21	66.37	164.35

注：面板数据包括 2009~2019 年 30 个截面单位的时间序列数据，样本容量 330

二、实证结果

（一）演进趋势分析

利用 MATLAB r2019b 编程计算，通过测算各个区域存在显性比较优势的能源产品数量占所有能源产品数量的比值，得到中国八大综合经济区能源产品类别的显性比较优势演进趋势，结果如图 9-2 所示。

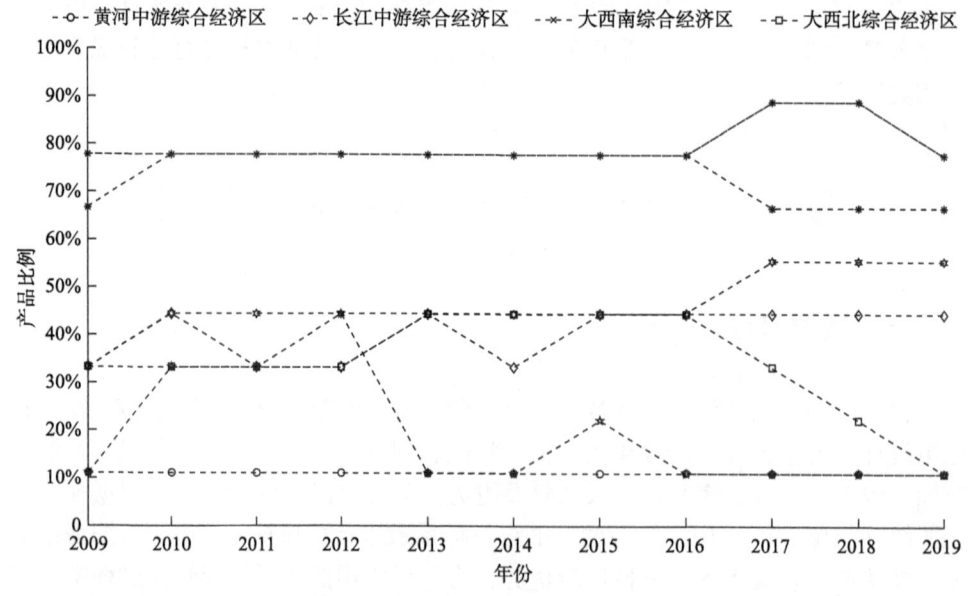

图 9-2　八大综合经济区存在显性比较优势的能源产品比例变化趋势

---

① 由于西藏地区的数据只统计了每年电力的消费量，而其他能源消费量存在数据缺失。

由各区域产业比较优势演进趋势的对比,分析中国整体能源产业的发展趋势:①四个区域能源的比较优势呈下降趋势,分析其原因,东北综合经济区囿于低碳经济发展目标;南部沿海经济区存在船舶低硫燃料油等政策约束;大西南综合经济区推行关闭产能;大西北综合经济区要求煤电行业减缓建设。②三个区域能源的比较优势具有较为明显的上升趋势,分析其原因,东部沿海综合经济区一方面将高耗能产业逐步转移向中西部;另一方面能源双控政策抑制了能源的超额需求。北部沿海综合经济区由于京津冀一体化进程推动了其快速发展,一方面引进了先进技术和外部资源;另一方面传统重工业生产效率得到改善。③黄河中游综合经济区的能源产业比较优势变化较为特殊,近十年并未出现明显波动。总体而言,西部及东北部地区的能源产业存在显性比较优势的产品数量呈下降趋势,而沿海发达地区的能源产业比较优势有提高趋势,中部地区的能源产业比较优势相对稳定。

(二)升级状态分析

根据表9-1的产业升级分类标准,对八大综合经济区2008~2019年能源产业升级衡量指标进行时间维度的分解,得出各能源产业升级状态的变化趋势(除基期2008年和截止期2019年),如表9-3所示。

表9-3 八大综合经济区的能源产业升级状态分析结果

地区	产品	2009年	2010年	2011年	2012年	2013年	2014年	2015年	2016年	2017年	2018年	整体(2019年)
东北综合经济区	煤炭	I	I	I	I	I	I	I	I	I	I	I
	焦炭	II	IV	IV	III	II	III	I	I	I	I	III
	原油	IV	IV	IV	IV	IV	IV	IV	IV	IV	IV	IV
	汽油	I	II	IV	IV	III	I	I	I	I	I	I
	煤油	I	I	I	I	I	I	I	I	I	I	I
	柴油	II	IV	IV	IV	IV	IV	III	I	I	I	III
	燃料油	IV	III	II	I	III	I	I	I	I	I	I
	天然气	I	I	I	I	I	I	I	I	I	I	I
	电力	I	I	I	I	I	I	I	I	I	I	I
北部沿海综合经济区	煤炭	I	I	I	I	I	I	I	I	I	I	I
	焦炭	IV	IV	IV	IV	IV	IV	IV	IV	IV	IV	IV
	原油	IV	IV	IV	IV	IV	IV	IV	IV	IV	IV	IV
	汽油	I	I	I	I	I	I	I	I	I	I	I
	煤油	IV	IV	IV	IV	IV	IV	IV	IV	IV	IV	IV
	柴油	I	I	I	I	I	I	I	I	I	I	I

续表

地区	产品	2009年	2010年	2011年	2012年	2013年	2014年	2015年	2016年	2017年	2018年	整体（2019年）
北部沿海综合经济区	燃料油	Ⅰ	Ⅱ	Ⅳ	Ⅳ	Ⅳ	Ⅳ	Ⅳ	Ⅳ	Ⅳ	Ⅳ	Ⅱ
	天然气	Ⅰ	Ⅰ	Ⅰ	Ⅰ	Ⅰ	Ⅰ	Ⅰ	Ⅰ	Ⅱ	Ⅳ	Ⅱ
	电力	Ⅰ	Ⅰ	Ⅰ	Ⅰ	Ⅰ	Ⅰ	Ⅰ	Ⅰ	Ⅰ	Ⅰ	Ⅰ
东部沿海综合经济区	煤炭	Ⅰ	Ⅰ	Ⅰ	Ⅰ	Ⅰ	Ⅰ	Ⅰ	Ⅰ	Ⅰ	Ⅰ	Ⅰ
	焦炭	Ⅰ	Ⅰ	Ⅰ	Ⅰ	Ⅰ	Ⅰ	Ⅰ	Ⅱ	Ⅳ	Ⅳ	Ⅱ
	原油	Ⅳ	Ⅳ	Ⅳ	Ⅳ	Ⅳ	Ⅳ	Ⅳ	Ⅳ	Ⅳ	Ⅳ	Ⅳ
	汽油	Ⅳ	Ⅳ	Ⅳ	Ⅳ	Ⅳ	Ⅳ	Ⅳ	Ⅳ	Ⅳ	Ⅳ	Ⅳ
	煤油	Ⅳ	Ⅳ	Ⅳ	Ⅳ	Ⅳ	Ⅳ	Ⅳ	Ⅳ	Ⅳ	Ⅳ	Ⅳ
	柴油	Ⅳ	Ⅳ	□	Ⅳ	Ⅳ	Ⅳ	Ⅳ	Ⅲ	Ⅰ	Ⅰ	Ⅲ
	燃料油	Ⅳ	Ⅳ	Ⅳ	Ⅳ	Ⅳ	Ⅳ	Ⅳ	Ⅳ	Ⅳ	Ⅳ	Ⅳ
	天然气	Ⅲ	Ⅱ	Ⅳ	Ⅳ	Ⅳ	Ⅳ	Ⅳ	Ⅳ	Ⅳ	Ⅳ	Ⅱ
	电力	Ⅳ	Ⅳ	Ⅳ	Ⅳ	Ⅳ	Ⅳ	Ⅳ	Ⅳ	Ⅳ	Ⅳ	Ⅳ
南部沿海经济区	煤炭	Ⅰ	Ⅰ	Ⅰ	Ⅰ	Ⅰ	Ⅰ	Ⅰ	Ⅰ	Ⅰ	Ⅰ	Ⅰ
	焦炭	Ⅰ	Ⅰ	Ⅰ	Ⅰ	Ⅰ	Ⅰ	Ⅰ	Ⅰ	Ⅰ	Ⅰ	Ⅰ
	原油	Ⅳ	Ⅳ	Ⅳ	Ⅳ	Ⅳ	Ⅳ	Ⅳ	Ⅳ	Ⅳ	Ⅳ	Ⅳ
	汽油	Ⅳ	Ⅳ	Ⅳ	Ⅳ	Ⅳ	Ⅳ	Ⅳ	Ⅳ	Ⅳ	Ⅳ	Ⅳ
	煤油	Ⅳ	Ⅳ	Ⅳ	Ⅳ	Ⅳ	Ⅳ	Ⅳ	Ⅳ	Ⅳ	Ⅳ	Ⅳ
	柴油	Ⅳ	Ⅳ	Ⅳ	Ⅳ	Ⅳ	Ⅳ	Ⅳ	Ⅳ	Ⅳ	Ⅳ	Ⅳ
	燃料油	Ⅳ	Ⅳ	Ⅳ	Ⅳ	Ⅳ	Ⅳ	Ⅳ	Ⅳ	Ⅲ	Ⅰ	Ⅲ
	天然气	Ⅳ	Ⅳ	Ⅳ	Ⅳ	Ⅳ	Ⅳ	Ⅳ	Ⅳ	Ⅳ	Ⅳ	Ⅳ
	电力	Ⅳ	Ⅳ	Ⅳ	Ⅳ	Ⅳ	Ⅳ	Ⅳ	Ⅳ	Ⅳ	Ⅳ	Ⅳ
黄河中游综合经济区	煤炭	Ⅳ	Ⅳ	Ⅳ	Ⅳ	Ⅳ	Ⅳ	Ⅳ	Ⅳ	Ⅳ	Ⅳ	Ⅳ
	焦炭	Ⅰ	Ⅰ	Ⅰ	Ⅰ	Ⅰ	Ⅰ	Ⅰ	Ⅰ	Ⅰ	Ⅰ	Ⅰ
	原油	Ⅰ	Ⅰ	Ⅰ	Ⅰ	Ⅰ	Ⅰ	Ⅰ	Ⅰ	Ⅰ	Ⅰ	Ⅰ
	汽油	Ⅰ	Ⅰ	Ⅰ	Ⅰ	Ⅰ	Ⅰ	Ⅰ	Ⅰ	Ⅰ	Ⅰ	Ⅰ
	煤油	Ⅰ	Ⅰ	Ⅰ	Ⅰ	Ⅰ	Ⅰ	Ⅰ	Ⅰ	Ⅰ	Ⅰ	Ⅰ
	柴油	Ⅰ	Ⅰ	Ⅰ	Ⅰ	Ⅰ	Ⅰ	Ⅰ	Ⅰ	Ⅰ	Ⅰ	Ⅰ
	燃料油	Ⅰ	Ⅰ	Ⅰ	Ⅰ	Ⅰ	Ⅰ	Ⅰ	Ⅰ	Ⅰ	Ⅰ	Ⅰ
	天然气	Ⅰ	Ⅰ	Ⅰ	Ⅰ	Ⅰ	Ⅰ	Ⅰ	Ⅰ	Ⅰ	Ⅰ	Ⅰ
	电力	Ⅰ	Ⅰ	Ⅰ	Ⅰ	Ⅰ	Ⅰ	Ⅰ	Ⅰ	Ⅰ	Ⅰ	Ⅰ

续表

地区	产品	2009年	2010年	2011年	2012年	2013年	2014年	2015年	2016年	2017年	2018年	整体（2019年）
长江中游综合经济区	煤炭	Ⅳ	Ⅳ	Ⅳ	Ⅳ	Ⅳ	Ⅳ	Ⅳ	Ⅳ	Ⅳ	Ⅳ	Ⅳ
	焦炭	Ⅲ	Ⅰ	Ⅰ	Ⅰ	Ⅰ	Ⅰ	Ⅰ	Ⅰ	Ⅰ	Ⅰ	Ⅰ
	原油	Ⅰ	Ⅰ	Ⅰ	Ⅰ	Ⅰ	Ⅰ	Ⅰ	Ⅰ	Ⅰ	Ⅰ	Ⅰ
	汽油	Ⅳ	Ⅲ	Ⅰ	Ⅱ	Ⅳ	Ⅳ	Ⅳ	Ⅳ	Ⅳ	Ⅳ	Ⅳ
	煤油	Ⅰ	Ⅰ	Ⅰ	Ⅰ	Ⅰ	Ⅰ	Ⅰ	Ⅰ	Ⅰ	Ⅰ	Ⅰ
	柴油	Ⅳ	Ⅳ	Ⅳ	Ⅳ	Ⅳ	Ⅳ	Ⅳ	Ⅳ	Ⅳ	Ⅳ	Ⅳ
	燃料油	Ⅰ	Ⅰ	Ⅰ	Ⅰ	Ⅰ	Ⅰ	Ⅰ	Ⅰ	Ⅰ	Ⅰ	Ⅰ
	天然气	Ⅰ	Ⅰ	Ⅰ	Ⅰ	Ⅰ	Ⅰ	Ⅰ	Ⅰ	Ⅰ	Ⅰ	Ⅰ
	电力	Ⅰ	Ⅰ	Ⅰ	Ⅰ	Ⅰ	Ⅰ	Ⅰ	Ⅰ	Ⅰ	Ⅰ	Ⅰ
大西南综合经济区	煤炭	Ⅳ	Ⅳ	Ⅳ	Ⅳ	Ⅳ	Ⅲ	Ⅰ	Ⅰ	Ⅰ	Ⅰ	Ⅲ
	焦炭	Ⅲ	Ⅰ	Ⅰ	Ⅱ	Ⅳ	Ⅳ	Ⅳ	Ⅳ	Ⅳ	Ⅳ	Ⅱ
	原油	Ⅰ	Ⅰ	Ⅰ	Ⅰ	Ⅰ	Ⅰ	Ⅰ	Ⅰ	Ⅰ	Ⅰ	Ⅰ
	汽油	Ⅳ	Ⅳ	Ⅳ	Ⅳ	Ⅳ	Ⅳ	Ⅳ	Ⅳ	Ⅳ	Ⅳ	Ⅳ
	煤油	Ⅳ	Ⅳ	Ⅳ	Ⅳ	Ⅳ	Ⅳ	Ⅳ	Ⅳ	Ⅳ	Ⅳ	Ⅳ
	柴油	Ⅳ	Ⅳ	Ⅳ	Ⅳ	Ⅳ	Ⅳ	Ⅳ	Ⅳ	Ⅳ	Ⅳ	Ⅳ
	燃料油	Ⅰ	Ⅰ	Ⅰ	Ⅰ	Ⅰ	Ⅰ	Ⅰ	Ⅰ	Ⅰ	Ⅰ	Ⅰ
	天然气	Ⅳ	Ⅳ	Ⅳ	Ⅳ	Ⅳ	Ⅳ	Ⅳ	Ⅳ	Ⅳ	Ⅳ	Ⅳ
	电力	Ⅳ	Ⅳ	Ⅳ	Ⅳ	Ⅳ	Ⅳ	Ⅳ	Ⅳ	Ⅳ	Ⅳ	Ⅳ
大西北综合经济区	煤炭	Ⅰ	Ⅰ	Ⅰ	Ⅰ	Ⅱ	Ⅳ	Ⅳ	Ⅳ	Ⅳ	Ⅳ	Ⅱ
	焦炭	Ⅰ	Ⅰ	Ⅰ	Ⅰ	Ⅰ	Ⅰ	Ⅰ	Ⅰ	Ⅰ	Ⅰ	Ⅰ
	原油	Ⅰ	Ⅳ	Ⅳ	Ⅳ	Ⅳ	Ⅳ	Ⅳ	Ⅳ	Ⅲ	Ⅰ	Ⅲ
	汽油	Ⅰ	Ⅰ	Ⅰ	Ⅰ	Ⅰ	Ⅰ	Ⅰ	Ⅰ	Ⅰ	Ⅰ	Ⅰ
	煤油	Ⅰ	Ⅰ	Ⅰ	Ⅰ	Ⅰ	Ⅰ	Ⅰ	Ⅰ	Ⅰ	Ⅰ	Ⅰ
	柴油	Ⅰ	Ⅰ	Ⅰ	Ⅰ	Ⅰ	Ⅰ	Ⅰ	Ⅰ	Ⅰ	Ⅰ	Ⅰ
	燃料油	Ⅰ	Ⅰ	Ⅰ	Ⅰ	Ⅰ	Ⅰ	Ⅰ	Ⅰ	Ⅰ	Ⅰ	Ⅰ
	天然气	Ⅳ	Ⅳ	Ⅳ	Ⅳ	Ⅳ	Ⅳ	Ⅳ	Ⅳ	Ⅳ	Ⅳ	Ⅳ
	电力	Ⅳ	Ⅳ	Ⅳ	Ⅳ	Ⅳ	Ⅳ	Ⅳ	Ⅳ	Ⅲ	Ⅰ	Ⅲ

从表9-3可知，2009~2019年，中国能源产业升级成功Ⅱ的区域主要包括四个综合经济区。北部沿海综合经济区升级成功的能源产业为燃料油和天然气等传统化石能源产业；东部沿海综合经济区升级成功的部门为传统能源产业焦炭；长江中游综合经济区的电力产业处于升级成功的状态；大西北综合经

济区转型升级成功的部门为传统能源产业煤炭。由此得知：一方面，中国传统化石能源产业在可持续转型过程中所表现的产业升级能力相对突出，而电力能源产业的升级相对滞后；另一方面，各区域大多数能源产业升级处于升级未成功Ⅰ的状态，中国能源产业升级已成为目前能源安全领域亟待解决的问题之一。

（三）转型效果分析

根据对能源产业升级 MAO 的定义，需先验证中国八大综合经济区的能源产业升级与产业升级 MAO 之间的关系是否符合理论规律。图 9-3 为中国八大综合经济区能源产业升级成功Ⅱ和升级未成功Ⅰ概率密度分布：①各区域能源产业升级成功的能源产品，其产业密度值均处于高值位置；②各区域能源产业升级未成功的能源产品，其产业密度处于低值位置；③升级成功能源产业密度值的均值高于升级未成功能源产业密度值的均值。由此检验：中国八大综合经济区的能源产业升级均符合产品空间理论的一般性规律，且在升级过程中体现出不同能源产品的替代性与互补性。

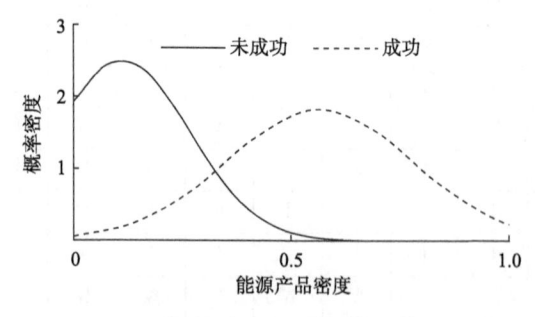

（a）东北综合经济区

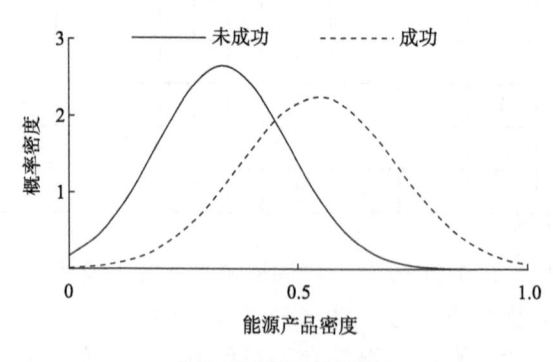

（b）北部沿海综合经济区

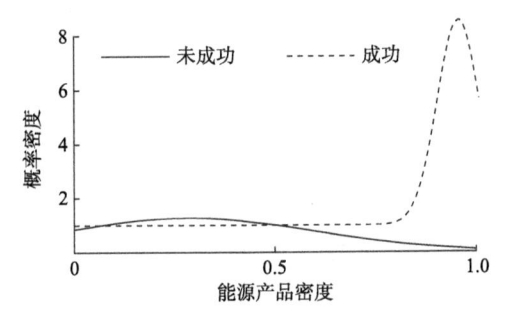

（c）东部沿海综合经济区

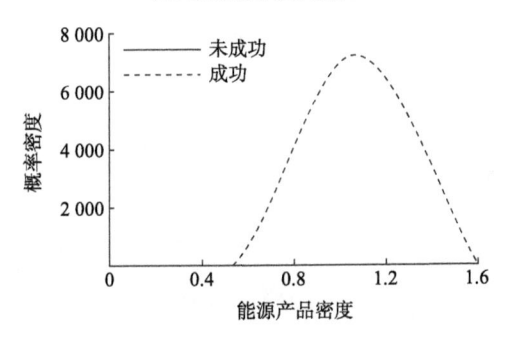

（d）南部沿海经济区

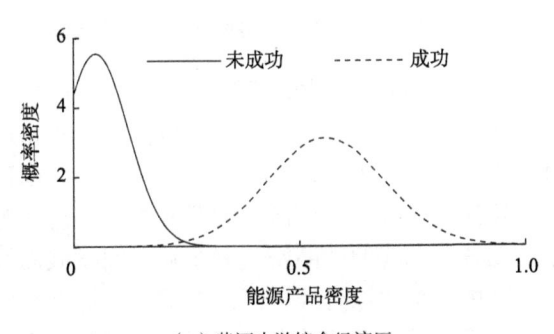

（e）黄河中游综合经济区

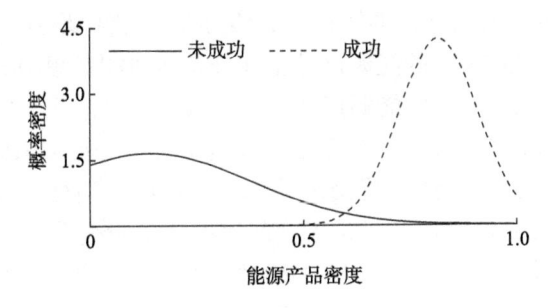

（f）长江中游综合经济区

(g) 大西南综合经济区

(h) 大西北综合经济区

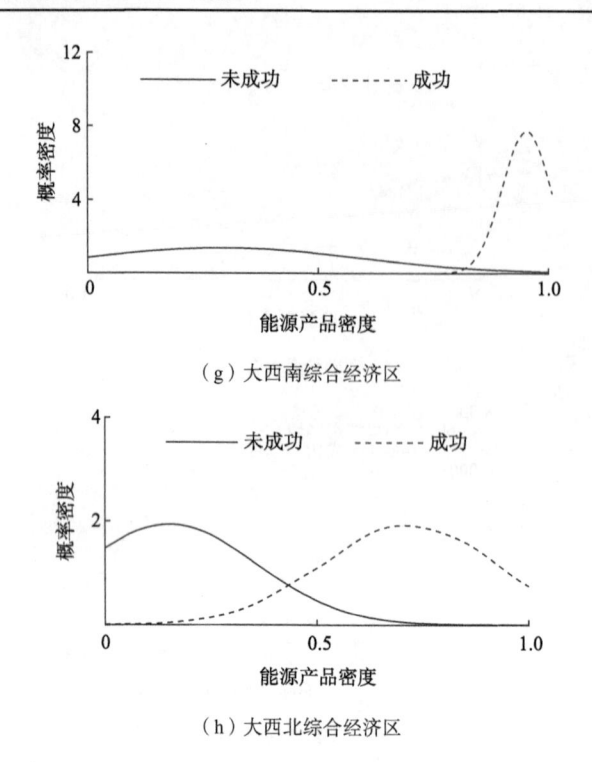

图 9-3 中国八大综合经济区能源产业升级成功与升级未成功的概率密度分布

由此,根据八大综合经济区各时段的能源产品密度,计算其各年的概率密度,如图 9-4 所示。从时间发展的维度分析:①各区域能源产品密度分布演进趋势曲线随时间的推移而趋于平缓;其中,北部沿海综合经济区、南部沿海综合经济区、黄河中游综合经济区、长江中游综合经济区及大西北综合经济区等区域的能源产品密度均值平稳增加。②各区域能源产品密度分布随时间发展而呈现略有震荡、右向推移的变化趋势;其中,东北综合经济区、东部沿海综合经济区、南部沿海经济区、长江中游综合经济区及大西北综合经济区等区域聚集性的能源产业富集导致了显性比较优势逐渐凸显,能源产业升级 MAO 得以增强。值得注意的是,图9-4(c)中 2010~2018 年的能源产品密度分布曲线相对集中甚至重合,表明该时间段内东部沿海综合经济区能源产业升级 MAO 的变化并不显著;图 9-4(d)中 2009~2016 年的能源产品密度分布曲线完全重合,2017~2019 年的密度分布曲线亦然,表明南部沿海经济区的能源产业升级 MAO 具有较为明显的梯级演进趋势;图 9-4(g)中 2011~2015 年的能源产品密度分布曲线重合,表明在"十二五"期间大西南综合经济区产业升级 MAO 相对乏力。由此检验:中国八大综合经济区的能源产业升级均符合产业转型升级理论的一般性规律,且在能源产业升级的过程中体现出一定的有序性和协同性。

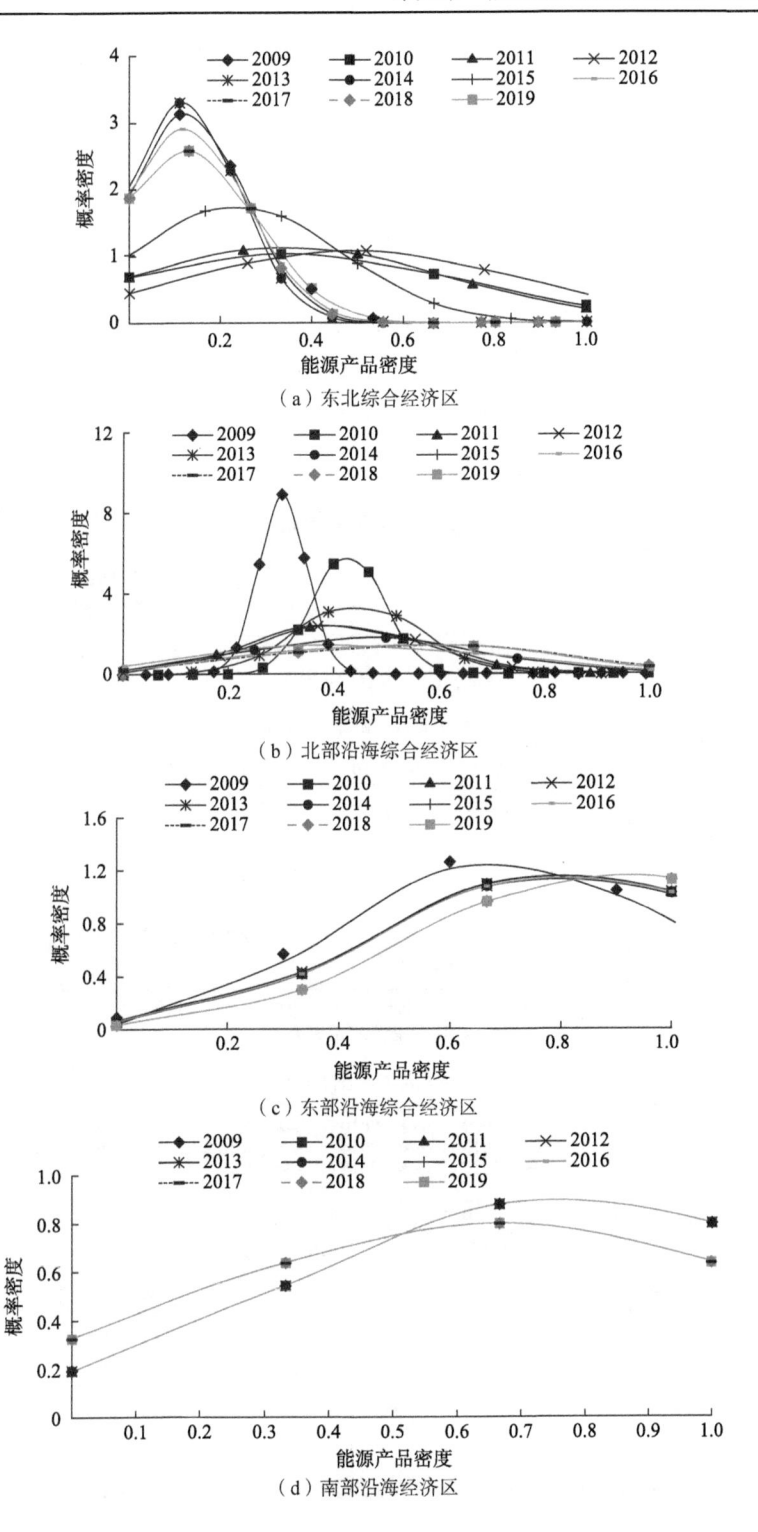

第九章　能源绿色低碳转型的产业升级　183

（a）东北综合经济区

（b）北部沿海综合经济区

（c）东部沿海综合经济区

（d）南部沿海经济区

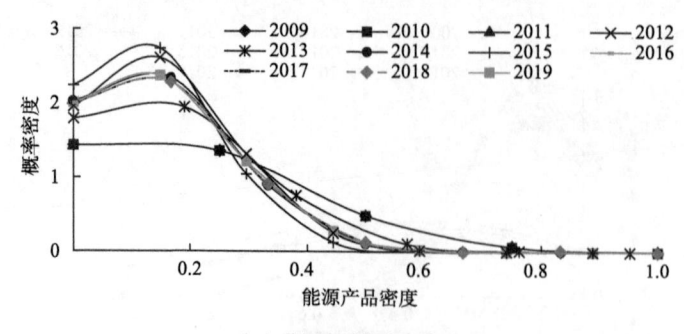

(e)黄河中游综合经济区

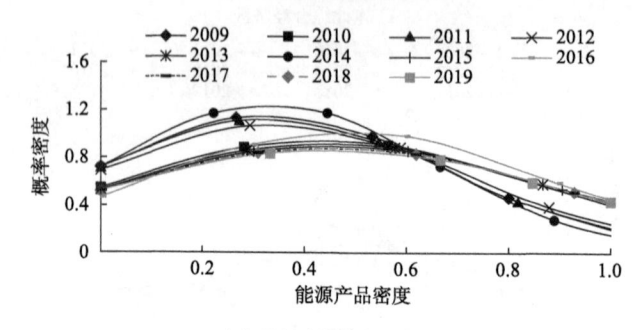

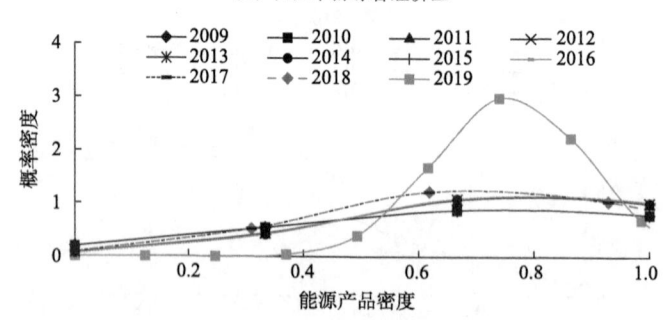

(f)长江中游综合经济区

(g)大西南综合经济区

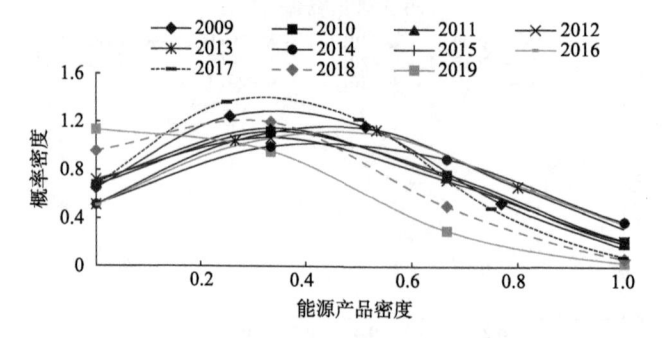

(h)大西北综合经济区

图 9-4 2009~2019 年中国八大综合经济区能源产业的概率密度分布

根据软件计算结果，得到中国八大综合经济区主要能源产品密度分布趋势，如图9-5所示。从产业细分的维度，分析各区域存在显性比较优势的能源产业：①东北综合经济区的原油产业具有较为明显的比较优势，虽属于传统化石能源部门，但却成为该区域能源可持续转型的重点领域。②北部沿海综合经济区的焦炭、原油和燃料油等产业的密度值较高，且显性比较优势仍有增强趋势，成为未来该区域能源可持续转型的最大潜力。③东部沿海综合经济区的天然气、原油和电力三类能源产业的密度值较高，且始终保持显性比较优势，为该区域能源可持续转型提供了区别于其他区域的发展途径。④南部沿海经济区的燃料油逐渐失去显性比较优势，其产业密度值呈逐年下降趋势，因此传统化石能源部门不宜继续作为该区域未来可持续转型的战略部署对象。⑤黄河中游综合经济区的电力和煤炭等产业的显性比较优势突出，虽然在"十二五"期间煤炭产业的升级潜能大幅度下降后趋于稳定，但其仍然高于其他能源产业。⑥长江中游综合经济区的煤炭、汽油、柴油及电力四类的产业密度较高，且从动态发展的角度看，此四类能源产业的显性比较优势仍有较为明显上升趋势。⑦大西南综合经济区的煤油、电力和天然气产业的密度值处于较高的水平，同时三类能源也具有较为突出的显性比较优势。⑧大西北综合经济区煤炭产业密度值较高，且显性比较优势呈上升发展趋势，成为未来该区域实现能源可持续转型的主要部门。由此检验：中国八大综合经济区的能源产业升级均符合可持续转型理论的一般性规律，且体现出能源产业升级过程中的结构性动态调整；同时旁证了能源产业对各区域经济社会发展的支柱作用。

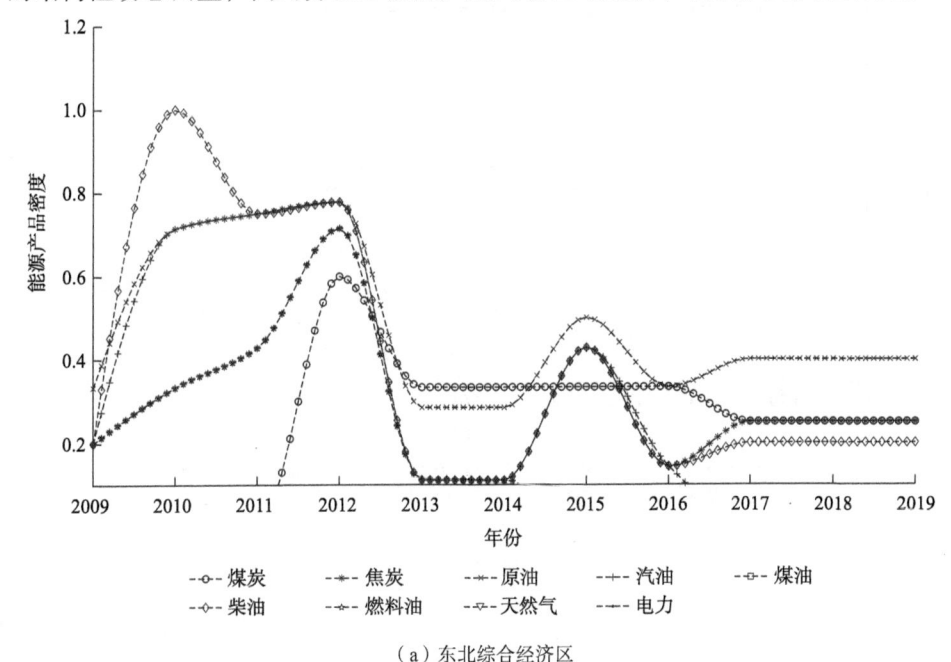

（a）东北综合经济区

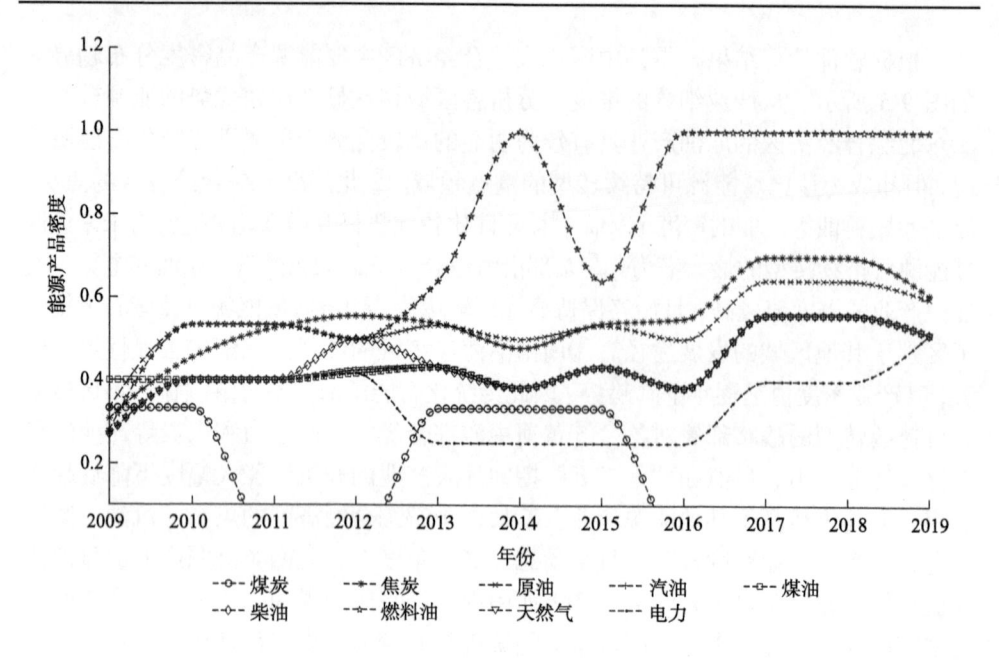

(b)北部沿海综合经济区

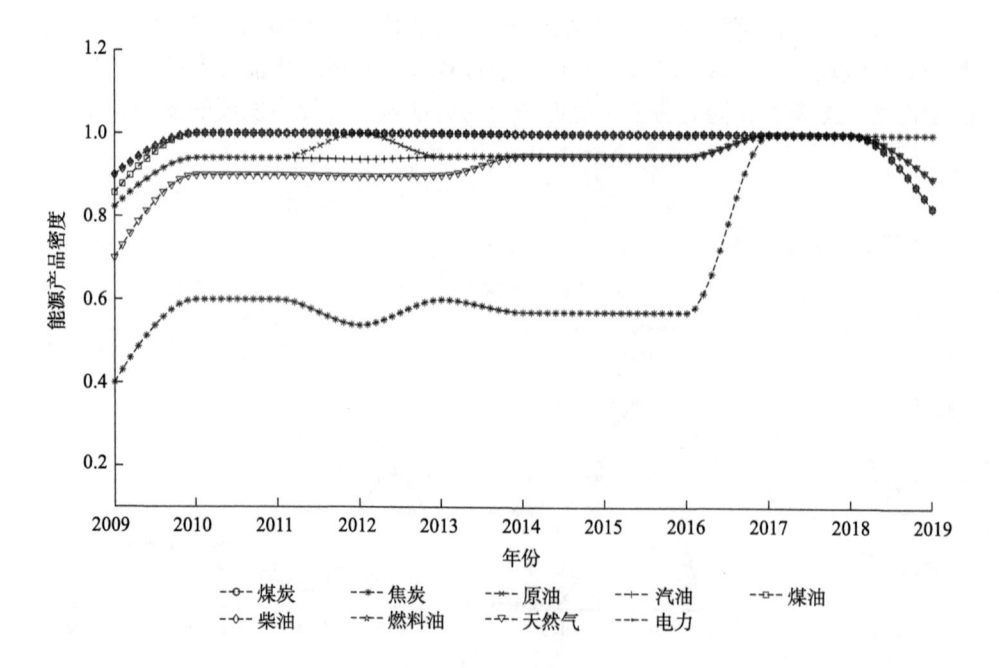

(c)东部沿海综合经济区

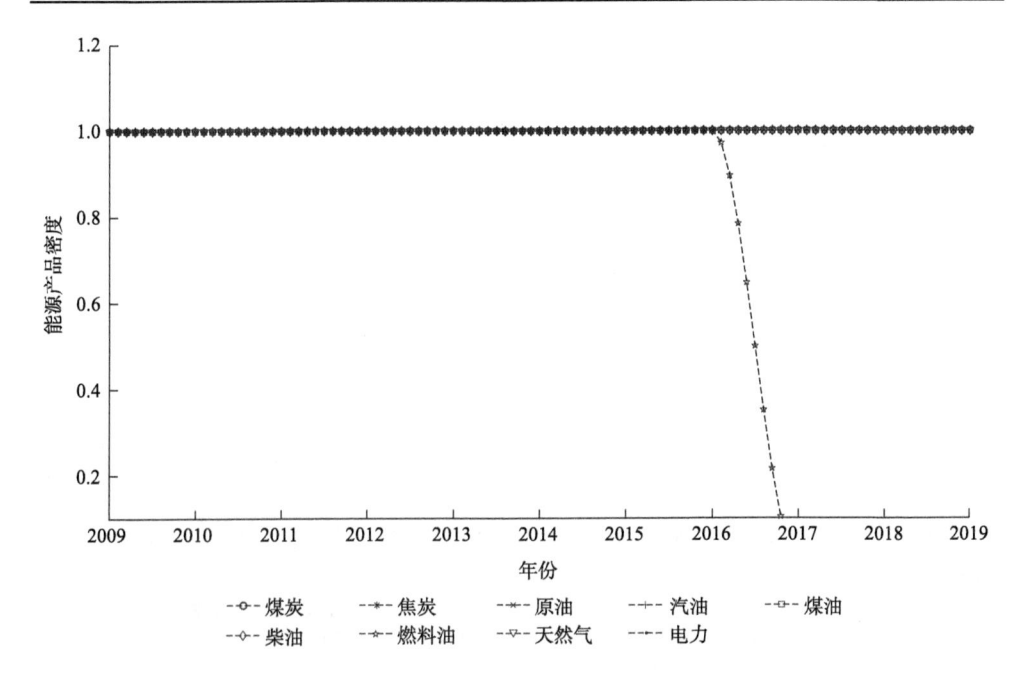

第九章　能源绿色低碳转型的产业升级　187

（d）南部沿海经济区

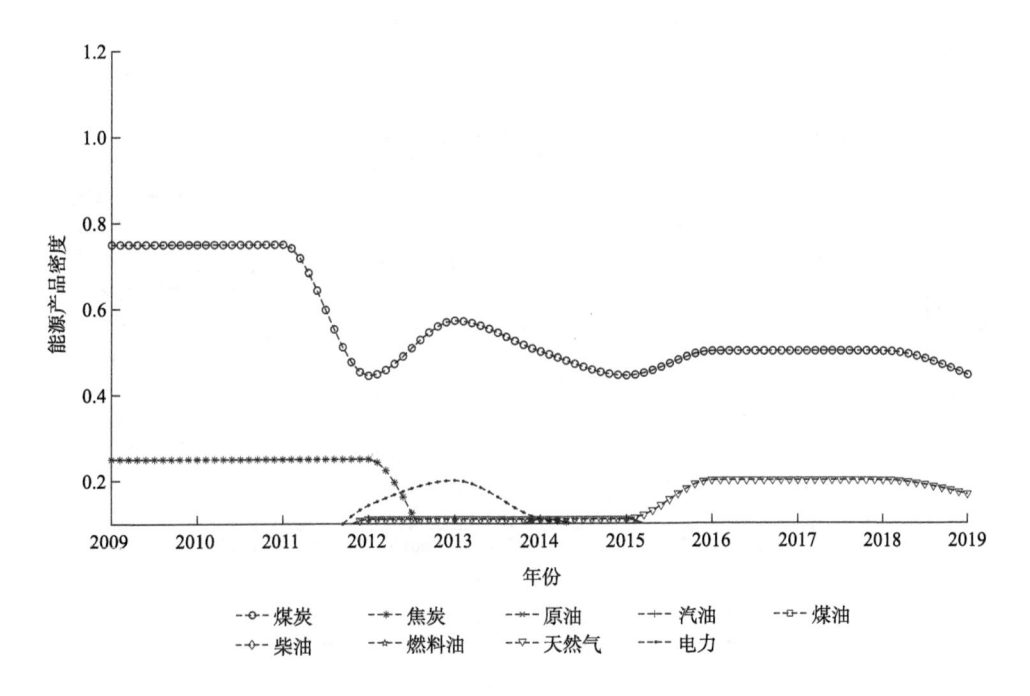

（e）黄河中游综合经济区

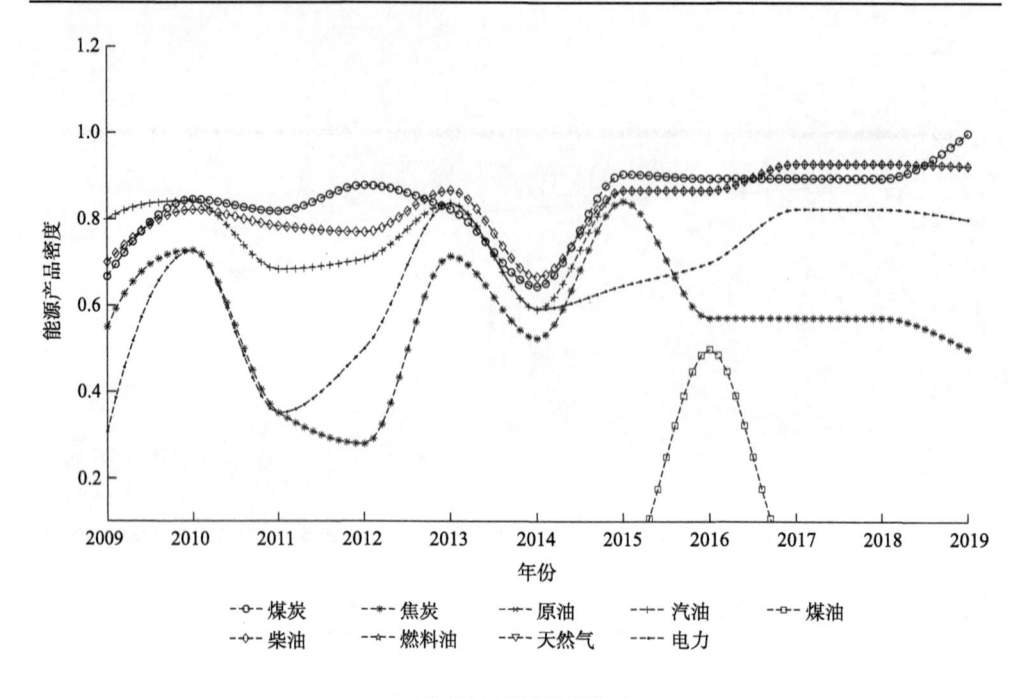

（f）长江中游综合经济区

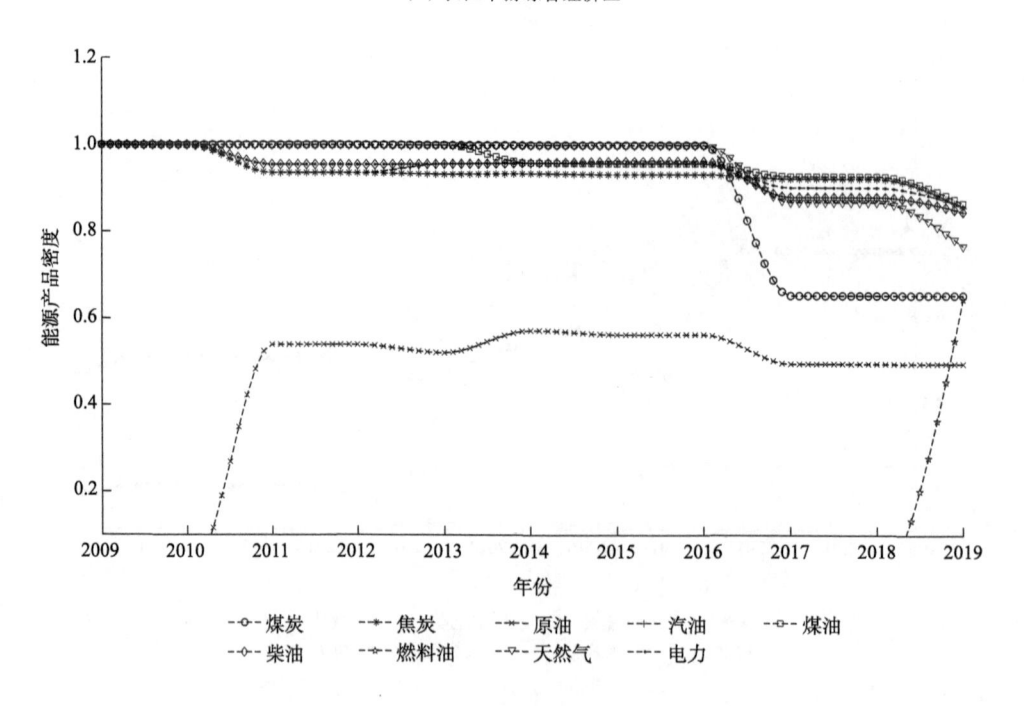

（g）大西南综合经济区

（h）大西北综合经济区

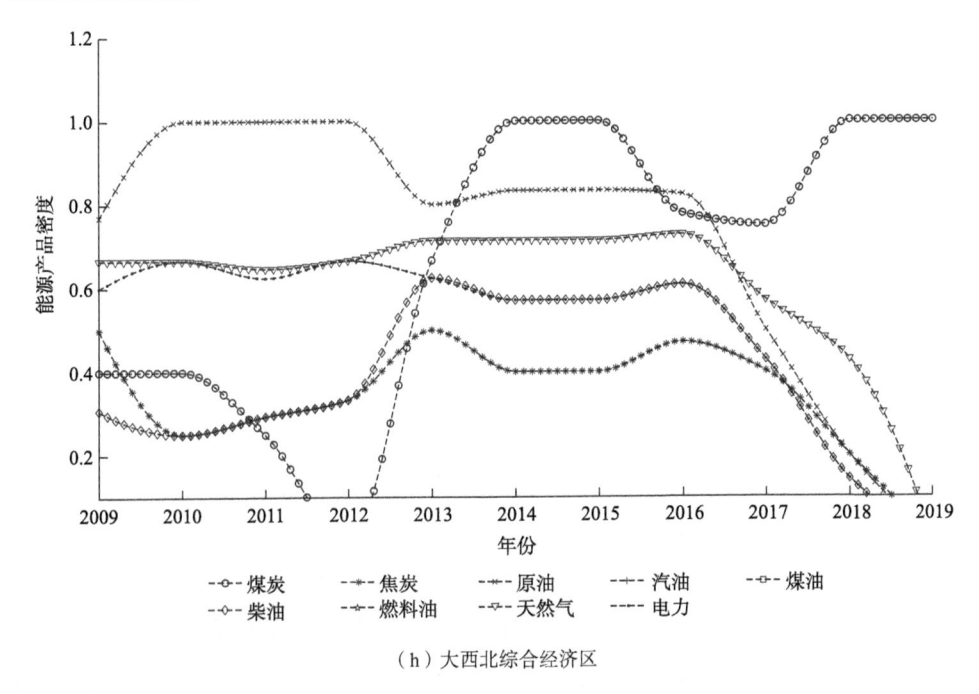

图 9-5　中国八大综合经济区主要能源产品所属产业的概率密度分布

三、结果分析

利用 Stata 16.0 对离散选择模型进行检验。由于在进行极大似然估计（maximum likelihood estimate，MLE）时，Probit 模型和 Logit 模型对样本容量有要求，因此需通过 OLS 来确保估计量的有效性、无偏性及模型的稳定性。

（一）显性比较优势对能源产业升级的影响

对式（9-6）进行拟合估计（表 9-4），回归模型中各区域的 F 检验精确 P 值均小于 0.01（置信度达到 99.99% 以上），此时拒绝原假设；在统计意义上，指标选取和模型构建可体现有效性和一致性。

由表 9-4 可知：①除南部沿海经济区，其他区域能源产业升级滞后一期系数在 1% 的显著性水平下为正，说明其他七大区域能源产业升级的上一期状态对下一期状态存在显著影响；表明各区域能源产业升级状态的变化幅度较小，能源产业仍处于升级未成功Ⅰ或保持比较优势Ⅳ的状态。该结果不但佐证了张建清和程琴（2020）部分区域未能实现能源发展预期的结论，而且在明确状态之间滞后影响的基础上进一步测算了现实状态。②东部沿海综合经济区、南部沿海综合经济区、黄河中游综合经济区及大西南综合经济区的禀赋优势经济参数显著为正，说明该区域能源产业升级 MAO 对能源产业升级具有正向影响,即能源产业升级潜力逐渐增强表现为该区域能源产品密度值逐渐增加,能源产业升级依赖显性比较优势。该结果不仅验证了张颖和张婷(2020)对能源产业区域性差异的结论,而且在其政策扶持力度的基础上进一步补充了产品密度的市场导向对能源产业转型升级的检验。

表 9-4 中国八大综合经济区能源产品密度影响能源产业升级的模型估计结果

解释变量	区域	Probit	Logit	OLS	区域	Probit	Logit	OLS
$sta_{a,e,(t-1)}$	东北综合经济区	1.781 25*** (3.19)	3.189 257*** (3.19)	0.617 493 4*** (5.44)	北部沿海综合经济区	2.994 482*** (6.01)	5.254 936*** (5.19)	0.862 002 3*** (11.8)
$\alpha_{a,e,(t-1)}$		0.779 036 6 (0.77)	1.035 278 (0.58)	0.096 814 8 (0.50)		-0.738 177 4 (-0.65)	-1.367 667 (-0.62)	-0.141 106 9 (-0.76)
常数项		-1.335 031*** (-2.63)	-2.131 325** (-2.34)	0.098 660 6 (1.13)		-0.874 445 9* (-1.88)	-1.467 206* (-1.74)	0.174 252** (2.21)
χ^2 检验		38.74 [0.000 0]	38.75 [0.000 0]			83.08 [0.000 0]	83.07 [0.000 0]	
F 检验				26.74 [0.000 0]				76.7 [0.000 0]
$sta_{a,e,(t-1)}$	东部沿海综合经济区	-0.200 29 (-0.15)	-1.309 303 (-0.47)	0.428 520 4*** (4.21)	南部沿海经济区	-60.874 79 (-0.01)	-165.474 2 (-0.01)	-7.852 953*** (-4.71)
$\alpha_{a,e,(t-1)}$		8.023 096** (2.07)	18.197 4* (1.97)	0.545 653 9*** (4.01)		64.068 66 (0.01)	171.339 8 (0.01)	8.707 424*** (5.19)
常数项		-5.578 979** (-2.39)	-12.126 9** (-2.23)	-0.049 111 2 (-0.84)		-1.880 956*** (-3.33)	-3.588 353*** (-2.88)	0.048 115 6 (1.22)
χ^2 检验		76.8 [0.000 0]	77.62 [0.000 0]			89.02 [0.000 0]	89.56 [0.000 0]	
F 检验				109.13 [0.000 0]				183.48 [0.000 0]
$sta_{a,e,(t-1)}$	黄河中游综合经济区	-0.048 405 1 (-0.50)	3.465 928 (1.48)	0.805 353 2*** (11.72)	长江中游综合经济区	1.431 559** (2.48)	2.366 228** (2.35)	0.541 179 3*** (3.89)
$\alpha_{a,e,(t-1)}$		-0.994 272 1 (-2.20)	-12.085 67 (-3.68)	0.189 669 2* (1.75)		1.156 74 (1.49)	2.063 86 (1.45)	0.256 764 4 (1.45)
常数项		28.393 42 (2.78)	-138.728 8 (-2.21)	0.000 079 9 (0.00)		-1.168 028*** (-2.73)	-2.001 787** (-2.44)	0.133 254 2 (1.43)
χ^2 检验		48.7 [0.000 0]	48.96 [0.000 0]			59.78 [0.000 0]	59.62 [0.000 0]	
F 检验				317.68 [0.000 0]				37.39 [0.000 0]
$sta_{a,e,(t-1)}$	大西南综合经济区	-0.717 706 8 (-0.47)	-1.307 574 (-0.48)	0.463 667 1*** (3.93)	大西北综合经济区	3.020 435*** (3.39)	5.168 739*** (2.84)	0.827 476 7*** (6.60)
$\alpha_{a,e,(t-1)}$		8.361 073** (2.04)	14.900 19* (1.95)	0.559 813 2*** (3.53)		-0.680 516 3 (-0.55)	-1.078 565 (-0.43)	-0.067 337 6 (-0.38)
常数项		-6.244 777*** (-2.44)	-11.119 11** (-2.35)	-0.126 216 (-1.46)		-1.606 089*** (-3.02)	-2.927 293*** (-2.62)	0.033 967 3 (0.39)
χ^2 检验		79.82 [0.000 0]	79.61 [0.000 0]			69.78 [0.000 0]	69.7 [0.000 0]	

续表

解释变量	区域	Probit	Logit	OLS	区域	Probit	Logit	OLS
F检验	大西南综合经济区			90.29 [0.000 0]	大西北综合经济区			57.26 [0.000 0]

***表示1%显著性水平显著，**表示5%显著性水平显著，*表示10%显著性水平显著

注：小括号内的数值分别代表Probit和Logit系数的z值和OLS系数的t值；方括号内的数值为F检验统计量的P值

对中国整体能源数据进行拟合回归（表9-5）可知：①中国能源产业升级滞后一期系数在1%的显著性水平下为正，说明中国整体能源产业升级存在自相关性，能源产业升级存在累积效应；②禀赋优势经济参数在1%的显著性水平上为正，说明总体上中国能源产业升级依赖于显性比较优势，且显性比较优势对其给予了必要的支持。此处的测算结果，不但从能源领域的产业升级角度验证了牛志伟和邹昭晞（2020）对中国制造业崛起态势的预判，而且也检验了比较优势动态转换与能源产业升级的必要性。

表9-5 中国能源产品密度影响能源产业升级的模型估计结果

解释变量	Probit	Logit	OLS
$sta_{a,e,(t-1)}$	2.115 295*** （9.53）	3.559 842*** （8.79）	0.709 860 4*** （19.61）
$\alpha_{a,e,(t-1)}$	1.334 348*** （4.37）	2.652 257*** （4.45）	0.211 078 7*** （4.71）
常数项	-1.835 977*** （-10.42）	-3.316 209*** （-9.14）	0.025 088 9 （1.13）
χ^2检验	709.42 [0.000 0]	709.39 [0.000 0]	
F检验			760.86 [0.000 0]

***表示1%显著性水平显著

注：小括号内的数值分别代表Probit和Logit系数的z值和OLS系数的t值；方括号内的数值为F检验统计量的P值

（二）显性比较优势对能源产业升级路径的影响

对式（9-7）进行拟合估计（表9-6），各区域的回归模型F检验精确P值均小于0.01；在统计意义上，指标选取和模型构建可体现有效性和无偏一致性。个别区域的样本容量较小，存在多重共线性的问题，导致部分系数的估计值标准误差较大。由表9-6可知：①从回归估计结果看，中国八大综合经济区能源产业升级显性比较优势的自相关程度较高，能源产业升级MAO的累积效应显著；②从抑制性系数看，南部沿海经济区、黄河中游综合经济区及大西南综合经济区等区域的系数显著且分别为8.707 424、0.444 62和0.789 796 9，表明该区域能源产业

升级 MAO 对能源产品失去比较优势具有较强的抑制作用；③从驱动性系数看，东部沿海综合经济区、长江中游综合经济区及大西南综合经济区的系数显著且均为正，说明该区域能源产业升级路径选择遵循显性比较优势，路径选择属于渐进式升级；但其余区域驱动性系数 μ_2 并不显著，说明其余区域产业升级 MAO 并非决定能源产业升级路径选择的主要因素，其能源产品在产业升级过程中偏离了显性比较优势，路径选择应尝试突进式升级。

表 9-6 中国八大综合经济区显性比较优势对能源产业升级路径选择影响的模型估计结果

解释变量	区域	Probit	Logit	OLS	区域	Probit	Logit	OLS
$sta_{a,e,(t-1)}$		2.894 689*** (2.69)	4.819 485*** (2.57)	0.824 935*** (3.89)		3.346 617*** (3.22)	5.842 876*** (2.97)	0.928 023 1*** (5.55)
$sta_{a,e,(t-1)} \cdot \alpha_{a,e,(t-1)}$		−0.659 111 5 (−0.43)	−0.939 305 (−0.37)	−0.204 834 6 (−0.63)		−1.075 102 (−0.75)	−1.882 427 (−0.73)	−0.208 581 5 (−0.87)
$(1-sta_{a,e,(t-1)}) \cdot \alpha_{a,e,(t-1)}$	东北综合经济区	2.118 997 (1.43)	3.394 09 (1.23)	0.287 084 5 (1.13)	北部沿海综合经济区	−0.274 258 7 (−0.17)	−0.504 189 1 (−0.15)	−0.057 700 1 (−0.22)
常数项		−1.831 554*** (−2.66)	−3.039 843** (−2.30)	0.037 465 1 (0.37)		−0.991 342 7* (−1.76)	−1.667 909 (−1.58)	0.149 798 6 (1.55)
χ^2 检验		40.30 [0.000 0]	39.92 [0.000 0]			83.23 [0.000 0]	83.20 [0.000 0]	
F 检验				20.46 [0.000 0]				57.09 [0.000 0]
$sta_{a,e,(t-1)}$		10.117 74 (0.98)	14.269 07 (0.71)	0.469 994 4 (1.08)		−60.874 79 (−0.01)	−165.474 2 (−0.01)	−7.852 953*** (−4.71)
$sta_{a,e,(t-1)} \cdot \alpha_{a,e,(t-1)}$		4.918 833 (1.00)	13.046 94 (1.15)	0.504 608 6 (1.15)		64.068 66 (0.01)	171.339 8 (0.01)	8.707 424*** (5.19)
$(1-sta_{a,e,(t-1)}) \cdot \alpha_{a,e,(t-1)}$	东部沿海综合经济区	19.945 7 (1.38)	35.489 64 (1.32)	0.550 470 1*** (1.17)	南部沿海经济区			
常数项		−12.456 4 (−1.47)	−22.124 83 (−1.40)	−0.050 156 2 (1.17)		−1.880 956*** (−3.33)	−3.588 353*** (−2.88)	0.048 115 6 (1.22)
χ^2 检验		78.19 [0.000 0]	78.36 [0.000 0]			89.02 [0.000 0]	89.56 [0.000 0]	
F 检验				81 [0.000 0]				183.48 [0.000 0]
$sta_{a,e,(t-1)}$		0.632 270 6 (0.00)	−15.204 24 (−0.00)	0.643 029 5*** (−0.79)		6.392 329** (2.30)	12.279 54** (2.13)	1.526 632*** (3.23)
$sta_{a,e,(t-1)} \cdot \alpha_{a,e,(t-1)}$	黄河中游综合经济区	−3.037 839 (−0.01)	40.934 94 (0.00)	0.444 62*** (2.73)	长江中游综合经济区	−4.622 256 (−1.43)	−9.435 283 (−1.43)	−0.919 959 5 (−1.62)
$(1-sta_{a,e,(t-1)}) \cdot \alpha_{a,e,(t-1)}$		−8.428 037 (−0.00)	−83.691 65 (0.00)	−0.002 549 3 (−0.02)		1.653 362** (2.02)	2.946 096** (1.96)	0.373 813 9** (2.05)

续表

解释变量	区域	Probit	Logit	OLS	区域	Probit	Logit	OLS
常数项	黄河中游综合经济区	-3.856 058 (-1.75)	-7.767 157 (-1.65)	0.010 587 (0.38)	长江中游综合经济区	-1.266 95*** (-2.86)	-2.183 569** (-2.51)	0.116 585 2 (1.27)
χ^2 检验		49.34 [0.000 0]	49.21 [0.000 0]			64.1 [0.000 0]	64.1 [0.000 0]	
F 检验				247.64 [0.000 0]				30.3 [0.000 0]
$\text{sta}_{a,e,(t-1)}$	大西南综合经济区	-2.204 814 (-0.38)	-3.510 455 (-0.32)	0.238 743 4 (0.50)	大西北综合经济区	0.518 350 9 (0.33)	0.001 559 3 (0.00)	0.375 920 2 (1.28)
$\text{sta}_{a,e,(t-1)} \cdot \alpha_{a,e,(t-1)}$		9.106 975* (1.82)	16.201 65 (1.64)	0.789 796 9 (1.59)		2.462 842 (1.16)	5.452 528 (1.28)	0.508 491 1 (1.33)
$(1-\text{sta}_{a,e,(t-1)}) \cdot \alpha_{a,e,(t-1)}$		6.971 522 -1.08	13.168 73 -1.24	0.538 075*** -3.23				-0.159 909 7 (-0.88)
常数项		-5.459 877 (-1.45)	-10.110 77 (-1.59)	-0.118 969 8 (-1.35)		-1.858 527*** (-3.24)	-3.483 969*** (-2.95)	-0.006 317 (-0.07)
χ^2 检验		79.89 [0.000 0]	79.65 [0.000 0]			48.27 [0.000 0]	48.61 [0.000 0]	
F 检验				67.36 [0.000 0]				44.51 [0.000 0]

***表示1%显著性水平显著，**表示5%显著性水平显著，*表示10%显著性水平显著

注：小括号内的数值分别代表 Probit 和 Logit 系数的 z 值和 OLS 系数的 t 值；方括号内的数值为 F 检验统计量的 P 值

2009~2019年全局层面，从中国整体的能源产业显性比较优势对能源产业升级路径选择影响的模型估计结果（表9-7）分析：①中国能源产业升级的显性比较优势具有时空连续性和自相关性，能源产业升级 MAO 与失去比较优势Ⅲ或保持比较优势Ⅳ等状态之间存在内生性关系；②驱动性系数大于抑制性系数，说明中国能源产业升级 MAO 促进产业升级的引导潜能大于 MAO 抑制产业失势的支撑潜能。此时，不仅要重视培育新需求、创造新机制，更应正确权衡引导和支撑的关系，唯其如此，才能科学表现供给侧结构性改革的一般性规律；为持续发挥能源产业升级的显性比较优势，中国能源产业应基于实际（区域内的能源产品情况），平稳有序地选择渐进式升级路径。

表9-7 中国能源显性比较优势对能源产业升级路径选择影响的模型估计结果

解释变量	Probit	Logit	OLS
$\text{sta}_{a,e,(t-1)}$	2.323 542*** (5.68)	4.097 757*** (5.20)	0.743 974 6*** (11.97)
$\text{sta}_{a,e,(t-1)} \cdot \alpha_{a,e,(t-1)}$	1.121 232** (2.41)	2.115 65** (2.37)	0.175 728 9** (2.55)

续表

解释变量	Probit	Logit	OLS
$(1-\mathrm{sta}_{a,e,(t-1)})\cdot\alpha_{a,e,(t-1)}$	1.499 164*** (3.65)	3.106 929*** (3.79)	0.237 333 2*** (3.98)
常数项	−1.883 858*** (−9.68)	−3.482 235*** (−8.19)	0.019 218 8 (0.80)
χ^2 检验	709.78 [0.000 0]	710.04 [0.000 0]	
F 检验			570.34 [0.000 0]

***表示1%显著性水平显著，**表示5%显著性水平显著

注：小括号内的数值分别代表 Probit 和 Logit 系数的 z 值和 OLS 系数的 t 值；方括号内的数值为 F 检验统计量的 P 值

第四节　转型期内能源产业升级的主要结论及政策建议

一、主要结论

根据实证分析结果，总结观点如下。

第一，制度层面，转型期内中国能源产业虽然体现了一定的显性比较优势，但仍存在较为根深蒂固的产业发展惰性，应选择渐进式升级路径。一方面，个别区域累积性因素对能源产业升级的影响效果比禀赋性因素的影响效果明显，使得能源产业发展过程中表现出对于自身条件的先天依赖性；但随着东部沿海综合经济区、南部沿海经济区、黄河中游综合经济区及大西南综合经济区等区域的能源产品密度值逐渐增加、能源产业升级潜力逐渐增强，产业升级依赖性也出现了由累积性因素向禀赋性因素转移的趋势，能源产业升级依赖显性比较优势的情况日趋明显。另一方面，中国能源产业升级的显性比较优势具有时空连续性和自相关性，能源产业升级路径选择与产业失去比较优势或保持比较优势的状态存在着明显的内生性关系；由于驱动产业升级的引导潜能强于抑制产业失势的支撑潜能，此时，中国能源产业升级的路径选择仍遵循显性比较优势的一般性规律，因势利导地选择渐进式升级路径。

第二，组织层面，转型期内中国各区域能源产业仍普遍处于升级未成功或保持比较优势的状态。南部沿海经济区、黄河中游综合经济区及大西南综合经济区三个区域的能源产业更不易失去比较优势；除东部沿海综合经济区、长江中游综

合经济区及大西南综合经济区等区域外，其余区域能源产业升级过程均已偏离了显性比较优势。在可持续转型的过程中，中国八大综合经济区能源产业升级显性比较优势的自相关性较高，同时能源产业升级动机、能力和机会的累积效应显著，从而限制了能源产业发展的盲目性。同时，中国八大综合经济区能源均有升级成功的领跑者，对其他升级未成功或保持比较优势能源产业具有一定的刺激性提振效果，从而巩固了能源产业发展的合理性。相较于升级成功和失去比较优势的极端状态情况，虽然各区域能源产业升级处于升级未成功或保持比较优势的上一期状态对下一期状态存在显著影响，但下一期状态的变化幅度仍不明显，导致大部分区域的能源产业将长期处于此两类状态之中。

第三，产品层面，转型期内中国能源产业的能源替代-互补关系存在明显的区域差异，且化石能源产业未能达到发展预期。总体而言，北方地区的能源替代-互补关系相对单一，而中部和南方地区的能源替代-互补关系具有较大的空间；西部及东北部地区的能源产业存在显性比较优势的产品数量呈下降趋势，而东南沿海发达地区的能源产业存在显性比较优势的产品数量有提高趋势，中部地区则相对稳定。具体而言，东北综合经济区的传统化石能源产业已处于升级成功的状态，能源产品的比较优势明显；北部沿海综合经济区、东部沿海综合经济区及大西北综合经济区等区域能源可持续转型的重点为提高传统化石能源的利用效率；南部沿海经济区不宜推广传统化石能源产业集群，适合推广替代性能源产品；黄河中游综合经济区及大西南综合经济区等区域能源可持续转型具有较为明显的多能互补潜力；长江中游综合经济区能源可持续转型电力产业显性比较优势可助力电能替代的有序推进。

二、政策建议

根据结论，总结政策建议：产品是能源部门推进产业升级的决定性要素；八大经济区存在显性比较优势的能源产品比例具有显著的差异性，尤其是在"十三五"期间又出现了比例分化的现象；且各区域能源产业升级状态并不同步，不平衡不充分的现象明显存在于各区域的转型效果之中。因此，为保证升级的有效性，中国能源产业应充分权衡产业的比较优势及主体的动机、能力和机会；既应做到全国宏观层面的统筹兼顾，也应做到区域中观层面的因势利导。一方面，转型期内，能源产品密度的调节必须以市场为导向、升级路径的选择必须以协调化石能源与非化石能源的关系为原则、产业结构的优化必须以国家能源安全为目的。另一方面，必须考虑各区域资源禀赋的显性比较优势和现有体量的存量累积，遵循供给侧结构性改革的一般规律，做好渐进式能源产业发展的统筹规划，尤其是在产业驱动性较为明显的东部沿海综合经济区、长江中游综合经济区及大西南综合经济区等；但在各区域落实的过程中，还应考虑突进式的升级情况，避免由"一刀切"而带来的治理成本损失。

第五节 本章小结

在"双碳"目标下，中国能源产业升级不但是制度层面的要求，而且是行为层面的必然。为此，本章界定了能源产业比较优势、能源产业优势演进及能源产业升级 MAO 三个概念，并选取了 2009~2019 年的相关统计数据，从区域和全国两个层面构建计量经济模型；聚焦转型期内产业升级的主要影响因素和产业升级路径选择的主要影响因素。研究表明：①制度层面，中国能源产业虽有优势，但仍存在发展惰性，应选择渐进式升级路径；②组织层面，各区域能源产业仍普遍处于升级未成功或保持比较优势的非理想状态；③产品层面，中国能源产业的能源替代-互补关系存在明显的区域差异，且化石能源产业发展未达预期。

第十章　能源绿色低碳转型的效率与潜力[①]

第一节　能源转型效率与潜力的概述

随着全球能源安全问题和环境保护问题日益严峻，以可持续转型为核心的能源发展模式已经引起了各国政府、企业与学者的高度关注（史丹和王蕾，2015；Safari et al.，2019）。党的十八大以来，"四个革命、一个合作"的能源战略思想日臻完善，党中央、国务院也高度重视能源转型问题。其中，电力行业发展是能源行业发展的风向标；电力体制改革，既是能源体系改革的关键战役，也是能源体制改革的冲锋战场（林伯强和姚昕，2009）。因此，电力转型也成为中国能源转型的核心工作和重要环节。国家电网的数据（2019年）显示：发电侧方面，2018年中国弃风率达 8.7%，弃光率达 3.6%，弃水率达 5.2%，其中弃风弃光最为严重的是新疆和甘肃，弃风率达 25.1%，弃光率达 15.4%；弃水最为严重的是云南和四川，弃水率分别达 37.6%和 20.2%；加之省际壁垒仍未解决，导致新能源弃电量占总弃电量的比例已超过 40%。输配环节方面，中国已建成世界首条超级高速输电线路（±800 千伏云广直流输电工程），且开工建设首条以输送清洁能源为主的青海—河南 ±800 千伏特高压输电工程；"十三五"期间实现西电东送达 2.7 亿千瓦，但距离 2050 年的发展目标（需达到 4.5 亿~5.5 亿千瓦）仍然任重道远。在国家发展改革委印发《分布式发电管理暂行办法》（2013年）之后，虽然给电源结构调整带来了投资机遇，但同时也出现了可再生能源补贴缺口不断扩大的现象。2016 年，在出台《关于推进电能替代的指导意见》和《国家发展改革委 国家能源局关于推进多能互补集成优化示范工程建设的实施意见》后的一年间，供给侧

[①]《中国电力可持续转型的效率与潜力是多少：省级数据的实证分析》，已发表于 2022 年 7 月的《运筹与管理》。

电能替代与需求侧多能互补矛盾不断凸显（国网能源研究院有限公司，2019），无序失调的现象并未得到有效遏制。中国电力转型仍面临诸多的障碍和挑战。

基于上述问题，本章聚焦中国"高质量发展"过程中的电力可持续转型问题，以转型效率和转型潜力为切入点，测算效率–潜力空间，度量投入–产出过程中实现电力可持续转型的科学合理性，重点回答中国电力可持续转型的理性预期是什么，以期为进一步顺利且深入推进中国电力可持续转型提供政策建议及决策参考。

目前针对能源转型的成果相对丰富，然而聚焦电力转型的针对性研究相对较少，尤其是中国电力可持续转型领域的研究成果仍存在空白。现有成果主要集中于对国外转型经验及规律的总结（Magnani and Osti，2016；Vidadili et al.，2017；盛春红，2019），而部分国外学者探讨了电力系统向可再生能源转型的投资方案设计评估（Egerer and Schill，2014）以及低碳经济转型的目标预测（Schmid et al.，2016）。典型的成果析出如，为了讨论德国电力市场化过程如何促进可再生能源产业演进、市场发展及能源利用，Kungl（2015）对电力转型未来可持续发展进行分析。国内学者对于电力转型问题的研究主要多集中于政策建议、路径选择等方面（李俊江和王宁，2019；EPPEI，2019），如 He 等（2016）从资源潜力、技术进步、空气污染控制及电力行业的政策改革四个方面分析了中国电力转型能源政策的作用效果。近年来，也有部分学者探讨了高质量发展情景下的电力转型目标与实现路径（白玫，2019），并着眼于分析电能替代和多能互补等转型路径选择的科学性和可行性（刘平阔等，2019a）。

针对电力转型效率的研究，目前的成果多集中于转型效率的测算及节能减排的目标值改善。部分学者认为电力效率和可再生能源技术是电力转型的核心要素，其间的协同效果同样起到了重要的作用（Gielen et al.，2019）。在量化分析方面，部分学者构建了转型的效率分析模型，如 Yang 等（2018）和 Cheng 等（2018）利用坏产出 SBM（slack based measure）模型分别测算了中国东北地区的能源效率，并通过节能和减排的目标改善值来实现电力转型效率改善（Zhou et al.，2019）。

此外，电力转型的研究多以转型措施和影响因素（郭丕斌等，2019）等方面为切入点，而针对电力转型潜力的研究较少；最为相近的成果大多集中于开发潜力、供电潜力及经济效益潜力等方面。一些学者将潜力作为目标结果而开展了研究，如 Oudes 和 Stremke（2017）利用空间转型分析（spatial transition analysis）综合方法将能源开发潜力的模型和可再生能源技术选址的定性考量与多情景比较开发模式相结合，用以明确能源转型过程中的空间显式和循证目标。周磊等（2019）从电量、功率、供电时间等角度提出清洁能源供电潜力评估体系。另一些学者将潜力作为过程工具而开展了研究，如为了研究能源效率的投资收益问题，张生玲和王诺（2018）评估了电力部门的经济发展潜力及间接能源效率收益；Bashmakov（2009）通过分析电力部门发展潜力指标，制定了提高能效的成本曲线，以确定潜在的成本效益部分。

因此在目前的研究基础上（杜涛等，2017；卞亦文和许皓，2013；Zeydan and Colpan，2009），本章锚定电力可持续转型效率与潜力的测算，并对影响 DEA 效率值的影响因素进行分析，将 DEA 方法与 TOPSIS 方法相结合，旨在解决传统 DEA 模型无法对有效 DMU（decision making units，决策单元）进行排序的问题，从而实现对各区域电力可持续转型效率-潜力空间的排序。

第二节 能源转型效率与潜力的概念和方法

一、概念界定

电力可持续转型，即中国电力在发展过程中，应符合构建清洁、低碳、安全、高效现代能源体系的总体要求，应对电力生产和消费的结构性改变，优化电力开发、转化、输配、利用及服务等各个环节，加快推进电力部门升级，从单一电力依赖型向多元电力依赖型转变，解决电力发展不平衡不充分的问题，实现电力高质量发展。因此可总结中国电力可持续转型的质变表征应主要体现为四个方面：①转型旨在解决能源安全问题和环境保护问题（金乐琴，2016），以促进经济社会的高质量发展；②转型应促进新能源生产量和消费量占能源总产量和总消费量的比重稳步增加（谢志明等，2017）；③转型应体现可再生能源的成本优势（竞争优势）理性增强（孙莉莉，2018）；④转型进程不但呈现出长期性、系统性、复杂性的特征（Solano-Rodríguez et al.，2018），而且具有协同性、有序性、高质量的属性（Baležentis and Štreimikienė，2019）。由此，界定如下三个重要概念。

（1）电力可持续转型效率，是指各区域电力部门实现投入-产出结构性优化效率，即实现转型预期的速率。该指标侧重于测度转型在投入-产出过程中，实现能源节约、环境友好及高质量可持续发展的可行性与显著性。

（2）电力可持续转型潜力，是指利用电力可持续转型效率实际水平与电力可持续转型效率期望水平的差值表示转型潜力，即实现转型预期的胜任能力。该指标反映了在发展现状和转型约束既定的情况下，未来阶段各区域持续推进电力可持续转型的激励。仅从效率方面评价中国电力可持续转型相对片面且单薄，因此必须兼顾潜力方面等指标对其进行补充，才可保证针对电力可持续转型预期的描述具有科学合理性和全面系统性。

（3）电力可持续转型的效率-潜力空间，即在发展预期既定的情况下，利用转型的最优效率期望表示效率-潜力空间。该指标用以分析转型效率与转型潜力的共同作用效果,即电力转型有序、协同、可持续、高质量发展的可能性与可行性。

二、坏产出动态 DEA 模型

为测算电力可持续转型的效率(以及低碳发展能力),引入坏产出动态 DEA 模型。DEA 方法将增长分解为两个部分:一部分为生产函数的向外移动,即技术进步;另一部分为生产内点的向边界移动,即效率改进。然而传统 DEA 方法仅考虑了好产出(期望产出)而缺乏对坏产出(非期望产出)的科学处理,即传统 DEA 方法的测量偏差出现在测算无效率程度时,仅包含了全部投入(产出)等比例增减,而并未体现松弛改进的部分。为克服上述问题,本章采用非径向、非角度且考虑松弛变量的改进方法,即 SBM 模型(Tone and Tsutsui,2010)。坏产出动态 DEA 模型,即为动态 DEA 模型与 SBM 模型的结合。

设定 10-1:有 n 个 DMU($j=1,2,\cdots,n$)和 T 个时期($t=1,2,\cdots,T$)。在各时期内,DMU 有 $(m-1)$ 个投入要素($i=1,2,\cdots,m-1$)、s 个期望产出($r=1,2,\cdots,s$)、1 个坏产出和 1 个跨期活动变量。通常情况下,在标准 DEA 模型中,将坏产出处理为投入要素。

设定 10-2:x_{ijt} 表示 t 时期第 j 个 DMU 第 i 个投入要素的数量,y_{rjt} 表示 t 时期第 j 个 DMU 第 r 个期望产出的数量,z_{kjt} 表示 t 时期第 j 个 DMU 的跨期活动变量数量。

存在关系:

$$x_{it} = \sum_{j=1}^{n} x_{ijt} \lambda_j^t + w_{it}^-, i=1,2,\cdots,m;\ t=1,2,\cdots,T \quad (10\text{-}1)$$

$$y_{rt} = \sum_{j=1}^{n} y_{rjt} \lambda_j^t - w_{rt}^+, r=1,2,\cdots,s;\ t=1,2,\cdots,T \quad (10\text{-}2)$$

$$z_{kt} = \sum_{j=1}^{n} z_{kjt} \lambda_j^t - w_{kt}^+, t=1,2,\cdots,T \quad (10\text{-}3)$$

其中,$\lambda^t \in R^n (t=1,2,\cdots,T)$ 表示 t 时期的 Intensity 向量;w_{it}^-、w_{rt}^+、w_{kt}^+ 分别表示投入冗余、期望产出不足、跨期活动不足的松弛变量。

此时,t 时期和($t+1$)时期之间的连续性可表示为

$$\sum_{j=1}^{n} z_{kjt}^{\alpha} \lambda_j^t = \sum_{j=1}^{n} z_{kjt}^{\alpha} \lambda_j^{t+1}, t=1,2,\cdots,T-1 \quad (10\text{-}4)$$

因此,若投入和产出均在无导向模式的条件下,则 DMU 效率求解可表示为

$$\rho^* = \min \frac{\frac{1}{T}\sum_{t=1}^{T} u^t \left[1 - \frac{1}{m}\left(\sum_{i=1}^{m} \frac{u_i^- w_{it}^-}{x_{it}}\right)\right]}{\frac{1}{T}\sum_{t=1}^{T} u^t \left[1 - \frac{1}{s+1}\left(\sum_{r=1}^{s} \frac{u_r^+ w_{rt}^+}{y_{rt}} + \frac{w_{kt}^+}{z_{kt}}\right)\right]} \quad (10\text{-}5)$$

$$\sum_{t=1}^{T} u^t = T, \quad \sum_{t=1}^{T} u_i^- = m, \quad \sum_{r=1}^{s} u_r^+ = s \quad (10\text{-}6)$$

三、熵权法-TOPSIS 模型

为测算电力可持续转型潜力并对中国各省区市进行排序，引入熵权法-TOPSIS 模型。TOPSIS 方法通过测算有限评价客体与理想化目标的接近程度，对客体进行评价并排序。

设定 10-3： e_j 为在评价指标 E_j 下的取值；ω_j 为指标 E_j 的权重，$\omega_j \in [0,1]$ 且 $\sum_{j=1}^{n} \omega_j = 1$。首先，利用熵权法对属性指标的权重进行测算；相对贴近度越大，评价客体越接近理想点，则各省区市的电力可持续转型潜力越大。本章拟建立评估指标体系，并通过 TOPSIS 方法对多区域进行综合评估并排序，以评价不同区域的电力可持续转型潜力。

设定 10-4： 将 DMU 作为评价客体，则存在 n 个客体可表示为 $Q_1, Q_2, \cdots, Q_n$；l 个评价指标 $P_1, P_2, \cdots P_l$；e_{ij} 为第 j 个评价客体 Q_j 的第 i 个评价指标 P_i 的数据值，其中 $i = 1, 2, \cdots, l$，$j = 1, 2, \cdots, n$。一个多属性决策问题可表示为由 $E = (e_{ij})_{n \times l}$ 和 ω_j 组成的初始化决策矩阵。TOPSIS 方法的测算步骤如下：

（1）建立规范化矩阵 $\mathbf{Z} = (z_{ij})_{n \times l}$（无量纲化）。

$$z_{ij} = \frac{x_{ij}}{\sqrt{\sum_{i=1}^{l} x_{ij}^2}}, \quad i = 1, 2, \cdots, l; \quad j = 1, 2, \cdots, n \quad (10\text{-}7)$$

（2）计算加权矩阵 $\mathbf{G} = (g_{ij})_{n \times l}$。

$$g_{ij} = \omega_j z_{ij}, \quad i = 1, 2, \cdots, l; \quad j = 1, 2, \cdots, n \quad (10\text{-}8)$$

（3）确定正理想点 K^+ 与负理想点 K^-。

$$\begin{cases} K^+ = \{k_j^+ \mid j = 1, 2, \cdots, n\} \\ K^- = \{k_j^- \mid j = 1, 2, \cdots, n\} \end{cases} \quad (10\text{-}9)$$

当 P_j 被视为效益型指标时，存在 $\begin{cases} K^+ = \max\limits_{1 \leq i \leq l}\{e_{ij}\} \\ K^- = \min\limits_{1 \leq i \leq l}\{e_{ij}\} \end{cases}$；当 P_j 被视为成本型指标时，

存在 $\begin{cases} K^+ = \min\limits_{1 \leq i \leq l}\{e_{ij}\} \\ K^- = \max\limits_{1 \leq i \leq l}\{e_{ij}\} \end{cases}$。

当 $E_1, E_2, \cdots E_n$ 均为正向指标时，各评价对象与正、负理想点的联系度计算方法如下。

（4）计算待评价客体 Q_j 与正、负理想点的欧式距离。

$$\text{sep}^+ = \overline{\sum_{j=1}^n (k_j^+ - g_{ij})^2}\ ;\ \text{sep}^- = \overline{\sum_{j=1}^n (k_j^- - g_{ij})^2},\ i=1,2,\cdots,l \quad (10\text{-}10)$$

（5）计算待评价客体 Q_j 与理想点的相对贴近度。

$$c_j = \frac{\text{sep}^-}{\text{sep}^+ + \text{sep}^-},\ j=1,2,\cdots,n \quad (10\text{-}11)$$

其中，c_j 越大，待评价客体 Q_j 越接近理想点，各评价客体可根据 c_j 大小进行优劣排序。

第三节　能源转型效率与潜力的实证分析

一、指标体系与数据来源

遵循研究一般性，论证步骤设定如下：首先，利用坏产出动态 DEA 模型对其电力可持续转型的效率及潜力进行测算；其次，采用 SBM 模型进一步就电力可持续转型效率进行要素效率指数（factor efficiency index，FEI）分析；最后，通过基于熵权法优化的 TOPSIS 模型对各省区市电力可持续转型的潜力进行测算和排序。模型构建及分析步骤流程如图 10-1 所示。

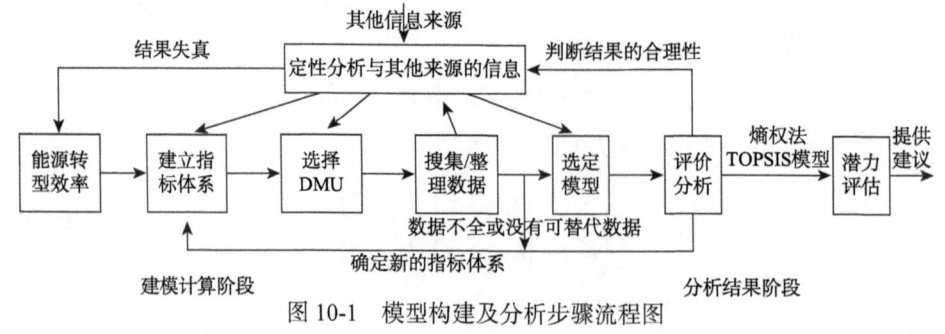

图 10-1　模型构建及分析步骤流程图

对于效率的评价,目前多基于投入-产出的角度(陈升等,2019);虽然投入-产出类指标属于较为有效的结构性影响要素,但现有研究通常会忽视外源变量政策因素对转型的贡献(Stokes and Breetz,2018)。因此,本章拟从3个方面考察电力可持续转型效率:①输入/投入性指标,包括各省资本投入(能源工业固定资产投资额)、电力综合投入(电力消费量、可再生能源消费比率、发电量)及技术投入(新增装机容量)3个子指标(白雪洁等,2014;Zhao et al.,2018);②输出/产出性指标,包括区域生产总值和污染物排放2个子指标(Iftikhar et al.,2018;谢志明等,2017);③跨期活动变量性指标,可用新能源(或可再生能源)补贴政策的政府支持力度进行量化分析。由此,通过识别、筛选及校验,归纳坏产出动态 DEA 模型指标体系如表 10-1 所示。

表 10-1 坏产出动态 DEA 模型指标体系

指标属性	评价指标	指标含义
输入/投入	资本投入	电力工业固定资产投资(亿元)
	电力综合投入	电力消费量(亿千瓦时)、可再生能源生产比率、发电量(亿千瓦时)
	技术投入	新增装机容量(万千瓦时)
输出/产出	区域生产总值	地区生产总值(亿元)
	污染物排放	碳排放总量(tCO$_2$)
跨期活动变量	政策支持力度	财政转移支付(亿元)

指标的解释如下。

(1)投入变量。利用主成分分析(principal component analysis,PCA)法将电力消费量、可再生能源占比和发电量3个因素作为电力综合投入变量引入模型,以期通过减少变量的维度,提高 DEA 模型测量结果的收敛速度和准确度。其中,可再生能源占比是电力可持续转型的主要表征;可再生能源占比高,则表明能源替代程度越大,电力可持续转型特征越明显。同时引入了资本投入和技术投入作为输入性指标变量,是对电力可持续转型的驱动力方面进行考量。

(2)产出变量。为了简明阐述测评机理且不失研究的一般性,以碳排放总量反映环境影响情况,并以环境影响作为模型的坏产出指标。同理,为了考察高质量发展过程中电力可持续转型情况下 GDP 的动态变化情况,将区域生产总值作为产出变量引入模型,主要包括居民消费、企业投资、政府购买支出及进出口差额,以 2008 年为基期计算,单位为亿元。

(3)跨期活动变量。政府支持力度对于驱动型结构性电力转型的能源要素优化配置具有直接影响,且在一定程度上决定着电力高质量转型的动力方向与程度水平。政府支持力度在极短期内无法体现明显作用,因此本章将它作为跨期活动变量引入模型中,以 2008 年为基期计算,单位为亿元。

在中国"新时代",以新能源发展为代表的电力可持续转型步伐明显加快,因此本章选取"十二五"和"十三五"期间的数据作为变量范围,且全部数据均来自于 2008~2019 年的《中国电力统计年鉴》《全国电力工业统计数据》及国家能源局数据等官方发布的公开性统计信息。通过整理和校对信息,得到中国 31 个省区市(除中国台湾、中国香港及中国澳门外)的基础数据,进而进行数据的统计性描述,得到投入-产出及跨期活动变量的数据特征分析结果,如表 10-2 所示。

表 10-2 2009~2018 年 31 个省区市投入-产出变量的数据特征描述

指标统计	资本投入/亿元	电力综合投入(1)	技术投入/万千瓦	区域生产总值/亿元	污染物排放/tCO$_2$	政府支持力度/亿元
均值	5 465.317 6	0.316 2	348.188 9	19 723.55	11 399.886 1	25.878 8
中位数	4 857.172 6	0.316 4	268.500 0	19 683.22	4 998.491 2	9.380 0
最大值	15 825.315 0	0.318 8	1 705.000 0	39 482.56	40 945.744 6	277.115 6
最小值	101.676 8	0.304 6	0	441.36	0.193 5	0
标准差	3 701.874 5	0.001 2	304.028 3	5 988.01	9 522.560 4	40.680 9

注:面板数据包括 2009~2018 年 31 个截面单位的时间序列数据,样本观测值共 310 个

二、区域电力可持续转型效率

(一)效率测算

根据投入-产出及跨期活动变量的数据,运用 DEA-Solver Pro 5.0 软件测算中国各省区市的电力可持续转型效率,结果如表 10-3 所示:①2009~2018 年中国 31 个省区市的平均总体转型效率未到达 0.50 的中间水平(为 0.413 350),数值表明在此 10 年间中国电力可持续转型进程仍处于发展较为缓慢的"量变"阶段,总体转型效率相对较低。②从平均转型效率的动态变化来看,各省区市投入-产出的能源要素并未呈现出较为优质的资源配置效果。③尽管转型效率水平在 2013 年有大幅度的提升,但从 2013 年至今仍处于相对停滞状态,且于 2014 年出现不稳定的下降趋势。分析其原因:一定程度上,中国各省区市(区域)产业经济发展模式的内部结构性调整工作仍处于推进阶段,电力可持续转型相关支持性、保障性政策的激励效应虽占了较大的权重,但资本投入与电力综合投入并未达到预期的收益水平,且区域内的减排效应出现逐渐减弱的趋势,因此并未实现满足预期的内生性增长态势,这也正是当前中国各省区市电力可持续转型所面临的困境。

表 10-3　各省区市总体电力可持续转型效率及各期效率

地区	总体转型效率	总体排名	2009 年	2010 年	2011 年	2012 年	2013 年	2014 年	2015 年	2016 年	2017 年	2018 年
北京市	1	1	1	1	1	1	1	1	1	1	1	1
天津市	0.349 068	14	0.000 649	0.001 520	0.358 285	0.082 803	1	0.064 320	1	0.068 098	0.62	0.295 008
河北省	0.323 355	16	0.135 498	0.236 392	0.387 145	0.372 186	0.379 480	0.351 746	0.387 642	0.311 761	0.322 033	0.349 666
山西省	0.113 124	21	0.011 672	0.027 796	0.047 889	0.101 152	0.132 797	0.122 315	0.155 248	0.148 934	0.206 336	0.177 098
内蒙古自治区	0.273 423	18	0.208 910	0.278 308	0.266 125	0.392 647	0.281 790	0.263 691	0.317 601	0.263 208	0.225 496	0.236 452
辽宁省	0.584 065	6	0.170 880	0.236 179	0.428 192	0.308 351	0.506 664	0.541 032	1	1	0.649 355	1
吉林省	0.395 406	12	0.207 990	0.271 757	0.297 411	0.327 047	0.439 299	0.303 204	0.423 567	0.344 938	0.338 850	1
黑龙江省	0.313 815	17	0.266 002	0.272 426	0.351 621	0.337 923	0.318 327	0.297 317	0.385 138	0.320 444	0.289 829	0.299 123
上海市	0.904 713	2	1	0.047 134	1	1	1	1	1	1	1	1
江苏省	0.770 249	5	1	1	1	1	1	1	0.484 186	0.410 372	0.415 340	0.392 592
浙江省	0.851 422	3	1	1	1	1	1	0.607 666	1	0.670 782	0.625 076	0.610 699
安徽省	0.065 546	26	0.000 989	0.000 854	0.015 184	0.023 808	0.041 734	0.057 339	0.081 384	0.128 442	0.168 197	0.137 529
福建省	0.514 575	8	0.074 752	0.103 490	0.149 502	0.186 882	0.166 700	0.464 428	1	1	1	1
江西省	0.082 972	25	0.017 672	0.023 109	0.034 298	0.043 219	0.093 335	0.069 466	0.087 5	0.117 021	0.196 539	0.147 564
山东省	0.355 144	13	0.069 160	1	0.157 338	0.204 070	0.231 535	0.225 821	1	0.210 149	0.229 350	0.224 017
河南省	0.041 726	28	0.014 084	0.005 838	0.009 961	0.013 562	0.023 612	0.032 577	0.045 45	0.067 093	0.117 550	0.087 530
湖北省	0.107 158	22	0.002 780	0.009 503	0.014 660	0.020 927	0.048 988	0.115 450	0.173 823	0.188 007	0.254 392	0.243 052

续表

地区	总体转型效率	总体排名	各期效率									
			2009年	2010年	2011年	2012年	2013年	2014年	2015年	2016年	2017年	2018年
湖南省	0.342 936	15	0.001 474	0.006 727	0.005 802	0.042 649	1	1	0.318 263	0.365 369	0.337 473	0.351 599
广东省	0.262 718	19	1	1	1	1	1	1	1	1	1	1
广西壮族自治区	0.451 390	10	0.001 797	1	0.001 273	0.007 565	0.031 703	0.028 869	0.240 146	0.400 027	0.523 914	0.391 887
海南省	0.036 927	29	0.049 856	0.165 146	0.218 401	0.122 891	1	0.236 743	0.184 183	1	1	0.536 686
重庆市	0.800 439	4	0.003 140	0.017 316	0.022 905	0.030 348	0.025 102	0.036 682	0.041 383	0.053 764	0.083 939	0.054 693
四川省	0.088 468	24	0.002 188	0.002 202	1	1	1	1	1	1	1	1
贵州省	0.506 637	9	0.000 956	0.000 844	0.006 972	0.033 326	0.058 813	0.086 749	0.137 675	0.154 946	0.229 502	0.174 895
云南省	1	1	0.020 903	0.039 259	0.088 149	0.192 917	0.255 425	0.469 717	1	1	1	1
西藏自治区	0.060 943	27	0.001 013	0.000 802	0.011 564	0.020 034	0.044 482	0.061 387	0.083 783	0.112 964	0.151 016	0.122 382
陕西省	0.405 819	11	0.116 600	0.143 950	0.220 699	0.300 366	1	0.290 632	0.337 807	0.310 688	1	0.337 448
甘肃省	0.560 914	7	0.004 249	0.004 446	0.001 118	0.280 155	1	1	1	1	0.319 169	1
青海省	0.095 482	23	0.052 667	0.062 397	0.062 237	0.119 340	0.119 022	0.111 394	0.104 616	0.108 012	0.115 774	0.099 362
宁夏回族自治区	0.155 405	20	0.153 768	0.170 792	0.144 505	0.156 189	0.137 151	0.160 063	0.145 657	0.148 853	0.186 091	0.150 980
新疆维吾尔自治区	0.413 350		0.244 827	0.294 458	0.332 298	0.345 818	0.494 708	0.419 310	0.520 485	0.480 770	0.503 394	0.497 428
平均效率												

从不同地理区位的省区市电力转型效率来看，地处经济发达的沿海地区电力可持续转型效率的平均水平普遍较高，而经济欠发达的中部及西部偏远地区电力可持续转型效率的平均水平相对较低。从各省区市的投入-产出资源配置水平来看，经济发达地区的资源配置水平较高，而经济欠发达地区的投入-产出资源配置水平相对较差；从资本投入来看，沿海地区的资本投入在数额与增长速率等方面均远大于中部及西部偏远地区；从技术投入角度来看，沿海地区作为电力负荷中心，新增装机容量在一定程度上仍占据优势，而其中新能源新增装机容量占比也不断提升。

2009~2018年，北京市、广东省、西藏自治区3个省区市的电力可持续转型效率测算值为1，即一直处于最优前沿面上，转型预期实现速率最高，分析其原因：①北京市电力可持续转型的成功经验，不但体现于技术要素的投入方面，而且体现于政策的支持方面。北京市在中国电力可持续转型中起到了先行示范作用，以"脱煤、提气、增电"为主要特征推进电力可持续转型升级。根据国家统计局2020年数据，截至2018年底北京市光伏发电项目装机容量为44.8万千瓦，与"十二五"末16.5万千瓦装机容量相比，增加了1.7倍；风力发电项目累计装机容量为19万千瓦，年发电量为3.48亿千瓦时；已建成生物质能发电厂9个，装机总容量累计28万千瓦，折合标准煤130万吨。2016年为新能源发展提供指导方向及把控进度，北京市制定发布了《北京市"十三五"时期新能源和可再生能源发展规划》，并出台《北京市分布式光伏发电奖励资金管理办法》等政策，对新能源项目予以资金支持。②广东省电力可持续转型的效率优势，主要归功于资本投入和电力综合投入等方面。近年来，广东省在电力可持续转型方面能源消费结构明显优化，能源利用效率稳步提高，随着能源产业及清洁能源发展提速，能源体制机制改革取得明显进步。根据国家统计局2020年数据，截至2018年底广东电网同调装机容量为1.18亿千瓦，同比增长8.2%，全年发售电量合计6 226.7亿千瓦时，同比增长6.3%。此外，2018年广东省全社会用电量居全国首位，达6 323亿千瓦时，同比增长6.11%；届时，广东省全年用电统调最高负荷为1.09亿千瓦、电源装机为1.18亿千瓦，西电东送通道受端送电能力为3 800万千瓦，电网规模全国第一。为加快推动能源升级转型，广东省发展和改革委员会2018年印发了《广东省能源发展"十三五"规划》，为建立清洁高效的现代能源体系提供了指导。③西藏自治区电力可持续转型的高效表现，主要源于中国能源体制改革的溢出效应；在传统能源产业发展基础相对较弱的情况下，支持性、保障性的政策促进了新能源技术的推广和应用，使得西藏自治区电力可持续转型呈现在绝对量方面处于劣势，但相对量方面处于优势的特点。在2009~2018年，随着能源结构的调整，可再生能源地位正在发生变化，西藏未来的优势渐现。通过主电网延伸覆盖、小水电和独立光伏电站局域网等方式，西藏自治区生产供电能力显著提升，西电东送接续基地建设取得重要进展，电力可持续转型效果显著。截至2018年底，西藏全区发电量保持较快增长，尤其是风电、太阳能发电量增长明显。西藏自治区在2018年发布了《西藏自治区电力体制改革方案》，积极推进了电力转型的进程。

此外通过测算数据可知，重庆、河南和陕西等省市的转型效率较低，主要源于资本和电力综合投入发展之间的不平衡不充分：①重庆市在2009~2018年区域生产总值增速提升明显，高于中国经济增长速度，但同时，一方面，该区域内的可再生能源生产比率较低；另一方面，随着资本投入、能源投入的快速增加，加之重庆市电力消费总量不断增长，高耗能、高污染的能源产业仍处于主导地位，其中仅煤炭资源消费就占了能源总消费量50%以上，且2009~2014年均高达60%以上（胡小渝，2019），产生了经济高速发展的机会成本。②河南省能源消费主要以化石能源为主，新能源所占比重较小，能源利用效率较低；高排放、高消耗、低利用率的能源产业结构与集约型经济发展方式仍亟待相互适应。近年来由于河南省内出现了产能过剩的现象，导致能源的生产效率有所减缓、资源配置效率有所降低，进而致使其综合用能成本相对较高。③陕西省作为燃煤发电大省，受经济和政策因素影响，其一次能源消费结构调整，但煤改电工程并未有效改善能源消费结构。根据国家统计局2020年数据，2018年陕西省煤炭消费量占规模以上工业一次能源消费比重74.8%，可再生能源（水、风、光）消费达215.61亿千瓦时，占比1.7%。近年来，规模以上工业综合能源消费增速较低，除淘汰落后产能的影响外，电力行业主要受减煤政策影响，高耗能行业增长放缓，一次能源消费中煤炭比重下降缓慢。

（二）效率分析

本章运用DEA-Solver Pro 5.0软件测算得到了31个省区市的电力可持续转型效率，以及各松弛变量所决定的电力综合效率改进量、污染物排放效率改进量和技术支持效率改进量。

根据研究目的，利用要素效率指数分析中国省区市电力可持续转型效率的省际差异与动态变化；要素效率指数，是指达到目标量最优值所需要增加或减少的投入要素或跨期活动百分比。指标构建中选取了电力综合投入、污染物排放坏产出、技术投入三类指标，因此可测算出三类投入-产出的要素效率指数，分别对应电力综合效率指数、污染物排放效率指数及技术支持效率指数。该三类效率指数绝对值的含义分别代表相对于最优电力综合效率需改进的可能性（即电力可持续转型潜力）、相对于最优污染物排放量需减排的可能性（即减排空间）、相对于最优技术支持需进步的可能性（即技术进步空间）。对于结构性（投入-产出）要素和跨期活动变量而言，要素效率指数=（目标值/实际值-1）×100%。若要素效率指数为正数，则表明需要增加投入要素或跨期活动变量；若要素效率指数为负数，则表明需要减少投入要素或跨期活动变量；若要素效率指数为 0，则说明效率达到预期最优水平。因此，电力可持续转型效率可根据电力综合效率改进量、污染物排放效率改进量和技术支持效率改进量等关键指标进行解释，即电力综合效率指数、污染物排放效率指数与技术支持效率指数越高，则电力可持续转型的潜力越大。

1. 电力综合效率改进量的省间差异与动态变化

通过 DEA Solver Pro 5.0 测算出各省份平均要素效率指数，得到表 10-4。从电力综合效率改进量（相对于最优电力综合效率需改进的可能性，即电力综合效率指数的绝对值）的省际差异来看，改进量空间最大的区域为黑龙江省、吉林省、江西省、贵州省、海南省和宁夏回族自治区，其改进量测算值均在 60% 以上，表明上述 6 个省份的电力综合效率仍将保持可持续增长的发展态势。陕西省、广西壮族自治区和甘肃省 3 个省份的效率改进量较大，存在 50%~60% 的优化可能性。改进量较低的区域为北京市、上海市、江苏省、广东省和西藏自治区，与转型效率的表现基本一致。

表 10-4　2009~2018 年各省份平均要素效率指数

地区	电力综合效率指数	污染物排放效率指数	技术支持效率指数
北京市	0	0	0
天津市	-0.411 1	-0.229 5	-0.167 3
河北省	-0.258 3	-0.488 7	-0.058 8
山西省	-0.150 5	-0.521 5	-0.011 5
内蒙古自治区	-0.015 5	-0.392 8	-0.107 0
辽宁省	-0.335 3	-0.281 1	-0.017 1
吉林省	-0.700 9	-0.425 8	-0.002 1
黑龙江省	-0.706 8	-0.427 0	-0.055 5
上海市	0	-0.082 4	-0.029 2
江苏省	0	-0.233 1	-0.124 7
浙江省	-0.126 8	-0.305 1	-0.043 0
安徽省	-0.423 6	-0.589 2	-0.143 0
福建省	-0.326 0	-0.304 0	0.003 1
江西省	-0.698 3	-0.454 8	-0.015 2

续表

地区	电力综合效率指数	污染物排放效率指数	技术支持效率指数
山东省	-0.013 7	-0.350 9	-0.187 7
河南省	-0.206 5	-0.387 6	-0.119 3
湖北省	-0.360 5	-0.452 6	-0.064 7
湖南省	-0.127 3	-0.268 8	-0.057 8
广东省	0	0	-0
广西壮族自治区	-0.582 1	-0.355 2	-0.011 7
海南省	-0.647 5	-0.290 8	-0.003 7
重庆市	-0.525 4	-0.378 7	-0.083 0
四川省	-0.031 9	-0.149 0	-0.069 8
贵州省	-0.655 9	-0.638 4	-0.140 4
云南省	-0.430 6	-0.526 6	-0.093 0
西藏自治区	00	0	-0
陕西省	-0.597 1	-0.499 7	-0.104 6
甘肃省	-0.521 9	-0.562 3	0.051 1
青海省	-0.415 6	-0.412 4	-0.052 4
宁夏回族自治区	-0.614 4	-0.744 2	-0.033 1
新疆维吾尔自治区	-0.488 3	-0.787 3	0.096 9

测算整理出2009~2018年31个省区市的电力综合效率改进量的平均水平，如图10-2所示。测算31个省区市各年指标的要素效率指数，进而将各省区市电力综合效率指数分别取平均值，得到一个总体平均水平，用以表示中国的电力可持续转型潜力测算值。从电力综合效率指数的时间动态变化来看，在2009~2014年其一直处于剧烈波动状态；2014年电力可持续转型效率形势较为严峻，电力综合效率指数不降反升，全国电力市场产能过剩的问题日益突出，行业经济效益持续下降，企业亏损面进一步扩大；从2015年开始呈现平缓下降的趋势。其中，2016年电力综合效率指数测算值最小，为25.37%，即电力可持续转型效果最优，由于2016年可再生能源发电产业发展支持性、促进性政策的及时出台，中国可再生能源消纳市场机制的进一步优化完善，可再生能源生产与消费的稳定性得到了保障。

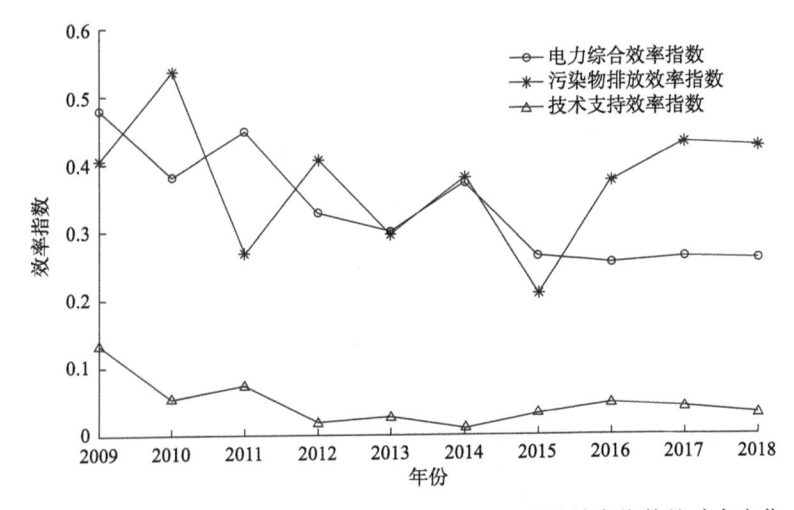

图 10-2　电力综合效率、污染物排放效率和技术支持效率指数的动态变化

2. 污染物排放效率改进量的省间差异与动态变化

根据污染物排放效率改进量情况（相对于最优污染物排放量需减排的可能性，即污染物排放效率指数的绝对值）、各省区市间差异，总的而言改进量最大的 5 个省区市为山东省、天津市、江苏省、河南省和内蒙古自治区，其改进量均在 10%以上。山东省的改进量最大，已达到 18.8%，由于山东省内煤炭资源消耗强度较高，煤炭相关产业的污染物排放量相对较高，高污染的粗放型发展模式使污染物排放效率水平受到一定的制约。北京市、广东省和西藏自治区的改进量较小，与转型效率的表现一致（表 10-4）。

从污染物排放效率改进量的动态变化来看，在 2009~2015 年 31 个省区市的改进量变化呈现出波动性，但总体呈下降趋势。由图 10-2 可知，"十二五"规划期间，随着政府激励约束的增强与节能减排效率的提高，各省区市平均污染物排放效率指数逐年呈下降趋势，直至"十二五"规划期末的 2015 年达到最低；然而进入"十三五"规划后，经济发展的目标提出使得对污染物排放的管控再次放松，期初的 2016 年平均改进量再次攀升；尽管 2018 年较 2017 年改进量略微降低，但 2016~2018 年其仍保持在一个较高的污染物排放空间水平，说明目前中国各省区市面临的减排形势依然严峻。

3. 技术支持效率改进量的省间差异与动态变化

根据技术支持效率改进量情况（相对于最优技术支持需进步的可能性，即技术支持效率指数的绝对值）。山东省、天津市、安徽省、贵州省改进量较大，技术支持效率改进量均在 14%以上，其中山东省的效率改进量高达 18.77%。由此可见，此四个省市虽出台多项电力可持续转型的战略政策，在一定程度上带动了能源产业结构的升级,但新增装机容量的增速相对较缓,相对滞后于其他技术支持效率指数较小的省区市,技术支持和创新仍处于被动。北京市、广东省和西藏自治区的技术支持效率改进量较小,与转型效率的表现一致(表10-4)。

从技术支持效率改进量的动态变化来看,整体呈现先降后升,逐渐趋向平缓的势态。由图10-2可知,技术支持效率指数在2009~2014年呈现下降的趋势,表明技术支持效率所代表的新增装机容量数量不断提升,直至2015年随着电力体制改革深入推进,改进量呈现缓慢上升的趋势,而2017年和2018年技术支持效率指数量再次出现较小幅度的回落,表明近年来新增装机容量仍在平稳中保持较缓慢的上升趋势。

三、区域电力可持续转型潜力

(一)潜力评估矩阵构建

SBM模型对无效率DMU的测量包含松弛变量部分,能够得到无效DMU达到相对有效时各指标的松弛改进量,因此,本章将从各指标需改进量的角度构建决策矩阵。其中,指标需改进总量=使备选方案中的DMUs达到有效的各投入指标需改进总量+保证相对有效的DMUs(包括原相对有效的DMUs和改进后的DMUs)的各指标需改进总量(杜涛等,2017)。构建31个省区市的决策矩阵分为三个步骤。

第一步,识别省区市中相对有效的各投入指标的需改进总量。基于SBM模型测算各省的要素效率指数,确定相对有效的投入指标松弛改进量。

第二步,修正各省区市的投入指标、产出指标和跨期活动变量指标,将第一步中确定的省区市各投入指标的松弛改进量作为其新的投入指标,其余省份的投入指标保持不变。

第三步,保证相对有效的各指标需改进量仍为有效,确定修正后的所有省区市的各指标(投入指标、产出指标和跨期活动变量指标)的松弛改进总量。利用第二步修正后的投入-产出指标和跨期活动变量指标再次求解SBM模型,得到松弛变量改进总量。

通过各指标松弛改进量总和构成改进后的转型潜力评估决策矩阵,计算结果如表10-5所示。

表10-5 改进后的电力可持续转型的潜力评估矩阵

DMU	资本投入改进总量	电力综合投入改进总量	技术投入改进总量	区域生产总值改进总量	污染物排放改进总量	政策支持力度改进总量
北京市	2.55	0.02	23.17	0.03	0	3.78

续表

DMU	资本投入改进总量	电力综合投入改进总量	技术投入改进总量	区域生产总值改进总量	污染物排放改进总量	政策支持力度改进总量
天津市	119.13	0.08	0	0	0	48.02
河北省	1 232.68	0.11	394.77	28 434.83	0	226.56
山西省	964.23	0.07	445.29	58 480.60	0	448.39
内蒙古自治区	807.35	0	105.39	79 434.09	2 700.10	188.32
辽宁省	46.60	0.15	0	0	15 754.91	0
吉林省	27.56	0.13	87.48	0	2 229.84	68.86
黑龙江省	255.87	0.23	163.54	9 049.72	0	116.95
上海市	1.80	0.01	8.90	0.02	0	4.66
江苏省	238.09	0	827.28	4 682.37	10 962.98	533.47
浙江省	0	0.08	680.10	16 641.57	1 315.06	43.22
安徽省	0	0.11	762.22	34 175.61	2 624.85	508.44
福建省	5.67	0.02	0.03	0.01	0	3.21
江西省	178.19	0.22	223.89	8 050.46	0	230.44
山东省	1 868.90	0	1 074.73	20 900.51	13 157.77	657.97
河南省	443.13	0.06	527.42	29 538.25	0	657.50
湖北省	246.01	0.12	235.87	0	0	210.20
湖南省	299.87	0.01	0	0	0	153.08
广东省	13.20	0.01	0.02	2.10	0	8.47
广西壮族自治区	562.07	0.22	298.76	0	0	36.55
海南省	27.20	0.29	23.40	1 356.72	0	0
重庆市	178.71	0.12	58.60	0	0	162.60
四川省	117.56	0.15	109.60	13 004.76	0	187.33
贵州省	51.22	0.19	124.11	22 516.57	0	275.11
云南省	47.32	0.11	80.66	1 300.56	0	63.28
西藏自治区	12.63	0.05	23.10	65.01	0	27.94
陕西省	1 342.36	0.17	395.57	20 906.24	0	348.72
甘肃省	248.41	0.18	204.18	14 099.75	0	0
青海省	0	0.13	119.56	0	7 333.99	0
宁夏回族自治区	131.44	0.19	489.34	34 837.83	0	122.39
新疆维吾尔自治区	1 303.38	0.06	1 109.99	63 529.64	0	303.22

（二）效率-潜力空间测算

熵权法首先利用信息熵计算各指标的熵权，再根据熵权确定各指标的权重。熵是系统无序程度的度量指标，当指标的信息熵越小，则表明指标的变异程度越大、提供的信息量越大，且当对综合评价的影响越显著时，其权重越大；反之，信息熵越大，则指标的权重越小。熵权法基于指标本身的信息确定其权重，客观性更强、精度更高。同时为保证研究数据的真实客观性，本章运用熵权法确定各指标的权重可更好地解释所得到的结果。

在目标实现与技术可行的前提下，改进后的各属性指标值越小，则表明电力转型过程越有序、越协同、越可持续。运用基于熵权法的 TOPSIS 方法进行排序，结果如表 10-6 所示。通过测算，TOPSIS 方法中对 6 个属性指标的权重分别确定约为 0.185、0.170、0.179、0.142、0.034、0.290。由表 10-6 可知，对电力可持续转型效率-潜力影响最大的因素为政策支持力度，其权重为 0.290；次级影响因素为技术投入、资本投入和电力综合投入。该四项评价指标的权重均大于 0.15，且其综合权重之和为 0.824，因此该四项指标的程度水平对各省区市的电力可持续转型效率-潜力具有重大的影响。

表 10-6　各指标的权重与熵值

指标	资本投入	电力综合投入	技术投入	区域生产总值	污染物排放	政策支持力度
E_j	49.683 88	45.740 617	48.056 6	38.501 7	10.074 9	77.238 5
ω_j	0.184 902	0.169 925 1	0.178 72	0.142 43	0.034 47	0.289 55

根据表 10-5 和表 10-6，构建加权后的决策矩阵。确定正理想点 K^+ 与负理想点 K^-：

$$K^+ = \{345.56, 0.05, 198.38, 11\,313.92, 453.50, 190.52\}；K^- = \{0, 0, 0, 0, 0, 0\}$$

计算各省区市与理想点和负理想点的联系向量距离、与理想点的相对贴近度。由式（10-10）和式（10-11）可得计算结果，如表 10-7 所示。

表 10-7　基于欧氏距离的各省与理想点的相对贴近度

城市	sep^-	sep^+	c_j	排名
北京市	4.309 1	11 331.507 6	0.000 4	28
天津市	26.048 7	11 330.740 8	0.002 3	25
河北省	4 057.569 3	7 281.191 0	0.357 8	7
山西省	8 332.782 1	3 026.270 0	0.733 6	3
内蒙古自治区	11 315.435 2	468.157 5	0.960 3	1

续表

城市	sep⁻	sep⁺	c_j	排名
辽宁省	9.128 8	11 331.236 6	0.000 8	27
吉林省	30.854 9	11 330.219 4	0.002 7	24
黑龙江省	1 290.608 8	10 042.285 5	0.113 9	14
上海市	2.112 2	11 331.553 0	0.000 2	30
江苏省	797.001 2	10 651.722 1	0.069 6	16
浙江省	2 373.864 8	8 961.709 4	0.209 4	11
安徽省	4 872.655 8	6 466.134 6	0.429 7	5
福建省	1.401 1	11 331.567 3	0.000 1	31
江西省	1 149.747 8	10 184.174 5	0.101 4	15
山东省	3 043.050 1	8 337.031 0	0.267 4	9
河南省	4 213.335 6	7 126.835 5	0.371 5	6
湖北省	86.893 1	11 328.800 7	0.007 6	21
湖南省	70.987 0	11 329.402 4	0.006 2	22
广东省	3.472 9	11 331.202 5	0.000 3	29
广西壮族自治区	117.319 9	11 327.941 1	0.010 3	20
海南省	193.350 1	11 138.455 3	0.017 1	18
重庆市	58.466 0	11 329.784 4	0.005 1	23
四川省	1 853.313 2	9 480.693 7	0.163 5	13
贵州省	3 208.149 8	8 129.144 2	0.283 0	8
云南省	186.907 0	11 145.856 5	0.016 5	19
西藏自治区	13.179 0	11 322.095 5	0.001 2	26
陕西省	2 990.576 1	8 350.562 9	0.263 7	10
甘肃省	2 009.105 9	9 324.884 3	0.177 3	12
青海省	253.677 7	11 323.962 9	0.021 9	17
宁夏回族自治区	4 962.962 9	6 379.031 5	0.437 6	4
新疆维吾尔自治区	9 054.433 2	2 314.889 2	0.796 4	2

根据表 10-7 计算出的相对贴近度值，可将 31 个省区市的电力可持续转型空间根据效率-潜力空间值的大小划分为 4 类，如表 10-8 所示。

表 10-8　各省区市电力可持续转型效率-潜力空间值及分类

区间	相对贴近度值	电力可持续转型效率-潜力空间所对应的省区市
优质空间	$0.9 < c_j \leq 1$	内蒙古自治区
	$0.8 < c_j \leq 0.9$	—
	$0.7 < c_j \leq 0.8$	新疆维吾尔自治区、山西
	$0.6 < c_j \leq 0.7$	—
过渡空间	$0.5 < c_j \leq 0.6$	—
	$0.4 < c_j \leq 0.5$	宁夏回族自治区、安徽
一般空间	$0.3 < c_j \leq 0.4$	河南、河北
	$0.2 < c_j \leq 0.3$	贵州、山东、陕西、浙江
	$0.1 < c_j \leq 0.2$	甘肃、四川、黑龙江、江西
勉强空间	$0 < c_j \leq 0.1$	江苏、青海、海南、云南、广西壮族自治区、湖北、湖南、重庆、吉林、天津、西藏自治区、辽宁、北京、广东、上海、福建

由表 10-8 可知,第一类优质空间区间的省区市特点是电力可持续转型的优势明显、阻力较小,具有的经济发展空间大、污染物排放量小。内蒙古自治区、新疆维吾尔自治区、山西均属于西部地区,而中国西部地区具有资源禀赋优势,电力可持续转型发展空间大,尤其近年来,针对风能、太阳能、生物质能开发利用为主的新能源产业体系,可有效促进西部地区因地制宜地发展新能源。从能源结构看,第一类省区市在资源总量、产能、品种等方面有明显的优势。

第二类过渡空间区间的省区市特点是处于该阶段的区域(省区市),电力可持续转型效率-潜力空间的优势开始减弱、转型阻力开始增加。第二类区域的总体形势与第一类别的区域近似,但各方面稍弱,具有经济发展水平较低,能源消费量较小,但环保约束较强、新能源的竞争较弱的特点,处于由优质空间区间逐渐发展而转入一般空间区间的过渡进程中。

第三类一般空间区间的省区市特点是电力可持续转型效率-潜力空间的优势进一步减弱、阻力进一步增强。经济发展水平、能源消费量、环保约束和政策支持力度都大于第一、二类。这一类的省份多处于中部、西部地区,常规能源的资源禀赋相对冗余,在经济发展、政策保障、社会支持等方面相比第一、二类地区有一定的优势。

第四类勉强空间区间的省区市特点是电力可持续转型效率-潜力空间最小,其经济发展水平高、能源消费量大、环保约束和政策支持强,新能源发展迅速,电力可持续转型已取得一定的成就,然而目前进入了发展停滞的瓶颈时期。作为包含省区市最多的一类，尽管进行电力可持续转型的潜力空间优势较弱，阻力较大，但却是一个最大的市场，因此要循序渐进，实现渐进式电力可持续转型与升级。

第四节　能源转型效率与潜力的主要结论及政策建议

一、主要结论

由于电力可持续转型涉及能源安全（期望产出）和环境污染（非期望产出）等问题，本章利用非期望产出动态 DEA 模型（即动态 DEA 模型与 SBM 模型的结合）与熵权法-TOPSIS 模型，采集并整理中国 31 个省区市结构性要素指标（投入-产出类指标）和跨期活动变量指标（政策性指标）的转型期数据，对中国电力可持续转型的效率、潜力及效率-潜力空间进行测算、排序与优化，进一步分析了各省区市电力可持续转型的影响要素。针对转型效率、潜力及效率-潜力空间的测算，一方面用于回答电力可持续转型的状态应该是什么，另一方面用于回答中国电力可持续转型的理性预期是什么。根据实证分析结果，得到如下结论。

第一，目前中国整体的电力转型仍处于较为缓慢的量变阶段，而其质变拐点仍未可期。首先，中国省际的转型严重失衡。从量变的角度看，电力可持续转型相对缓慢，效率的改进量、潜力的可能性及效率-潜力空间的规模均无法达到高质量发展预期，转型过程从政策依赖向市场导向过渡的战线过长，能源、资本及技术等投入-产出类经济性指标仍存在配置失衡，支持保障性的政策激励等跨期活动变量指标仍为主要的驱动力，导致量变的进程一直处于延迟和低效的状态。其次，目前各省均未体现质变特征。就测算结果而言，目前各省区市的能源安全问题有所缓解但环境保护问题依然严峻，前期的电力转型未能有序协同地在能源-环境领域产生溢出效益，导致电力领域在时间、空间及种类等维度上的优化效果并未完全达到帕累托最优，质变的拐点并未在任何区域内得以体现。再次，省际的效率-潜力空间缺乏对标参考。整体而言，效率-潜力空间存在差异，中国各省区市的电力可持续转型效率与潜力并未呈现明显的逆向分布，且整体转型效率较低、局部转型潜力有待开发，因此虽可排序，但短期内无法树立转型标杆以供其他省份借鉴参考。最后，省区市内的效率-潜力空间存在常和博弈。个体而言，各省区市电力可持续转型效率-潜力空间的规模化演进受到制约，导致转型效率与潜力呈现此消彼长的态势，即经济发展水平较高、能源消费量较大、环保约束和政策支持较强的区域推进电力可持续转型的效率较大但潜力较小，而大多数欠发达地区，虽然资源禀赋丰富，但能源生产、消费量仍然较小，其电力可持续转型的效率相对较小但潜力相对较大。

第二，从转型效率的时空二维动态差异视角分析，中国电力可持续转型在省际仍存在着较为明显的不平衡不充分现象。全局而言，影响中国各省区市电力可持续转型效率的最主要因素为制度性因素与经济性因素，且区域经济成为保障全局电力可持续转型效率显著的重要基础。局部而言，转型效率并未形成区域范围有效联动（如虽然长三角区域的转型效率普遍较高，但京津冀地区的转型效率参差不齐），经济发达的东南沿海地区的平均转型效率普遍较高，而经济欠发达的中部及偏远地区的电力可持续转型效率的平均水平相对较低。产生局部失衡的主要原因就在于各省区市的能源要素并未呈现出较为优质的资源配置效果，东部地区虽然不是资源富集地区，但其能源要素配置效率较高，而西部地区虽有资源禀赋优势，但其能源要素配置效率相对较低，且各省区市间能源要素配置效率差异明显。此外，由转型效率的三类指标分析结果不难发现：首先，随着新能源与可再生能源的保障政策陆续出台、以市场为导向的电力体制改革持续推进及能源生产与消费结构的稳定调整，平均要素效率指数的测度结果充分证明了中国电力综合效率指数逐渐呈现平稳下降的趋势。其次，由于近年来新增装机容量仍在平稳中保持较缓慢的上升趋势，技术支持效率改进量整体呈现先降后升，且逐渐趋向平缓的演进势态。最后，污染物排放效率指数略微降低，但仍保持在一个较高的污染物排放空间水平，各省区市面临的环境保护问题不容小觑。

第三，从转型潜力的多维度测评视角分析，现行的诸多投入-产出类诱因与政策性诱因，既是转型潜力存在的保障，又是转型潜力发展的限制。一方面，在各省区市改进后的潜力评估矩阵中，政府支持力度、技术投入及资本投入等指标对各省区市电力可持续转型潜力的影响最为显著；现阶段中国电力可持续转型仍是由市场+政策的工具组合从根本上进行支持和保障。另一方面，在投入-产出类诱因与政策性诱因既定的前提下，阶段性的转型预期也将相对固定，造成效率-潜力空间的规模可拓展性受到限制，导致转型潜力无法实现动态演进；转型潜力的深入挖掘有赖于不同工具组合的协同作用，其受限的主要原因是目前尚未形成制度层面的长效机制，短期政策组合的目标很难统一。在目前的转型阶段，仅侧重于政策支持力度、技术投入因素、资本投入因素及电力综合投入因素而脱离了区域经济发展质量及区域污染物排放问题的电力转型，只会加重无序失调的转型困局（如早期出现的"跑马圈地"现象等），且无法在预期范围内实现可持续的电力高质量发展。因此，当且仅当以市场为导向的电力体制改革真正发挥其制度优势时，才能实现电力可持续转型潜力的规模扩大及方向多元，唯其如此，体现自组织、自调节和自适应的电力可持续转型才能真正符合质变要求。

二、政策建议

在全面建成小康社会、实现第一个百年奋斗目标之际,构建清洁、低碳、安全、高效现代能源体系成为中国电力持续发展的强大动力源泉。但是中国各省区市的电力可持续转型效率与潜力存在较大差异,在推进统筹兼顾的同时,应避免一刀切的机制构建;结合研究成果,本章提出以下政策建议。

一是以制度创新和技术创新为重要驱动力,通过转型效率提升,阶段性促进各省区市在投入-产出过程中实现可持续的电力转型高质量发展。二是部分省区市的转型效率在个别年份存在较大的跳动性,因此提高电力供给结构对能源需求变化的适应性和灵活性,将有利于加强电力可持续转型战略实施的连贯性。三是转型效率较高、电力供需市场规模较大的省区市,要继续落实协同的发展策略,实现渐进式电力可持续转型;资源禀赋较丰富、转型效率较低的省区市可以有序加大投资开发力度,实现促进式电力可持续转型。四是根据各区域实际条件,制定有针对性的减排政策,削减重污染、碳密集型行业的过剩产能,重视能效,以市场为导向,逐步完善更清洁、更高效的电力系统。同时必须指出,本章的研究也存在一定的局限:所筛选的转型影响指标均为驱动型变量;根据控制变量法,虽然可从供给侧方面对电力可持续转型效率与潜力做出规范的分析和解释,但在不考虑需求侧拉动型变量的情况,对于效率-潜力空间测算的全面性解释方面做出了较大的牺牲。未来针对转型效率与潜力的研究,应同时考虑供给侧驱动型变量和需求侧拉动型变量,更系统、更动态、更立体地阐述中国电力可持续转型的效率-潜力空间。

第五节 本章小结

高质量发展不但为中国电力体制改革提出了新要求,而且为中国电力转型指明了新方向。聚焦电力可持续转型领域,考虑能源安全(期望产出)和环境污染(非期望产出)问题,利用坏产出动态 DEA 模型与熵权法-TOPSIS 模型,采集并整理 2009~2018 年省级结构性要素指标(投入-产出类指标)和跨期活动变量指标(政策性指标)的转型期数据,对中国电力可持续转型的效率、潜力及效率-潜力空间进行测算、排序与优化。结果表明:①中国电力转型仍处于发展较为缓慢的量变阶段,而转型的质变拐点仍未可期;②就转型效率而言,电力可持续转型在省际仍存在着较为明显的不平衡不充分现象;③就转型潜力而言,现行的诸多诱因既提供了转型潜力的存在保障,又成为转型潜力的发展限制。

参 考 文 献

艾明晔，刘桂希，孙薇. 2017. 中国石化行业能耗为何持续增加?——回弹效应及要素替代视角[J]. 北京理工大学学报（社会科学版），19（5）：1-9.

白玫. 2019. 中国电力工业高质量发展：目标、机遇挑战与实现路径——壮丽70年新中国电力工业再出发[J]. 价格理论与实践，（7）：4-9，162.

白雪洁，汪海凤，闫文凯. 2014. 资源衰退、科教支持与城市转型——基于坏产出动态SBM模型的资源型城市转型效率研究[J]. 中国工业经济，（11）：30-43.

卞亦文，许皓. 2013. 基于虚拟包络面和TOPSIS的DEA排序方法[J]. 系统工程理论与实践，33（2）：482-488.

曹莉萍，周冯琦. 2017. 能源革命背景下中国能源系统转型的挑战与对策研究[J]. 中国环境管理，9（5）：84-89.

常俸瑞，曾子豪. 2018. 供给侧改革下能源产业结构转型路径研究[J]. 煤炭经济研究，38（12）：12-16.

车亮亮，武春友. 2015. 我国能源绿色转型对策研究[J]. 大连理工大学学报（社会科学版），36（2）：41-46.

陈航. 2015. 新常态下我国新能源产业发展情况浅析[J]. 中国统计，（9）：55-56.

陈升，王京雷，谭亮. 2019. 基于三阶段DEA的我国创新型产业集群投入产出效率研究[J]. 经济问题探索，（9）：148-157.

陈诗一. 2012. 中国各地区低碳经济转型进程评估[J]. 经济研究，（8）：32-44.

陈诗一，林伯强. 2019. 中国能源环境与气候变化经济学研究现状及展望——首届中国能源环境与气候变化经济学者论坛综述[J]. 经济研究，54（7）：203-208.

陈思，马野青，翁润. 2018. 中国能源资源行业对外直接投资的价值链环节选择[J]. 产业经济研究，（1）：115-126.

陈阳. 2015. 基于双重特征的中国装备制造业发展水平实证研究[D]. 辽宁大学硕士学位论文.

陈雨果，张轩，张兰，等. 2020. 南方（以广东起步）电力容量市场机制设计探讨[J]. 广东电力，33（2）：45-53.

邓向荣，曹红. 2016. 产业升级路径选择：遵循抑或偏离比较优势——基于产品空间结构的实证分析[J]. 中国工业经济,（2）: 52-67.

电力规划设计总院. 2019. 中国能源发展报告 2018[M]. 北京：中国电力出版社.

丁莹莹，李铮. 2019. 产业转型升级与劳动力就业的关系研究——基于系统动力学建模与仿真[J]. 技术经济与管理研究,（8）: 13-20.

丁仲礼. 2019-12-24. 全国人民代表大会常务委员会执法检查组关于检查《中华人民共和国可再生能源法》实施情况的报告 [EB/OL]. http://www.npc.gov.cn/npc/c30834/201912/2b7568de01944c33b9326c325dcd498f.shtml.

杜涛，冉伦，李金林，等. 2017. 基于效率的组织多属性决策及实证研究：DEA-TOPSIS 组合方法[J]. 中国管理科学, 25（7）: 153-162.

范林凯，吴万宗，余典范，等. 2019. 中国工业产能利用率的测度、比较及动态演化——基于企业层面数据的经验研究[J]. 管理世界, 35（8）: 84-96.

范英，朱磊，刘明磊，等. 2014. 低碳发展管理发展研究[C]. 中国科学技术协会，中国优选法统筹法与经济数学研究会，中国管理现代化研究会. 2012~2013 管理科学与工程学科发展报告. 北京：中国科学技术出版社：101-120.

方大春，马为彪. 2019. 中国区域创新与产业结构耦合协同度及其经济效应研究[J]. 当代经济管理, 41（7）: 50-58.

冯烽. 2018. 能效改善与能源节约：助力还是阻力——基于中国 20 个行业能源回弹效应的分析[J]. 数量经济技术经济研究, 35（2）: 82-98.

冯科，曾德明. 2016. 技术标准的路径依赖和路径突破：产业创新网络结构嵌入性的 TES 作用机制[J]. 系统工程, 34（11）: 73-80.

冯永晟. 2016. 理解中国电力体制改革：市场化与制度背景[J]. 财经智库, 1(5): 22-50, 141-142.

傅京燕，原宗琳. 2017. 中国电力行业协同减排的效应评价与扩张机制分析[J]. 中国工业经济,（2）: 43-59.

龚国军. 2018. 现货市场加速服务变革[J].中国电力企业管理,（27）: 1.

郭莉，吴晨，陈立，等. 2020. 可再生能源跨区消纳的受端电网阻塞机理分析[J]. 电力建设, 41（2）: 21-29.

郭丕斌，李繁荣，吕文栋，等. 2019. 社会-技术变迁驱动能源转型研究框架与述评[J]. 科技进步与对策, 36（10）: 153-160.

郭扬，李金叶. 2018. 我国新能源对化石能源的替代效应研究[J]. 可再生能源, 36(5): 762-770.

国网能源研究院有限公司. 2019. 2019 中国新能源发电分析报告[M]. 北京：中国电力出版社.

国网能源院. 2020. 中国能源电力发展展望 2020[R]. 国网能源研究院有限公司.

韩建国. 2016. 能源结构调整"软着陆"的路径探析——发展煤炭清洁利用、破解能源困局、践行能源革命[J]. 管理世界,（2）: 3-7.

韩文科，张有生，苏铭. 2015. 能源发展新常态与"十三五"能源转型[C]. 2015 第四届国际清洁能源论坛.

郝宇，张宗勇，廖华. 2016. 中国能源"新常态"："十三五"及2030年能源经济展望[J]. 北京理工大学学报（社会科学版），18（2）：1-7.

贺玲，崔琦，陈浩，等. 2019. 基于CGE模型的中国煤炭产能政策优化[J]. 资源科学，41（6）：1024-1034.

侯孚睿，王秀丽，锁涛，等. 2015. 英国电力容量市场设计及对中国电力市场改革的启示[J]. 电力系统自动化，39（24）：1-7.

胡秋阳. 2014. 回弹效应与能源效率政策的重点产业选择[J]. 经济研究，49（2）：128-140.

胡小渝. 2019. 重庆市能源消费与经济增长的协整分析[J]. 重庆理工大学学报（自然科学），33（9）：196-203.

姜克隽. 2016-06-13. 能源转型要"革谁的命"[EB/OL]. http://news.sciencenet.cn/htmlnews/2016/6/348423.shtm.

蒋石梅，张爱国，孟宪礼，等. 2012. 产业集群产学研协同创新机制——基于保定市新能源及输变电产业集群的案例研究[J]. 科学学研究，30（2）：207-212.

金碚. 2011. 中国工业的转型升级[J]. 中国工业经济，（7）：5-14，25.

金碚. 2014. 工业的使命和价值——中国产业转型升级的理论逻辑[J]. 中国工业经济，（9）：51-64.

金碚. 2019.《中国现代能源监管体系与监管政策研究》评介[J]. 中国工业经济，（1）：194.

金乐琴. 2016. 能源结构转型的目标与路径：美国、德国的比较及启示[J]. 经济问题探索，（2）：166-172.

康重庆，姚良忠. 2017. 高比例可再生能源电力系统的关键科学问题与理论研究框架[J]. 电力系统自动化，41（9）：2-11.

郎丽华，周明生. 2014. 经济增速换档期的体制改革与发展转型——第八届中国经济增长与周期论坛综述[J]. 经济研究，49（10）：179-183.

黎江峰，吴巧生，汪金伟. 2017. 能源安全视角下我国页岩气产业绿色发展路径与保障政策[J]. 管理世界，（8）：176-177.

李广泳，武普照. 2015. 节能环保技术R&D投资的"挤出效应"研究——兼论中国的碳排放[J]. 科学管理研究，33（1）：5-8.

李俊峰，柴麒敏. 2016. 论我国能源转型的关键问题及政策建议[J]. 环境保护，44（9）：16-21.

李俊江，王宁. 2019. 中国能源转型及路径选择[J]. 行政管理改革，5（5）：65-73.

李兰冰. 2015. 中国能源绩效的动态演化、地区差距与成因识别——基于一种新型全要素能源生产率变动指标[J]. 管理世界，（11）：40-52.

李鹏，黄龙，陈皓勇，等. 2019. 日本电力市场建设对我国的启示[J]. 南方电网技术，13（9）：67-74.

李晓辉. 2013. 发展方式转变、能源体制改革与能源法的转型[J]. 经济法研究，12（00）：229-256.

李影，李子联. 2019. 能源资源的稀缺性与动态特征研究——基于1978-2017年煤炭价格指数的实证[J]. 价格理论与实践,（5）: 2-75.

李勇, 梁琳. 2015. 新常态下的新能源产业转型升级研究[J]. 科学管理研究, 33（3）: 56-59.

廖华, 唐鑫, 魏一鸣. 2015. 能源贫困研究现状与展望[J]. 中国软科学,（8）: 58-71.

林伯强, 李江龙. 2014. 基于随机动态递归的中国可再生能源政策量化评价[J]. 经济研究, 49（4）: 89-103.

林伯强, 孙传旺, 姚昕. 2017. 中国经济变革与能源和环境政策——首届中国能源与环境经济学者论坛综述[J]. 经济研究, 52（9）: 198-203.

林伯强, 姚昕. 2009. 电力布局优化与能源综合运输体系[J]. 经济研究, 44（6）: 105-115.

林芳萍. 2016. 我国新能源市场准入制度的法律问题研究[D]. 江西理工大学硕士学位论文.

凌芸, 王婕, 孟凡达. 2017. 能源财税政策助力能源转型的政策建议[J]. 经济研究参考,（66）: 26-27.

刘敦楠. 2017. 电力市场、碳排放权市场和绿色证书市场的协调发展[J]. 电器工业,（7）: 44-46.

刘光才, 赖汪湾. 2016. 中国民航运输生产要素贡献率的实证研究——基于CES生产函数模型[J]. 管理现代化, 36（4）: 29-32.

刘海燕, 张建国. 2009. 单位产值能耗下降率的计算与分析[J]. 节能与环保,（5）: 14-17.

刘建, 方荷琴. 2019. 双边政治关系与我国石油进口安全——基于PPML模型的经验分析[J]. 当代财经,（12）: 108-118.

刘平阔, 彭欢, 骆赛. 2019a. 中国能源转型驱动力的结构性特征研究[J]. 中国人口·资源与环境, 29（12）: 45-56.

刘平阔, 孙飞虎, 谢品杰. 2019b. 基于电源结构与城市化水平的电力产业有序发展研究[J]. 智慧电力, 47（10）: 63-69.

刘平阔, 王绵斌, 陈斌. 2018. 中国发电产业发展有序性：基于省际布局和产业组织的实证研究[J]. 系统工程理论与实践, 38（6）: 1445-1464.

刘平阔, 王志伟. 2019. 中国"能源转型"是否合理？——能源替代-互补关系的实证研究[J]. 中国软科学,（8）: 14-30.

刘守英, 杨继东. 2019. 中国产业升级的演进与政策选择——基于产品空间的视角[J]. 管理世界, 35（6）: 81-94, 194-195.

刘晓静, 李春艳, 陈艺毛, 等. 2017. 东北地区产业升级路径依赖研究——基于比较优势演化视角[J]. 经济问题,（11）: 11-19.

刘艳军, 刘静, 何翠, 等. 2013. 中国区域开发强度与资源环境水平的有序关系演化[J]. 地理研究, 32（3）: 507-517.

罗金龙. 2018. "一带一路"下中国对外直接投资推动产业升级的行业研究[D]. 南京财经大学硕士学位论文.

吕波, 齐美茹, 谷巧玲. 2021. 微观组织创新网络密度演化对创新绩效影响机理研究——基于MRQAP模型[J]. 科技管理研究, 41（13）: 8-16.

吕蕊, 石培基. 2016. 基于自组织的河西走廊新能源产业集群成长演化[J]. 科技进步与对策, 33 (19): 41-46.

吕涛, 潘丽. 2017. 中国新能源上市公司成长性评价研究[J]. 工业技术经济, 36 (2): 118-125.

吕涛, 王春玲, 王飞. 2015. 社会-技术系统转型理论及其在能源系统转型中的应用[J]. 中国科技论坛, (10): 109-114.

吕政. 2012.《中国战略性新兴产业发展研究》评介[J]. 经济学动态, (4): 160.

马辉, 刘文涛, 陈晔, 等. 2019. 适应我国国情的电力市场机制设计与体系架构[J]. 电气时代, (5): 78-81.

马丽梅, 史丹, 裴庆冰. 2018a. 国家能源低碳转型与可再生能源发展: 限制因素、供给特征与成本竞争力比较[J]. 经济社会体制比较, (5): 70-79.

马丽梅, 史丹, 裴庆冰. 2018b. 中国能源低碳转型(2015—2050): 可再生能源发展与可行路径[J]. 中国人口·资源与环境, 28 (2): 8-18.

马千里, 李倩. 2019. 新能源、传统能源与中国经济增长关系的实证研究[J]. 资源与产业, 21 (2): 85-94.

马小早, 刘李华, 孙亚政. 2014. 市场化程度、地方保护主义与R&D的溢出效应——来自中国工业的经验证据[J]. 管理世界, (8): 78-89.

孟望生. 2019. 经济增长方式转变与能源消费强度差异的收敛性——基于中国2001—2016年省级面板数据[J]. 资源科学, 41 (7): 1295-1305.

倪维斗. 2018. 改善煤电运行成本 促进新能源发电市场化[J]. 电力设备管理, 24 (9): 5.

牛志伟, 邹昭晞. 2020. 比较优势动态转换与产业升级——基于中国制造业发展指标的国际比较[J]. 改革, 312 (2): 71-88.

潘苏楠, 李北伟, 聂洪光. 2019. 中国经济低碳转型可持续发展综合评价及障碍因素分析[J]. 经济问题探索, (6): 165-173.

钱颜文, 顾元勋. 2019. 产业升级元区域模型及演进路径研究——基于时空经济视角[J]. 宏观经济研究, (11): 74-81.

任梦祎. 2019. 电力期货市场对火电企业的影响[J]. 中国电力企业管理, (10): 78-79.

沈琼, 王少朋. 2019. 技术创新、制度创新与中部地区产业转型升级效率分析[J]. 中国软科学, (4): 176-183.

盛春红. 2019. 能源转型的制度创新——德国经验与启示[J]. 科技管理研究, 39 (18): 25-31.

史丹. 2016. 加快能源转型应采取的政策措施[J]. 经济研究参考, (71): 32.

史丹. 2017a. 推进中国能源转型的供给侧措施[J]. China Economist, 12 (1): 80-97.

史丹. 2017b. 能源转型与低碳工业化道路[J]. 理论视野, (11): 29-32, 54.

史丹, 王蕾. 2015. 能源革命及其对经济发展的作用[J]. 产业经济研究, 74 (1): 1-8.

史连军, 周琳, 庞博, 等. 2017. 中国促进清洁能源消纳的市场机制设计思路[J]. 电力系统自动化, 41 (24): 83-89.

舒印彪, 薛禹胜, 蔡斌, 等. 2018. 关于能源转型分析的评述（一）转型要素及研究范式[J]. 电力系统自动化, 42（9）: 1-15.

宋辉, 黄波, 袁征. 2019. 基于 LMDI 的中国行业节能机制研究[J]. 软科学, 33（7）: 106-110.

苏敬勤, 张雁鸣, 林菁菁. 2018. 文化双融视角下中国本土企业管理创新机制——华立集团的案例研究[J]. 经济管理, 40（1）: 56-70.

隋建利, 米秋吉, 刘金全. 2017. 异质性能源消费与经济增长的非线性动态驱动机制[J]. 数量经济技术经济研究, 34（11）: 24-43.

孙莉莉. 2018. 关于发电能源成本研究——基于生命周期评价理论的分析[J]. 价格理论与实践, 407（5）: 1-154.

孙肖阳. 2017. 中国能源转型及政策研究[D]. 中国石油大学（北京）博士学位论文.

孙晓华, 郑辉. 2019. 资源型地区经济转型模式: 国际比较及借鉴[J]. 经济学家,（11）: 104-112.

孙元章, 鲍益, 徐箭, 等. 2017. 含高比重可再生能源电力系统功率波动性平抑策略的探讨[J]. 科学通报, 62（10）: 1071-1081.

谭忠富, 刘平阔. 2015. 中国煤电能源供应链风险关系及风险评价测度研究[J]. 工业技术经济, 34（1）: 132-144.

唐葆君, 钱星月. 2016. 欧盟碳市场风险度量分析研究基于极值理论[J]. 中国能源, 38(4):40-43.

唐金平. 2017. 绿色电力证书交易对新能源发电企业经营发展的影响[J]. 太阳能,（5）: 16-18, 22.

唐晓华, 张欣钰, 李阳. 2018. 中国制造业与生产性服务业动态协调发展实证研究[J]. 经济研究, 53（3）: 79-93.

田丹宇, 刘长松. 2017. 能源转型政策的国际经验及国内挑战[J]. 中国经贸导刊(理论版),（20）: 36-37, 43.

汪宁渤, 马明, 强同波, 等. 2018. 高比例新能源电力系统的发展机遇、挑战及对策[J]. 中国电力, 51（1）: 29-35, 50.

王斌, 王文平, 陈黎明. 2016. 区域产业排污竞争网络的实证研究——以江苏省国有控股企业为例[J]. 系统工程, 34（2）: 57-63.

王丰. 2019. 中国电力行业规制改革历程[J]. 中国集体经济,（23）: 57-58.

王欢芳, 张幸, 宾厚, 等. 2018. 战略性新兴产业的集聚测度及结构优化研究——以新能源产业为例[J]. 经济问题探索, 435（10）: 179-190.

王江, 张翔. 2020. 可持续能源转型: 模型构建及分析[J]. 中国人口·资源与环境, 30（3）: 74-82.

王君安, 颜永才, 易艳春, 等. 2017. 多层次视角下我国能源发展转型历程、困境与对策[J]. 宏观经济管理,（11）: 81-88.

王伟, 孙雷. 2016. 区域创新系统与产业转型耦合协调度分析——以铜陵市为例[J]. 地理科学, 36（2）: 204-212.

王小琴, 余敬. 2016. 能源安全测度的新维度:能源多样性[J]. 国土资源科技管理, 33(1): 24-30.

王鑫, 洪周真言, 庞靖宇, 等. 2019. 新加坡电力期货市场的形成与发展[J]. 浙江电力, 38 (9): 22-26.

王毅, 丁正山, 余茂军, 等. 2015. 基于耦合模型的现代服务业与城市化协调关系量化分析——以江苏省常熟市为例[J]. 地理研究, 34 (1): 97-108.

王仲颖. 2018. 推进能源生产和消费革命构建清洁低碳、安全高效的能源体系[J]. 中国经贸导刊, (7): 24-25.

魏龙, 王磊. 2017. 全球价值链体系下中国制造业转型升级分析[J]. 数量经济技术经济研究, 34 (6): 71-86.

吴大进, 曹力, 陈立华. 1990. 协同学原理和应用[M]. 武汉: 华中理工大学出版社.

吴静, 昌力, 曹斌. 2019. 可再生能源跨省区现货交易技术支持系统设计与实现[J]. 山东电力技术, 46 (3): 13-18.

吴力波. 2016. 新常态下上海市绿色转型发展路径与2015~2030情景研究[J]. 上海节能, (3): 117-125.

吴霞. 2017. 新能源产业与区域经济可持续发展的协同度评价——基于中国30个省域数据的实证分析[J]. 特区经济, (4): 58-62.

吴艳, 贺正楚, 郑晶晶, 等. 2019. 产能利用率影响产业升级的传导途径: 技术创新的视角[J]. 科学决策, 259 (2): 47-71.

习近平. 2020a-09-23. 在第七十五届联合国大会一般性辩论上的讲话. 解放日报.

习近平. 2020b-12-12. 继往开来, 开启全球应对气候变化新征程——在气候雄心峰会上的讲话. http://www.xinhuanet.com/politics/leaders/2020-12/12/c_1126853600.htm.

谢旭轩, 任东明, 赵勇强. 2014. 推动我国能源革命体制机制改革研究[J]. 中国能源, 36 (4): 16-19, 44.

谢志明, 晏奎, 周乐明, 等. 2017. 经济增长、能源转型与CO_2排放的长期均衡——基于省级面板数据的实证分析[J]. 财经理论与实践, 38 (6): 113-118.

徐斌, 陈宇芳, 沈小波. 2019. 清洁能源发展、二氧化碳减排与区域经济增长[J]. 经济研究, 54 (7): 188-202.

徐乐, 赵领娣. 2019. 重点产业政策的新能源技术创新效应研究[J]. 资源科学, 41 (1): 113-131.

徐茜. 2020. 开放式创新下科技人才流动的知识与社会路径[J]. 科学学研究, 38 (8): 1397-1407.

徐晓亮, 许学芬. 2020. 能源补贴改革对资源效率和环境污染治理影响研究——基于动态CGE模型的分析[J]. 中国管理科学, 28 (5): 221-230.

徐祎. 2017. 新能源消费与我国经济增长关系的实证研究[J]. 经济纵横, (5): 69-74.

薛奕曦, 毕晓航, 尤建新, 等. 2016. 荷兰能源低碳转型管理及启示[J]. 中国软科学, (7): 56-65.

闫晶, 韩洁平, 陈军明. 2015. 协同动力视角下新能源产业成长机制研究[J]. 科技管理研究, 35 (1): 117-121.

闫庆友, 桂增侃, 张文华, 等. 2020. 中国能源影子价格和能源环境效率省际差异[J]. 资源科学,

42（6）：1040-1051.

杨宁. 2015. 关于深化中国电力体制改革的几点思考[J]. 企业改革与管理,（23）：194, 196.

杨卫东, 庞昌伟. 2018. 中国能源政策目标及协调战略分析[J]. 人民论坛·学术前沿,（5）：62-66.

殷桂梁, 张雪, 操丹丹, 等. 2015. 考虑风电和光伏发电影响的电力系统最优旋转备用容量确定[J]. 电网技术, 39（12）：3497-3504.

余皎. 2018. 能源转型大势下的中国路径[J]. 中国环境监察,（12）：24-26.

俞萍萍. 2018. 绿色证书交易机制下可再生能源发电定价研究——期权博弈模型及数值模拟[J]. 价格理论与实践,（11）：38-41.

袁航, 朱承亮. 2019. 创新属性、制度质量与中国产业结构转型升级[J]. 科学学研究, 37（10）：1881-1891, 1901.

云小鹏. 2019. 基于 CGE 模型的能源与环境财税政策协同影响效应研究[J]. 经济问题,（7）：37-44.

张波, 温旭新. 2018. 我国工业绿色低碳发展水平的省际测度及比较[J]. 经济问题,（5）：68-74.

张丹宁, 陈阳. 2014. 中国装备制造业发展水平及模式研究[J]. 数量经济技术经济研究, 31（7）：99-114.

张海龙. 2014. 中国新能源发展研究[D]. 吉林大学博士学位论文.

张建清, 程琴. 2020. 长江经济带产业结构升级对能源效率的影响研究——基于2001~2017年数据[J]. 工业技术经济, 39（1）：129-135.

张抗, 焦扬. 2018. 从能源时代更替和"气荒"看我国能源构成多元化和因地因时制宜的战略思维[J]. 中外能源, 23（6）：1-19.

张粒子, 唐成鹏. 2016. 英国容量市场模式在中国的适用性分析[J]. 电力建设, 37（3）：124-128.

张生玲, 王诺. 2018. 能源转型与未来中国能源投资[J]. 中国经济报告,（3）：69-71.

张伟, 朱启贵, 高辉. 2016. 产业结构升级、能源结构优化与产业体系低碳化发展[J]. 经济研究, 51（12）：62-75.

张文彬, 胡健, 马艺鸣. 2019. 能源化工产业高级化与经济增长——兼论能源化工产业最优匹配[J]. 统计研究, 36（4）：17-28.

张言方, 聂锐, 刘平, 等. 2016. 基于 SD 模型的我国煤炭产能过剩调控机制研究[J]. 统计与决策,（2）：138-142.

张颖, 张婷. 2020. 创新产出影响因素的区域差异性比较研究——来自新能源产业的经验数据[J]. 工业技术经济, 39（7）：144-151.

张友国, 郑世林, 周黎安, 等. 2015. 征税标准与碳关税对中国经济和碳排放的潜在影响[J]. 世界经济, 38（2）：167-192.

赵黛青, 蔡国田, 廖翠萍, 等. 2019. 中国区域能源转型与低碳发展战略及政策研究[J]. 新能源进展, 7（2）：190-198.

赵天宇. 2016. 新能源行业过度投资现象及治理建议[J]. 企业改革与管理,（16）: 173.

郑新业, 吴悠. 2018. 促进能源体系绿色发展的价格机制创新[J]. 价格理论与实践,（4）: 12-16.

周大地. 2016. 能源不尽快转型将被世界潮流抛弃[J]. 中国石油企业,（8）: 24-25.

周磊, 李楠, 刘飞, 等. 2019. 省级电力系统全清洁能源供电潜力评估[J]. 电力需求侧管理, 21（5）: 41-45.

周侠. 2018. 电力市场省际壁垒的形成机制研究[D]. 浙江财经大学硕士学位论文.

周孝信. 2017-12-14. 能源转型中我国电力系统的发展前景[EB/OL]. http://power.in-en.com/html/power-2284950.shtml.

周孝信, 陈树勇, 鲁宗相, 等. 2018. 能源转型中我国新一代电力系统的技术特征[J]. 中国电机工程学报, 38（7）: 1893-1904, 2205.

周琰, 张俊峰, 张安录, 等. 2017. 建设用地对经济增长贡献的区域差异及差别化管控——以武汉城市圈为例[J]. 农业现代化研究, 38（1）: 74-80.

朱敏. 2019-06-21. 碳交易市场对推进能源结构调整意义巨大[N]. 中国经济时报（005）.

Agyekum E B, Amjad F, Mohsin M, et al. 2021. A bird's eye view of Ghana's renewable energy sector environment: a multi-criteria decision-making approach[J]. Utilities Policy, 70: 101219.

Alola A A, Joshua U. 2020. Carbon emission effect of energy transition and globalization: inference from the low-, lower middle-, upper middle-, and high-income economies[J]. Environmental Science and Pollution Research, 27（30）: 38276-38286.

Alvial-Palavicino C, Ureta S. 2017. Economizing justice: turning equity claims into lower energy tariffs in Chile[J]. Energy Policy, 105: 642-647.

Amri F. 2019. Renewable and non-renewable categories of energy consumption and trade: do the development degree and the industrialization degree matter?[J]. Energy, 173: 374-383.

Amusat O O, Shearing P R, Fraga E S. 2016. Optimal integrated energy systems design incorporating variable renewable energy sources[J]. Computers & Chemical Engineering, 95: 21-37.

Andrews-Speed P. 2016. Applying institutional theory to the low-carbon energy transition[J]. Energy Research & Social Science, 13（3）: 216-225.

Aplak H S, Sogut M Z. 2013. Game theory approach in decisional process of energy management for industrial sector[J]. Energy Conversion & Management, 74（10）: 70-80.

Balassa B. 1977. "Revealed" comparative advantage revisited: an analysis of relative export shares of the industrial countries, 1953-1971[J]. The Manchester School, 45（4）: 327-344.

Bale C S E, Varga L, Foxon T J. 2015. Energy and complexity: new ways forward[J]. Applied Energy, 138: 150-159.

Baležentis T, Štreimikienė D. 2019. Sustainability in the electricity sector through advanced technologies: energy mix transition and smart grid technology in China[J]. Energies, 12（6）: 1-21.

Banacloche S, Herrera I, Lechon Y. 2020. Towards energy transition in Tunisia: sustainability assessment of a hybrid concentrated solar power and biomass plant[J]. Science of the Total Environment, 744: 140729.

Bardram J E. 2000. Temporal coordination: on time and coordination of collaborative activities at a surgical department[J]. Computer Supported Cooperative Work, 9 (2): 157-187.

Bashmakov I. 2009. Russian energy efficiency potential[J]. Problems of Economic Transition, 52 (1): 54-75.

Bayulgen O. 2020. Localizing the energy transition: town-level political and socio-economic drivers of clean energy in the United States[J]. Energy Research & Social Science, 62: 101376.

Begzjav T K, Eleuch H. 2020. Magnus expansion applied to a dissipative driven two-level system[J]. Results in Physics, 17: 103098.

Bell S. 2020. The renewable energy transition energy path divergence, increasing returns and mutually reinforcing leads in the state-market symbiosis[J]. New Political Economy, 25 (1): 57-71.

Bersano A, Segantin S, Falcone N, et al. 2020. Evaluation of a potential reintroduction of nuclear energy in Italy to accelerate the energy transition[J]. The Electricity Journal, 33 (7): 106813.

Bhringer C, Cantner U, Costard J, et al. 2020. Innovation for the German energy transition- insights from an expert survey[J]. Energy Policy, 144: 111611.

Binder C R, Mühlemeier S, Wyss R. 2017. An indicator-based approach for analyzing the resilience of transitions for energy regions. Part I: theoretical and conceptual considerations[J]. Energies, 36 (10): 1-18.

Biresselioglu M E, Demir M H, Kaplan M D, et al. 2020. Individuals, collectives, and energy transition: analysing the motivators and barriers of European decarbonisation[J]. Energy Research & Social Science, 66: 101493.

Blumberga A, Bazbauers G, Davidsen P I, et al. 2018. System dynamics model of a biotechonomy[J]. Journal of Cleaner Production, 172: 4018-4032.

Bolwig S, Bolkesjø T F, Klitkou A, et al. 2020. Climate-friendly but socially rejected energy-transition pathways: the integration of techno-economic and socio-technical approaches in the Nordic-Baltic region[J]. Energy Research & Social Science, 67: 101559.

Brown D P. 2018. Capacity payment mechanisms and investment incentives in restructured electricity markets[J]. Energy Economics, 74: 131-142.

Bunin G. 2017. Ecological communities with Lotka-Volterra dynamics[J]. Physical Review E, 95 (4-1): 042414.

Camarinha-Matos L M. 2016. Collaborative smart grids—a survey on trends[J]. Renewable and Sustainable Energy Reviews, 65 (11): 283-294.

Carley S, Konisky D M. 2020. The justice and equity implications of the clean energy transition[J]. Nature Energy, 5（8）: 569-577.

Carvalho D B, Guardia E C, Lima J W M. 2019. Technical-economic analysis of the insertion of PV power into a wind-solar hybrid system[J]. Solar Energy, 191: 530-539.

Chapman A J, Itaoka K. 2018a. Energy transition to a future low-carbon energy society in Japan's liberalizing electricity market: precedents, policies and factors of successful transition[J]. Renewable and Sustainable Energy Reviews, 81（1）: 2019-2027.

Chapman A J, Itaoka K. 2018b. Curiosity, economic and environmental reasoning: public perceptions of liberalization and renewable energy transition in Japan[J]. Energy Research & Social Science, 37: 102-110.

Chapman A J, Okushima S. 2019. Engendering an inclusive low-carbon energy transition in Japan: considering the perspectives and awareness of the energy poor[J]. Energy Policy, 135: 111017.

Chaudhry S M, Ahmed R, Shafiullah M, et al. 2020. The impact of carbon emissions on country risk: evidence from the G7 economies[J]. Journal of Environmental Management, 265: 110533.

Chen J, Liu Y, Wang L. 2019. Research on coupling coordination development for photovoltaic agriculture system in China[J]. Sustainability, 11（4）: 1065.

Cheng X G, Li N, Mu H L, et al. 2018. Study on total-factor energy efficiency in three provinces of Northeast China based on SBM model[J]. Energy Procedia, 152: 131-136.

Cherniha R, Davydovych V. 2011. Conditional symmetries and exact solutions of the diffusive Lotka-Volterra systems[J]. Mathematical & Computer Modelling, 54（5/6）: 1238-1251.

Cherp A, Vinichenko V, Jewell J, et al. 2018. Integrating techno-economic, socio-technical and political perspectives on national energy transitions: a meta-theoretical framework[J]. Energy Research & Social Science, 37: 175-190.

Christopoulos D K. 2000. The demand for energy in Greek manufacturing[J]. Energy Economics, 22（5）: 569-586.

Ciarreta A, Espinosa M P, Pizarro-Irizar C. 2017. Optimal regulation of renewable energy: a comparison of feed-in Tariffs and tradable green certificates in the Spanish electricity system[J]. Energy Economic, 67: 387-399.

Clausen L T, Rudolph D. 2020. Renewable energy for sustainable rural development: synergies and mismatches[J]. Energy Policy, 138: 111289.

Coester A, Hofkes M W, Papyrakis E. 2018. An optimal mix of conventional power systems in the presence of renewable energy: a new design for the German electricity market[J]. Energy Policy, 116: 312-322.

Cornelia F, Michèle K. 2018. Sustainable energy transformations in an age of populism, post-truth politics, and local resistance[J]. Energy Research & Social Science, 43: 1-7.

de Brauwer C P S, Cohen J J. 2020. Analysing the potential of citizen-financed community renewable energy to drive Europe's low-carbon energy transition[J]. Renewable and Sustainable Energy Reviews, 133（11）: 110300.

de Janvry A, Emerick K, Kelley E, et al. 2019. Endogenous information sharing and the gains from using network information to maximize technology adoption[C]. CEPR Discussion Papers.

de la Esperanza Mata Pérez M, Scholten D, Stegen K S. 2019. The multi-speed energy transition in Europe: opportunities and challenges for EU energy security[J]. Energy Strategy Reviews, 26: 100415.

de Llano-Paz F, Fernandez P M, Soares I. 2016. Addressing 2030 EU policy framework for energy and climate: cost, risk and energy security issues [J]. Energy, 115: 1347-1360.

de Villa Z K, Slijepcevic S. 2019. Assessment of local councillors' attitudes towards energy efficiency projects in Croatia[J]. Journal of Environmental Assessment Policy and Management, 21（4）: 1-24.

Defeuilley C. 2019. Energy transition and the future（s）of the electricity sector[J]. Utilities Policy, 57: 97-105.

del Granado P C, van-Nieuwkoop R H, Kardakos E G, et al. 2018. Modelling the energy transition: a nexus of energy system and economic models[J]. Energy Strategy Reviews, 20: 229-235.

Demetrius L, Legendre S. 2013. Evolutionary entropy predicts the outcome of selection: competition for resources that vary in abundance and diversity[J]. Theoretical Population Biology, 83: 39-54.

dos Santos Carstens D D, da-Cunha S K. 2019. Challenges and opportunities for the growth of solar photovoltaic energy in Brazil[J]. Energy Policy, 125: 396-404.

Drouilles J, Lufkin S, Rey E. 2017. Energy transition potential in peri-urban dwellings: assessment of theoretical scenarios in the Swiss context[J]. Energy & Buildings, 148: 379-390.

Dumas M, Rising J, Urpelainen J. 2016. Political competition and renewable energy transitions over long time horizons: a dynamic approach[J]. Ecological Economics, 124: 175-184.

Edens M G, Lavrijssen S A C M. 2019. Balancing public values during the energy transition—how can German and Dutch DSOs safeguard sustainability?[J]. Energy Policy, 128: 57-65.

Edomah N. 2019. Governing sustainable industrial energy use: energy transitions in Nigeria's manufacturing sector[J]. Journal of Cleaner Production, 210: 620-629.

Egerer J, Schill W P. 2014. Power system transformation toward renewables: investment scenarios for Germany[J]. Economics of Energy & Environmental Policy, 3（2）: 29-44.

Elango B, Dhandapani K. 2020. Does institutional industry context matter to performance? An extension of the institution-based view[J]. Journal of Business Research, 115: 139-148.

EPPEI. 2019. Chinese power system transformation report[R]. China Electric Power Planning and

Engineering Institute, Beijing.

Fadly D. 2019. Low-carbon transition: private sector investment in renewable energy projects in developing countries[J]. World Development, 122: 552-569.

Fan W Y, Hao Y. 2020. An empirical research on the relationship amongst renewable energy consumption, economic growth and foreign direct investment in China[J]. Renewable Energy, 146: 598-609.

Finjord F, Hagspiel V, Lavrutich M, et al. 2018. The impact of Norwegian-Swedish green certificate scheme on investment behavior: a wind energy case study[J]. Energy Policy, 123: 373-389.

Fischer-Kowalski M, Rovenskaya E, Krausmann F, et al. 2019. Energy transitions and social revolutions[J]. Technological Forecasting & Social Change, 138: 69-77.

Forouli A, Doukas H, Nikas A, et al. 2019. Identifying optimal technological portfolios for European power generation towards climate change mitigation: a robust portfolio analysis approach[J]. Utilities Policy, 57 (4): 33-42.

Fouquet R. 2016. Historical energy transitions: speed, prices and system transformation[J]. Energy Research & Social Science, 22: 7-12.

Fragkos P, Paroussos L. 2018. Employment creation in EU related to renewables expansion[J]. Applied Energy, 230 (11): 935-945.

French S. 2017. Revealed comparative advantage: what is it good for?[J]. Journal of International Economics, 106: 83-103.

Frondel M, Sommer S, Vance C. 2015. The burden of Germany's energy transition: an empirical analysis of distributional effects[J]. Economic Analysis & Policy, 45: 89-99.

Garaus C, Koprax I, Guettel W H. 2019. The role of analogy in the implementation of distant alternatives for path-breaking change[J]. Academy of Management Annual Meeting Proceedings, (1): 13332.

Gaspari M, Lorenzoni A, Frías P, et al. 2017. Integrated energy services for the industrial sector: an innovative model for sustainable electricity supply[J]. Utilities Policy, 45: 118-127.

Geels F W, Kern F, Fuchs G, et al. 2016. The enactment of socio-technical transition pathways: a reformulated typology and a comparative multi-level analysis of the German and UK low-carbon electricity transitions (1990-2014) [J]. Research Policy, 45 (4): 896-913.

Geels F W, Schwanen T, Sorrell S, et al. 2018. Reducing energy demand through low carbon innovation: a sociotechnical transitions perspective and thirteen research debates[J]. Energy Research & Social Science, 40: 23-35.

Geels F W, Sovacool B K, Schwanen T, et al. 2017. The socio-technical dynamics of low-carbon transitions[J]. Joule, 1 (3): 463-479.

Gielen D, Boshell F, Saygin D, et al. 2019. The role of renewable energy in the global energy transformation[J]. Energy Strategy Reviews, 24（4）: 38-50.

Grubb M, Newbery D. 2018. UK electricity market reform and the energy transition: emerging lessons[J]. The Energy Journal, 39（6）: 1-25.

Grubler A. 2004. Transitions in energy use[J]. Encyclopedia of Energy, 6: 163-177.

Grubler A, Wilson C, Nemet G. 2016. Apples, oranges, and consistent comparisons of the temporal dynamics of energy transitions[J]. Energy Research & Social Science, 22: 18-25.

Gu Y, Wu Y, Liu J, et al. 2020. Ecological civilization and government administrative system reform in China[J]. Resources, Conservation & Recycling, 155: 104654.

Guerrero G D C N, Korevaar G, Hansen H H, et al. 2019. Agent-based modeling of a thermal energy transition in the built environment[J]. Energies, 12（5）: 856.

Haakonsson S J, Slepniov D. 2018. Technology transmission across national innovation systems: the role of Danish suppliers in upgrading the wind energy industry in China[J]. The European Journal of Development Research, 30（3）: 462-480.

Habib M A, Hasanuzzaman M, Hosenuzzaman M, et al. 2016. Energy consumption, energy saving and emission reduction of a garment industrial building in Bangladesh[J]. Energy, 112: 91-100.

Haddadian G, Khodayar M, Shahidehpour M. 2015. Accelerating the global adoption of electric vehicles: barriers and drivers[J]. The Electricity Journal, 28（10）: 53-68.

Haley B, Gaede J, Winfield M, et al. 2020. From utility demand side management to low-carbon transitions: opportunities and challenges for energy efficiency governance in a new era[J]. Energy Research & Social Science, 59: 101312.

Hamilton-Hart N, Stringer C. 2016. Upgrading and exploitation in the fishing industry: contributions of value chain analysis[J]. Marine Policy, 63: 166-171.

Hamman P. 2018. Local governance of energy transition: sustainability, transactions and social ties. A case study in northeast France[J]. International Journal of Sustainable Development & World Ecology, 26（1）: 1-10.

Han D, Li T, Feng S, et al. 2020. Does renewable energy consumption successfully promote the green transformation of China's industry?[J]. Energies, 13（1）: 1-14.

Hansen T, Klitkou A, Borup M, et al. 2017. Path creation in Nordic energy and road transport systems-the role of technological characteristics[J]. Renewable & Sustainable Energy Reviews, 70: 551-562.

Hausmann R, Klinger B. 2007. The structure of the product space and the evolution of comparative advantage[R]. CID Working Paper.

Hazilla M. 1997. Separability and capital aggregation in sectoral models of US production[J]. Applied Economics, 29（7）: 955-974.

He C, Gu J. 2019. Suggestions on promoting China's energy sustainable development in the new era[J]. IOP Conference Series: Earth and Environmental Science, 267（6）: 062061.

He G, Zhang H L, Xu Y, et al. 2016. China's clean power transition: current status and future prospect[J]. Resources, Conservation & Recycling, 121: 3-10.

Healy N, Barry J. 2017. Politicizing energy justice and energy system transitions: fossil fuel divestment and a "just transition" [J]. Energy Policy, 108: 451-459.

Helgesen P I, Tomasgard A. 2018. An equilibrium market power model for power markets and tradable green certificates, including Kirchhoff's laws and Nash-Cournot competition[J]. Energy Economics, 70: 270-288.

Herrerias M J, Cuadros A, Luo D. 2016. Foreign versus indigenous innovation and energy intensity: further research across Chinese regions[J]. Applied Energy, 162: 1374-1384.

Hesam G, Yadollah S. 2020. Energy supply transformation pathways in Iran to reduce GHG emissions in line with the Paris Agreement[J]. Energy Strategy Reviews, 32: 100541.

Hill D, Connelly S. 2018. Community energies: exploring the socio-political spatiality of energy transitions through the clean energy for eternity campaign in New South Wales Australia[J]. Energy Research & Social Science, 36: 138-145.

Hoggett R. 2014. Technology scale and supply chains in a secure, affordable and low carbon energy transition[J]. Applied Energy, 123: 296-306.

Holtz G, Alkemade F, de-Haan F, et al. 2015. Prospects of modelling societal transitions: position paper of an emerging community[J]. Environmental Innovation and Societal Transitions, 17: 41-58.

Horan W, Shawe R, O'Regan B. 2019. Ireland's transition towards a low carbon society: the leadership role of higher education institutions in solar photovoltaic niche development[J]. Sustainability, 11（3）: 1-12.

Hou J, Ma T, Liu P. 2019. Comprehensive evaluation on graphene's potentials and industrial development in China[J]. Resources Policy, 63: 101446.

Huang J, Hao Y, Lei H. 2017. Indigenous versus foreign innovation and energy intensity in China[J]. Renewable & Sustainable Energy Reviews, 81: 1721-1729.

Huang P, Negro S O, Hekkert M P, et al. 2016. How China became a leader in solar PV: an innovation system analysis[J]. Renewable & Sustainable Energy Reviews, 64: 777-789.

Iftikhar Y, Wang Z H, Zhang B, et al. 2018. Energy and CO_2 emissions efficiency of major economies: a network DEA approach[J]. Energy, 147: 197-207.

Ise M A, Carrizo S C, Forget M. 2020. Challenges of South American energy transition: energy efficiency and distributed generation[C]//Guimaraes L N. The Regulation and Policy of Latin American Energy Transitions. Amsterdam: Elsevier Science: 133-150.

Israel A, Herrera R J. 2020. The governance of Peruvian energy transitions: path dependence, alternative ideas and change in national hydropower expansion[J]. Energy Research & Social Science, 69: 101608.

Jacobsson S, Lauber V. 2006. The politics and policy of energy system transformation—explaining the German diffusion of renewable energy technology[J]. Energy Policy, 34 (3): 256-276.

Jiang J, Ye B, Ma X. 2014. The construction of Shenzhen's carbon emission trading scheme[J]. Energy Policy, 75: 17-21.

Kalantzis F G, Milonas N T. 2013. Analyzing the impact of futures trading on spot price volatility: evidence from the spot electricity market in France and Germany[J]. Energy economics, 36: 454-463.

Kallabis T, Pape C, Weber C. 2016. The plunge in German electricity futures prices-analysis using a parsimonious fundamental model[J]. Energy Policy, 95: 280-290.

Kamuriwo D S, Baden-Fuller C, Zhang J. 2017. Knowledge development approaches and breakthrough innovations in technology-based new firms[J]. Journal of Product Innovation Management, 34 (4): 492-508.

Kirchherr J, Urban F. 2018. Technology transfer and cooperation for low carbon energy technology: analysing 30 years of scholarship and proposing a research agenda[J]. Energy Policy, 119 (8): 600-609.

Kirill V, Qing G C, Fedor N. 2020. Structure orderliness assessment of grid development to improve the reliability of coal mine external electrical power supply[J]. Electric Power Systems Research, 183: 106283.

Kiyota K. 2014. Industrial upgrading in a multiple-cone Heckscher-Ohlin model: the flying geese patterns of industrial development[J]. Review of Development Economics, 18 (1): 177-193.

Knuth S. 2018. "Breakthroughs" for a green economy? Financialization and clean energy transition[J]. Energy Research & Social Science, 41: 220-229.

König B, Janker J, Reinhardt T, et al. 2018. Analysis of aquaponics as an emerging technological innovation system[J]. Journal of Cleaner Production, 180: 232-243.

Kostka G, Moslener U, Andreas J. 2013. Barriers to increasing energy efficiency: evidence from small-and medium-sized enterprises in China[J]. Journal of Cleaner Production, 57: 59-68.

Kotzebue J R, Weissenbacher M. 2020. The EU's clean energy strategy for islands: a policy perspective on Malta's spatial governance in energy transition[J]. Energy Policy, 139: 111361.

Krishnan V V G, Gopal S, Liu R, et al. 2019. Resilient cyber infrastructure for the minimum wind curtailment remedial control scheme[J]. IEEE Transactions on Industry Applications, 55 (1): 943-953.

Kumar S, Fujii H, Managi S. 2015. Substitute or complement? Assessing renewable and nonrenewable energy in OECD countries[J]. Applied Economics, 47 (14): 1438-1459.

Kungl G. 2015. Stewards or sticklers for change? Incumbent energy providers and the politics of the German energy transition[J]. Energy Research & Social Science, 8: 13-23.

Lacey-Barnacle M, Robison R, Foulds C. 2020. Energy justice in the developing world: a review of theoretical frameworks, key research themes and policy implications[J]. Energy for Sustainable Development, 55: 122-138.

Laldjebaev M, Morreale S J, Sovacool B K, et al. 2018. Rethinking energy security and services in practice: national vulnerability and three energy pathways in Tajikistan[J]. Energy Policy, 114: 39-50.

Lee R P, Gloaguen S. 2015. Path-dependence, lock-in, and student perceptions of nuclear energy in France: implications from a pilot study[J]. Energy Research & Social Science, 8: 86-99.

Letova K, Yao R, Davidson M, et al. 2018. A review of electricity markets and reforms in Russia[J]. Utilities Policy, 53: 84-93.

Li S. 2015. The analysis of coupling coordination degree in the interactive development of manufacturing industry and logistics in the eastern coastal economic zone of China[C]. 2015 12th International Conference on Service Systems and Service Management.

Li W, Sun W, Li G M, et al. 2018. Transmission mechanism between energy prices and carbon emissions using geographically weighted regression[J]. Energy Policy, 115: 434-442.

Lin B, Chen Y. 2019. Impacts of policies on innovation in wind power technologies in China[J]. Applied Energy, 247: 682-691.

Lin B, Jia Z. 2019. How does tax system on energy industries affect energy demand, CO_2 emissions, and economy in China?[J]. Energy Economics, 84: 104496.

Lin B, Jia Z. 2020. Why do we suggest small sectoral coverage in China's carbon trading market?[J]. Journal of Cleaner Production, 257: 120557.

Lin B, Zhu J. 2019. Determinants of renewable energy technological innovation in China under CO_2 emissions constraint[J]. Journal of Environmental Management, 247: 662-671.

Lindberg M B, Markard J, Andersen A D. 2018. Policies, actors and sustainability transition pathways: a study of the EU's energy policy mix[J]. Research Policy, 48 (10): 103668.

Liu H, Liang D. 2013. A review of clean energy innovation and technology transfer in China[J]. Renewable & Sustainable Energy Reviews, 18: 486-498.

Liu P, Gao P, Liu Q. 2020b. External orderliness-synergy of electric power industry in Yangtze River Delta during energy transition period[J]. Journal of Cleaner Production, 280: 124381.

Liu P, Peng H, Wang Z W. 2020a. Orderly-synergistic development of power generation industry: a China's case study based on evolutionary game model[J]. Energy, 211: 118632.

Liu P, Tan Z. 2016. How to develop distributed generation in China: in the context of the reformation of electric power system[J]. Renewable & Sustainable Energy Reviews, 66: 10-26.

Liu S, Bie Z, Lin J, et al. 2018a. Curtailment of renewable energy in Northwest China and market-based solutions[J]. Energy Policy, 123: 494-502.

Liu X J, Ji Y L, Guan B F, et al. 2018b. Analysis of energy industry upgrading in Northeast China[J]. IOP Conference Series: Earth and Environmental Science, 113 (1): 012121.

Lockwood M, Mitchell C, Hoggett R. 2019. Unpacking "regime resistance" in low-carbon transitions: the case of the British Capacity Market[J]. Energy Research & Social Science, 58: 101278.

Lund P D, Lindgren J, Mikkola J, et al. 2015. Review of energy system flexibility measures to enable high levels of variable renewable electricity[J]. Renewable & Sustainable Energy Reviews, 45: 785-807.

Lutz L M, Fischer L B, Newig J, et al. 2017. Driving factors for the regional implementation of renewable energy—a multiple case study on the German energy transition[J]. Energy Policy, 105: 136-147.

Magnani N, Osti G. 2016. Does civil society matter? Challenges and strategies of grassroots initiatives in Italy's energy transition[J]. Energy Research & Social Science, 13: 148-157.

Mahalingam B, Orman W H. 2018. GDP and energy consumption: a panel analysis of the US[J]. Applied Energy, 213: 208-218.

Majchrzak A, Jarvenpaa S, Bagherzadeh M. 2014. A review of interorganizational collaboration dynamics[J]. Journal of Management, 41 (5): 1338-1360.

Markard J, Suter M, Ingold K. 2016. Socio-technical transitions and policy change-advocacy coalitions in Swiss energy policy[J]. Environmental Innovation and Societal Transitions, 18: 215-237.

Marouani M A, Marshalian M. 2019. Winners and losers in industrial policy 2.0: an evaluation of the impacts of the Tunisian Industrial Upgrading Program[C]. Working Papers.

Marquardt J, Steinbacher K, Schreurs M. 2016. Driving force or forced transition? The role of development cooperation in promoting energy transitions in the Philippines and Morocco[J]. Journal of Cleaner Production, 128 (3): 22-33.

Marra A, Antonelli P, Pozzi C. 2017. Emerging green-tech specializations and clusters-a network analysis on technological innovation at the metropolitan level[J]. Renewable & Sustainable Energy Reviews, 67: 1037-1046.

Matthew J B, Jennie C S. 2017. Energy democracy: goals and policy instruments for sociotechnical transitions[J]. Energy Research & Social Science, 33: 35-48.

Middleton P. 2018. Sustainable living education: techniques to help advance the renewable energy transformation[J]. Solar Energy, 174: 1016-1018.

Miller C A, Iles A, Jones C F. 2013. The social dimensions of energy transitions[J]. Science and Culture, 22 (2): 135-148.

Mitchell C, Bauknecht D, Connor P M. 2006. Effectiveness through risk reduction: a comparison of the renewable obligation in England and Wales and the feed-in system in Germany[J]. Energy Policy, 34(3): 297-305.

Moallemi E A, Malekpour S. 2018. A participatory exploratory modelling approach for long-term planning in energy transitions[J]. Energy Research & Social Science, 35(1): 205-216.

Mohsen K, Eng T Y. 2016. The antecedents of cross-functional coordination and their implications for marketing adaptiveness[J]. Journal of Business Research, 69(12): 5946-5955.

Monasterolo I, Raberto M. 2019. The impact of phasing out fossil fuel subsidies on the low-carbon transition[J]. Energy Policy, 124: 355-370.

Mosquera-Lopez S, Nursimulu A. 2019. Drivers of electricity price dynamics: comparative analysis of spot and futures markets[J]. Energy Policy, 126: 76-87.

Munro F R, Cairney P. 2020. A systematic review of energy systems: the role of policymaking in sustainable transitions[J]. Renewable & Sustainable Energy Reviews, 119: 109598.

Nadeem M, Rana M A, Malik M I. 2018. Labor-capital substitution in the manufacturing industries in Punjab: a pathway to inclusive growth[J]. The Pakistan Journal of Social Issues, (6): 1-9.

Nakajima T. 2019. Expectations for statistical arbitrage in energy futures markets[J]. Journal of Risk & Financial Management, 12(1): 14.

Newbery D M. 2016. Towards a green energy economy? The EU energy union's transition to a low-carbon zero subsidy electricity system-lessons from the UK's Electricity Market Reform[J]. Applied Energy, 179: 1321-1330.

Nguyen H P, Matsuura Y. 2016. Designing a sustainability framework for the initiation and management of coordination in an energy exchange[J]. Journal of Cleaner Production, 162: S26-S34.

Nieto J, Carpintero O, Miguel L J, et al. 2020. Macroeconomic modelling under energy constraints: global low carbon transition scenarios[J]. Energy Policy, 137: 111090.

Niu D X, Song Z Y, Xiao X L. 2017. Electric power substitution for coal in China: status quo and SWOT analysis[J]. Renewable & Sustainable Energy Reviews, 70: 610-622.

Nkoana E M. 2018. Community acceptance challenges of renewable energy transition: a tale of two solar parks in Limpopo, South Africa[J]. Journal of Energy in Southern Africa, 29(1): 34-40.

Nkomo J C, Goldstein H E. 2017. Energy price responsiveness in Zimbabwean mining and manufacturing: a disaggregated demand analysis[J]. Journal of Energy in Southern Africa, 17(3): 49-57.

Nochta T, Skelcher C. 2020. Network governance in low-carbon energy transitions in European cities: a comparative analysis[J]. Energy Policy, 138: 111298.

Oudes D, Stremke S. 2018. Spatial transition analysis: spatially explicit and evidence-based targets for sustainable energy transition at the local and regional scale[J]. Landscape and Urban Planning, 169: 1-11.

Pacesila M, Burcea S G, Colesca S E. 2016. Analysis of renewable energies in European Union[J]. Renewable & Sustainable Energy Reviews, 56: 156-170.

Papachristos G. 2017. Diversity in technology competition: the link between platforms and sociotechnical transitions[J]. Renewable & Sustainable Energy Reviews, 73 (6): 291-306.

Parmar A A, Darji B. 2020. Capacity market functioning with renewable capacity integration and global practices[J]. The Electricity Journal, 33 (2): 106708.

Peng X, Tao X. 2018. Cooperative game of electricity retailers in China's spot electricity market[J]. Energy, 145: 152-170.

Pilpola S, Lund P D. 2018. Effect of major policy disruptions in energy system transition: case Finland[J]. Energy Policy, 116 (5): 323-336.

Polzin F, Egli F, Steffen B, et al. 2019. How do policies mobilize private finance for renewable energy?—A systematic review with an investor perspective[J]. Applied Energy, 236: 1249-1268.

Ponta L, Raberto M, Teglio A, et al. 2018. An agent-based stock-flow consistent model of the sustainable transition in the energy sector[J]. Ecological Economics, 145: 274-300.

Poruschi L, Ambrey C L. 2019. Energy justice, the built environment, and solar photovoltaic (PV) energy transitions in urban Australia: a dynamic panel data analysis[J]. Energy Research & Social Science, 48: 22-32.

Prina M G, Lionetti M, Manzolini G, et al. 2019. Transition pathways optimization methodology through EnergyPLAN software for long-term energy planning[J]. Applied Energy, 235: 356-368.

Qin C, Wang J, Ge C, et al. 2019. Simulating the cost-effectiveness of China's green transition based on emission reduction targets during the 12th Five-Year Plan Period[J]. Journal of Cleaner Production, 208 (20): 19-34.

Reed H. 2019. Green banks: a critical boost to clean energy transition[J]. Nature, 572 (7770): 439.

Reinaud J, Faraggi P, Clinckx N. 2017. Accelerating energy & environmental transition in Europe through digital[J]. Responsabilite & Environnement, 87 (3): 98-104.

Ringler P, Keles D, Fichtner W. 2016. Agent-based modelling and simulation of smart electricity grids and markets-a literature review[J]. Renewable & Sustainable Energy Reviews, 57: 205-215.

Rocholl N, Bolton R. 2016. Berlin's electricity distribution grid: an urban energy transition in a national regulatory context[J]. Technology Analysis & Strategic Management, 28 (10): 1182-1194.

Rogge K S, Pfluger B, Geels F W. 2017. Transformative policy mixes in socio-technical scenarios:

the case of the low-carbon transition of the German electricity system (2010-2050) [J]. Technological Forecasting & Social Change, 151: 119259.

Rosenbloom D, Meadowcroft J, Cashore B. 2019. Stability and climate policy? Harnessing insights on path dependence, policy feedback, and transition pathways[J]. Energy Research & Social Science, 50: 168-178.

Rubio-Varas M, Munoz-Delgado B. 2019. Long-term diversification paths and energy transitions in Europe[J]. Ecological Economics, 163: 158-168.

Safari A, Das N, Langhelle O, et al. 2019. Natural gas: a transition fuel for sustainable energy system transformation?[J]. Energy Science & Engineering, 7(4): 1075-1094.

Said Z, Alshehhi A A, Mehmood A. 2018. Predictions of UAE's renewable energy mix in 2030[J]. Renewable Energy, 118: 779-789.

Schilling M A. 2015. Technology shocks, technological collaboration, and innovation outcomes[J]. Organization Science, 26(3): 668-686.

Schmid E, Knopf B, Pechan A. 2016. Putting an energy system transformation into practice: the case of the German energiewende[J]. Energy Research & Social Science, 11: 263-275.

Schmitt D, Muyoya C. 2020. Influence in technological innovation spaces: a network science approach to understand innovation for sustainability in the Global South[J]. Sustainability, 12(5): 1858.

Schürmann K, Ernsta A, Schumann D, et al. 2019. Transformation of energy systems as common projects: an integration of different scientific approaches to address real-world challenges[J]. Energy Procedia, 158(1): 3534-3540.

Selvakkumaran S, Ahlgren E O. 2017. Understanding the local energy transitions process: a systematic review[J]. International Journal of Sustainable Energy Planning and Management, 14: 57-78.

Shayesteh E, Yu J, Hilber P. 2018. Maintenance optimization of power systems with renewable energy sources integrated[J]. Energy, 149: 577-586.

Shi X, Jing R, Hou G M, et al. 2019. Network position advantage and technological innovation of China's new energy vehicle based on the perspective of network theory[J]. Sustainability, 11(7): 2098.

Shorena K. 2020. Influence of multinational enterprises on local industry upgrading in Georgia[J]. Anduli, 19: 81-98.

Siddharth S, Håvard H. 2018. Bridging socio-technical and justice aspects of sustainable energy transitions[J]. Applied Energy, 228: 624-632.

Singh H V, Bocca R, Gomez P, et al. 2019. The energy transitions index: an analytic framework for understanding the evolving global energy system[J]. Energy Strategy Reviews, 26: 100382.

Soete L. 2019. From "estructive creation" to "creative destruction": rethinking science, technology and innovation in a global context[C]. MERIT Working Papers.

Solano-Rodríguez B, Pizarro-Alonso A, Vaillancourt K, et al. 2018. Mexico's transition to a net-zero emissions energy system: near term implications of long term stringent climate targets[C]// Giannakidis G, Karlsson K, Labriet M, et al. Limiting Global Warming to Well Below 2 °C: Energy System Modelling and Policy Development. Cham: Springer: 315-331.

Song X, Han J, Shan Y, et al. 2020. Efficiency of tradable green certificate markets in China[J]. Journal of Cleaner Production, 264 (16): 121518.

Sovacool B K. 2016. How long will it take? Conceptualizing the temporal dynamics of energy transitions[J]. Energy Research & Social Science, 13: 202-215.

Spodniak P, Bertsch V. 2020. Is flexible and dispatchable generation capacity rewarded in electricity futures markets? A multinational impact analysis[J]. Energy, 196: 117050.

Stagnitta R G, Rocco M V, Colombo E. 2020. A complementary approach to traditional energy balances for assessing energy efficiency measures in final uses: the case of space heating and cooling in Argentina[J]. Sustainability, 12 (16): 6563.

Steiner U K, Tuljapurkar S. 2020. Drivers of diversity in individual life courses: sensitivity of the population entropy of a Markov chain[J]. Theoretical Population Biology, 133: 159-167.

Stokes L, Breetz H. 2018. Politics in the U.S. energy transition: case studies of solar, wind, biofuels and electric vehicles policy[J]. Energy Policy, 113: 76-86.

Suitner J, Ecker M. 2020. "Making energy transition work": bricolage in Austrian regions' path-creation[J]. Environmental Innovation and Societal Transitions, 36: 209-220.

Taalbi J. 2020. Evolution and structure of technological systems-an innovation output network[J]. Research Policy, 49 (8): 104010.

Tabrizian S. 2019. Technological innovation to achieve sustainable development-renewable energy technologies diffusion in developing countries[J]. Sustainable Development, 27 (3): 537-544.

Takao Y. 2020. Low-carbon leadership: harnessing policy studies to analyse local mayors and renewable energy transitions in three Japanese cities[J]. Energy Research & Social Science, 69: 101708.

Tang C, Zhang F. 2020. Mechanism of wind power and solar photovoltaic power participation in the electricity spot market considering the guaranteed capacity factor[J]. IOP Conference Series Earth and Environmental Science, 446 (2): 022031.

Thrane S, Blaabjerg S, Moller R H. 2010. Innovative path dependence: making sense of product and service innovation in path dependent innovation processes[J]. Research Policy, 39(7): 932-944.

Tone K, Tsutsui M. 2010. Dynamic DEA: a slacks-based measure approach[J]. Omega, 38 (3/4): 145-156.

Trutnevyte E. 2016. Does cost optimization approximate the real-world energy transition?[J]. Energy, 106: 182-193.

Turnheim B, Berkhout F, Geels F, et al. 2015. Evaluating sustainability transitions pathways: bridging analytical approaches to address governance challenges[J]. Global Environmental Change, 35: 239-253.

Tyler M E, Herremans I M. 2018. Sustainable energy mix in Fragile environments: a transdisciplinary framework for action[C]//Tyler M E. Sustainable Energy Mix in Fragile Environments. Cham: Springer: 183-194.

Vahl F P, Filho N C. 2015. Energy transition and path creation for natural gas in the Brazilian electricity mix[J]. Journal of Cleaner Production, 86: 221-229.

Vaidyanathan S. 2016. Global chaos control of the generalized lotka-volterra three-species system via integral sliding mode control[J]. International Journal of PharmTech Research, 9（4）: 399-412.

Verbruggen A, Yurchenko Y. 2017. Positioning nuclear power in the low-carbon electricity transition[J]. Sustainability, 9（1）: 163.

Vidadili N, Suleymanov E, Bulut C, et al. 2017. Transition to renewable energy and sustainable energy development in Azerbaijan[J]. Renewable & Sustainable Energy Reviews, 80: 1153-1161.

Vieira A S, Stewart R A, Lamberts R, et al. 2020. Renewable energy and energy conservation area policy（REECAP）framework: a novel methodology for bottom-up and top-down principles integration[J]. Energy Strategy Reviews, 32: 100544.

Villamor E, Akizu-Gardoki O, Azurza O, et al. 2020. European cities in the energy transition: a preliminary analysis of 27 cities[J]. Energies, 13（6）: 1-25.

Wainstein M E, Dangerman J, Dangerman S. 2019. Energy business transformation & earth system resilience: a metabolic approach[J]. Journal of Cleaner Production, 215: 854-869.

Wang B, Cai Y. 2018. A study on the supporting policy system of innovation industry[J]. Macroeconomic Research,（10）: 93-104, 120.

Wang H, Chen W. 2019. Modeling of energy transformation pathways under current policies, NDCs and enhanced NDCs to achieve 2-degree target[J]. Applied Energy, 250: 549-557.

Wang H, Chen Z, Wu X, et al. 2019b. Can a carbon trading system promote the transformation of a low-carbon economy under the framework of the porter hypothesis? —Empirical analysis based on the PSM-DID method[J]. Energy Policy, 129: 930-938.

Wang K, Su C, Lobonţ O R, et al. 2020. Chinese renewable energy industries' boom and recession: evidence from bubble detection procedure[J]. Energy Policy, 138: 111200.

Wang M Y, Li Y M, Li M M, et al. 2019a. Will carbon tax affect the strategy and performance of low-carbon technology sharing between enterprises?[J]. Journal of Cleaner Production, 210:

724-737.

Wang Z, Luo Y, Li P, et al. 2018. Problem orientated analysis on China's shale gas policy[J]. Energies, 11 (11): 2962.

Watts D J. 1999. Small Worlds: The Dynamics of Networks Between Order and Randomness[M]. Princeton: Princeton University Press.

Wei Y M, Han R, Liang Q M, et al. 2018. An integrated assessment of INDCs under shared socioeconomic pathways: an implementation of C3IAM[J]. Natural Hazards, 92 (2): 585-618.

Wen Y, Cai B, Xue Y S, et al. 2018. Assessment of power system low-carbon transition pathways based on China's energy revolution strategy[J]. Energy Procedia, 152: 1039-1044.

Weng Q, Xu H. 2018. A review of China's carbon trading market[J]. Renewable & Sustainable Energy Reviews, 91: 613-619.

Wesseh P K, Lin B. 2016. Factor demand, technical change and inter-fuel substitution in Africa[J]. Renewable & Sustainable Energy Reviews, 59 (4): 979-991.

Wiese F, Baldini M. 2018. Conceptual model of the industry sector in an energy system model: a case study for Denmark[J]. Journal of Cleaner Production, 203: 427-443.

Will U, Strachan N. 2012. Critical mid-term uncertainties in long-term decarbonisation pathways[J]. Energy Policy, 41: 433-444.

Willenbockel D. 2017. Macroeconomic effects of a low-carbon electricity transition in Kenya and Ghana: an exploratory dynamic general equilibrium analysis[D]. MPRA Paper 78070, University Library of Munich, Germany, 2017.

Wilson C, Tyfield D. 2018. Critical perspectives on disruptive innovation and energy transformation[J]. Energy Research & Social Science, 37: 211-215.

Wu H, Hao Y, Weng J. 2019. How does energy consumption affect China's urbanization? New evidence from dynamic threshold panel models[J]. Energy Policy, 127: 24-38.

Yamaguchi Y. 2018. Japan's revised energy plan disappoints country's nuclear industry[J]. Nucleonics Week, 59 (22): 4-5.

Yang T, Chen W, Zhou K L, et al. 2018. Regional energy efficiency evaluation in China: a super efficiency slack-based measure model with undesirable outputs[J]. Journal of Cleaner Production, 198: 859-866.

Yang T, Zhao L Y, Li W, et al. 2020. Reinforcement learning in sustainable energy and electric systems: a survey[J]. Annual Reviews in Control, 49: 145-163.

Yang X, He L, Xia Y, et al. 2019. Effect of government subsidies on renewable energy investments: the threshold effect[J]. Energy Policy, 132: 156-166.

Yasmin N, Grundmann P. 2019. Adoption and diffusion of renewable energy—the case of biogas as alternative fuel for cooking in Pakistan[J]. Renewable & Sustainable Energy Reviews, 101:

255-264.

Yi L, Bai N, Yang L, et al. 2019. Evaluation on the effectiveness of China's pilot carbon market policy[J]. Journal of Cleaner Production, 246: 119039.

Yildiz H E, Murtic A, Zander U, et al. 2019. What fosters individual-level absorptive capacity in MNCs? An extended motivation-ability-opportunity framework[J]. Management International Review, 59（1）: 93-129.

Yu S. 2015. Evaluation of socioeconomic impacts on and risks for shale gas exploration in China[J]. Energy Strategy Reviews, 6: 30-38.

Zeng M, Ouyang S, Shi H, et al. 2015. Overall review of distributed energy development in China: status quo, barriers and solutions[J]. Renewable & Sustainable Energy Reviews, 50: 1226-1238.

Zeppini P, van den Bergh J C J M. 2020. Global competition dynamics of fossil fuels and renewable energy under climate policies and peak oil: a behavioural model[J]. Energy Policy, 136: 110907.

Zérah M H, Kohler G. 2013. The deployment of clean energy in Delhi in the context of the distrust of urban society[J]. Flux, 93（3）: 31-42.

Zeydan M, Colpan C. 2009. A new decision support system for performance measurement using combined fuzzy TOPSIS/DEA approach[J]. International Journal of Production Research, 47（15）: 4327-4349.

Zhang D, Mohsin M, Rasheed A K, et al. 2021. Public spending and green economic growth in BRI region: mediating role of green finance[J]. Energy Policy, 153: 112256.

Zhang L, Qin Q, Wei Y. 2019. China's distributed energy policies: evolution, instruments and recommendation[J]. Energy Policy, 125: 55-64.

Zhang S, Andrews-Speed P. 2020. State versus market in China's low-carbon energy transition: an institutional perspective[J]. Energy Research & Social science, 66: 101503.

Zhang S, Andrews-Speed P, Li S. 2018. To what extent will China's ongoing electricity market reforms assist the integration of renewable energy?[J]. Energy Policy, 114: 165-172.

Zhang W, Li J, Li G X, et al. 2020. Emission reduction effect and carbon market efficiency of carbon emissions trading policy in China[J]. Energy, 196: 117117.

Zhang Y. 2018. Modeling of the stimulating effect of marine circulation industry on the economic development of coastal area of China[J]. Journal of Coastal Research, 83（sp1）: 35-40.

Zhang Y, Farnoosh A. 2019. Analyzing the dynamic impact of electricity futures on revenue and risk of renewable energy in China[J]. Energy Policy, 132: 678-690.

Zhao C H, Zhang H N, Zeng Y R, et al. 2018. Total-factor energy efficiency in BRI countries: an estimation based on three-stage DEA model[J]. Sustainability, 10（1）: 278.

Zhao H. 2019. International Energy Transformation: Bright Future and Tortuous Road[C]//Zhao H. The Economics and Politics of China's Energy Security Transition. London: Academic Press:

307-330.

Zheng H H, Wang Z X. 2019. Measurement and comparison of export sophistication of the new energy industry in 30 countries during 2000-2015[J]. Renewable & Sustainable Energy Reviews, 108: 140-158.

Zhou D, Ding H, Zhou P, et al. 2019. Learning curve with input price for tracking technical change in the energy transition process[J]. Journal of Cleaner Production, 235: 997-1005.

Zhou X Y, Lei K, Meng W, et al. 2017. Industrial structural upgrading and spatial optimization based on water environment carrying capacity[J]. Journal of Cleaner Production, 165: 1462-1472.

Zhou Z X, Xu G C, Wang C, et al. 2019. Modeling undesirable output with a DEA approach based on an exponential transformation: an application to measure the energy efficiency of Chinese industry[J]. Journal of Cleaner Production, 236: 117717.

Zhu M, Qi Y, Belis D, et al. 2019. The China wind paradox: the role of state-owned enterprises in wind power investment versus wind curtailment[J]. Energy Policy, 127: 200-212.

Zou B, Yang M, Zhang Y, et al. 2018. Evaluation of vulnerable path: using heuristic path-finding algorithm in physical protection system of nuclear power plant[J]. International Journal of Critical Infrastructure Protection, 23: 90-99.